甘肃省“十四五”重点规划课题《核心素养视域下化学教学中项目式学习的实践研究》（课题立项号：GS［2021］GHB007）研究成果

核心素养视域下
化学教学设计与实践

苏永平　杨涵雄　吕晓燕　编著

蘭州大學出版社
LANZHOU UNIVERSITY PRESS

图书在版编目（CIP）数据

核心素养视域下化学教学设计与实践 / 苏永平，杨涵雄，吕晓燕编著. -- 兰州 : 兰州大学出版社，2022.12（2025.7重印）
ISBN 978-7-311-06433-4

Ⅰ. ①核… Ⅱ. ①苏… ②杨… ③吕… Ⅲ. ①中学化学课—教学研究—高中 Ⅳ. ①G633.82

中国国家版本馆CIP数据核字(2023)第001624号

责任编辑 牛涵波
封面设计 汪如祥

书　　名 核心素养视域下化学教学设计与实践
作　　者 苏永平　杨涵雄　吕晓燕　编著
出版发行 兰州大学出版社 （地址：兰州市天水南路222号　730000）
电　　话 0931-8912613（总编办公室）　0931-8617156（营销中心）
网　　址 http://press.lzu.edu.cn
电子信箱 press@lzu.edu.cn
印　　刷 西安日报社印务中心
开　　本 787 mm×1092 mm　1/16
印　　张 16
字　　数 345千
版　　次 2022年12月第1版
印　　次 2025年7月第2次印刷
书　　号 ISBN 978-7-311-06433-4
定　　价 58.00元

“如果我们还用昨天的方式教育今天的孩子，那等于抹杀孩子的未来。”

——美国教育家约翰·杜威

前 言

2017年版《普通高中化学课程标准》的颁布，标志着新一轮高中基础化学教育课程改革再次启动，“立德树人、核心素养、学科素养”的培育成为解决未来社会人才发展需求的本源性问题。针对目前课堂教学中存在的重智育轻情感、重知识轻能力、重结论轻过程，片面追求考试分数和升学率，学生的思想道德品质、社会责任感、创新意识和创新精神、实践能力培养缺失，教学效率低下的现状，2021年“新课程、新课标、新教材”在甘肃省落地实施。依据2017年版《普通高中化学课程标准》的教学需求，结合化学学科的教学实际，根据近几年主持完成的省级重点课题《高中化学高效课堂教学模式的研究与实践》《核心素养视域下化学课堂教学的有效性的实践研究》《核心素养视域下项目式学习在化学教学中应用研究》等研究成果，著者对普通中学化学学科的课程体系构建及价值取向分析、核心素养视域下化学教学设计的策略研究、化学教学实践与反思研究、项目式学习、深度学习教学设计等问题进行了深入的研究和成果提炼，并提供了具体的案例实证材料，以期为“立德树人、学科核心素养”的落地提供教学支撑。

全书共分为六章，第一章《新课程标准、新教材的解读及教学价值取向》主要从2017年版《普通高中化学课程标准》的解读、2022年版《义务教育化学课程标准》的解读、化学教材的变化研究、化学课程体系的构建、化学课程的价值分析、化学学科的目标定位、化学教给学生的学科思想观念等方面阐述了化学学科的价值取向和培养目标，对化学学科的核心素养内涵及学习要求作了详细解读。第二章《核心素养视域下教学设计的研究与实践》主要从教学设计的内涵与要素，教学设计的基本流程，素养为本的教学设计策略、教学案例呈现等方面予以阐述。第三章《核心素养视域下化学教学实践的反思与研究》从素养化目标设计、课程资源整合、情境创设、学习问题设计、学习方式选择、课堂预设与生成、学习评价、教后反思等方面阐述了教学设计中存在的问题和解决的策略，指明了教学设计的维度、教学设计的逻辑线索，旨在提升教师的课堂教学设计能力、教学效能，达到优化教学设计思路、构建高效课堂的目的。第四章《项目式学习的研发、设计逻辑与实施路径》主要阐述了项目式学习的内涵与特点、项目式学习的教学设计原则和策略、实施项目式学习的教学组织策略等。第五章《指向深度学习的教学设计与实践》主要阐述了深度学习的内涵和特征、深度学习的教学实施策略、基于单元主题的深度学习的教学设计路径、深度学习的教学实施策略等。第六章《核心素养视域下化学作业的设计逻辑与实施路径》主要阐述了作者对传统作业观的反思和核心素养下作业观的重构，提出了化学作业的设计原则、设计逻辑和实施路径，并提供了“氯及其化合物”单元作业的设计路径和范例。

本书具有以下特点：(1) 课程理念解读透彻。本书对新课程标准中“立德树人”“学生核心素养”“学科核心素养”的内涵进行了具体分析，并给出了具体实施建议和教学策略，关注教育理论与实际教学的深度融合。(2) 教学设计视角新颖。本书以立德树人、核心素养的落实为目标，融入了2017年版《普通高中化学课程标准》、新教材、新高考、新评价的课程理念，吸纳了项目式学习、深度学习的教学理论和教学实践成果，行走在新课程教学改革的前沿。(3) 教学案例翔实。本书选取优秀教学案例作为支撑，并对案例进行了有效的评价反思，具有示范引领、推广辐射的价值。

本书在成书过程中，得到吕晓燕首席专家工作室的大力支持，书中也引用了一些专家、学者的观点和成果，收录了部分一线老师的教学案例，在此表示诚挚的感谢。

本书可作为中学教师、师范院校学生、教研人员提高教学理论认识、优化教学设计思路、改进课堂教学结构、提高教学效能的自学读物，也可作为教师专业发展培训的教材。

由于作者能力水平有限，书中错误之处在所难免，敬请读者指正。

著　者

目 录

第一章　新课程标准、新教材的解读及教学价值取向

第一节　2017年版《普通高中化学课程标准》解读

《普通高中化学课程标准》(2017年版)(本节中简称《课程标准》)在原2003年版的基础上进行修订，并于2020年再次修订，已在全国新一轮课程改革中颁布实施。《课程标准》基本框架设计为课程性质与理念、学科核心素养与课程目标、课程结构、课程内容、学业质量标准、实施建议共六大部分。修订原则为“彰显化学课程的立德树人价值性、体现课程标准的先进性和引领性、加强实践上的示范性和可操作性”。修订重点主要为：①确立以学生核心素养发展为导向的课程目标；②优化课程结构，提高课程的适应性和灵活性；③基于化学学科核心素养，选取和组织课程内容，制定学业要求和质量标准，促使知识向能力和素养的转化；④针对教学实际问题，构建“素养为本”的课程实施建议，提供基于主题的教学策略、学习活动和学习情境素材建议，提高课程标准对教学实践的具体指导性。主要的变化有：

一、课程性质的变化

1. 重新定义化学学科概念

《课程标准》指出：化学是在原子、分子水平上研究物质的组成、结构、性质、转化及其应用的一门基础学科，其特征是从微观层面认识物质，以符号形式描述物质，在不同层面创造物质。与2003年版相比，2017年版增加了物质的“转化”，特征方面突出了“从微观层面认识物质，以符号形式描述物质”。

2. 重新定位化学课程作用

《课程标准》指出：普通高中化学课程是与义务教育化学或科学课程相衔接的基础教育课程，是落实立德树人根本任务、发展素质教育、弘扬科学精神、提升学生核心素养的重要载体；化学学科核心素养是学生必备的科学素养，是学生终身学习和发展的重要基础；化学课程对于科学文化的传承和高素质人才的培养具有不可替代的作用。

与2003年版相比，2017年版增加了“核心素养”这一名词，并强调了它重要的地位和作用。

3. 凸显化学学科的价值

（1）全面性

《课程标准》从学科价值、教育价值和社会价值等三个方面，系统阐释了化学学科的价值。如化学“是材料科学、生命科学、环境科学、能源科学和信息科学等现代科学技术的重要基础”（学科价值），“是学生终身学习和发展的重要基础”（教育价值），“在促进人类文明可持续发展中发挥着日益重要的作用”（社会价值）。

（2）创新性

《课程标准》站在21世纪科学发展的前沿，从打通物质世界和生命世界的高度，凝练了化学学科的独特价值——“揭示元素到生命奥秘的核心力量”。

（3）时代性

《课程标准》直面化学课程的当代责任和使命，明确提出化学课程“是落实立德树人根本任务、发展素质教育、弘扬科学精神、提升学生核心素养的重要载体”“对于科学文化的传承和高素质人才的培养具有不可替代的作用”。

二、课程理念的变化

1.以发展化学学科核心素养为主旨

立足于学生适应现代生活和未来发展的需要，充分发挥化学课程的整体育人功能，构建全面发展学生化学学科核心素养的高中化学课程目标体系。

与2003年版相比，2017年版改变了课程目标体系，将原来的“三维目标”有机结合为“化学学科核心素养”（五个维度）。

2.设置满足学生多元发展需求的高中化学课程

通过有层次、多样化、可选择的化学课程，拓展学生的学习空间，在保证学生共同基础的前提下，引导不同的学生学习不同的化学，以适应学生未来发展的多样化需求。

与2003年版相比，2017年版增加了“有层次”“可选择”，突出课程的差异性特征。

3.选择体现基础性和时代性的化学课程内容

结合人类探索物质及其变化的历史与化学科学发展的趋势，引导学生进一步学习化学的基本原理和方法，形成化学学科的核心观念；结合学生已有的经验和将要经历的社会生活实际，引导学生关注人类面临的与化学有关的社会问题，培养学生的社会责任感、参与意识和决策能力。

与2003年版相比，2017年版变化：一是从“形成科学的世界观”变为“形成化学学科的核心观念”；二是删去了“帮助学生认识化学与人类生活的密切关系”。

4.重视开展素养为本的教学实践

倡导真实问题情境的创设，开展以化学实验为主的多种探究活动，重视教学内容的结构化设计，激发学生学习化学的兴趣，促进学生学习方式的转变，培养他们的创新精神和实践能力。

与2003年版相比，2017年版增加了“重视教学内容的结构化设计”。

5.倡导基于化学学科核心素养的评价

依据化学学业质量标准，评价学生在不同学习阶段化学学科核心素养的达成情况，积极倡导“教、学、评”一体化，使每个学生的化学学科核心素养得到不同程度的发展。

与2003年版相比，2017年版评价方式发生了转变，倡导“教、学、评”一体化，这是化学日常学习评价实施“教、学、评”一体化教学的重要链条。这就要求积极探索、开展化学日常学习评价，如：提问与点评、练习与作业、复习与考试等基本途径和方法。

三、课程目标与课程目标的变化

1.提炼出了“化学学科核心素养”

《课程标准》指出：高中化学学科核心素养是高中学生发展核心素养的重要组成部分，是学生综合素质的具体体现，反映了社会主义核心价值观下化学育人的基本要求，全面展现了化学课程学习对学生未来发展的重要价值。它是学生在学习化学认知活动中发展起来，并在解决与化学相关问题中表现出来的素养，反映学生从化学的视角认识客观事物的方式与结果水平，具体结构见图1-1。

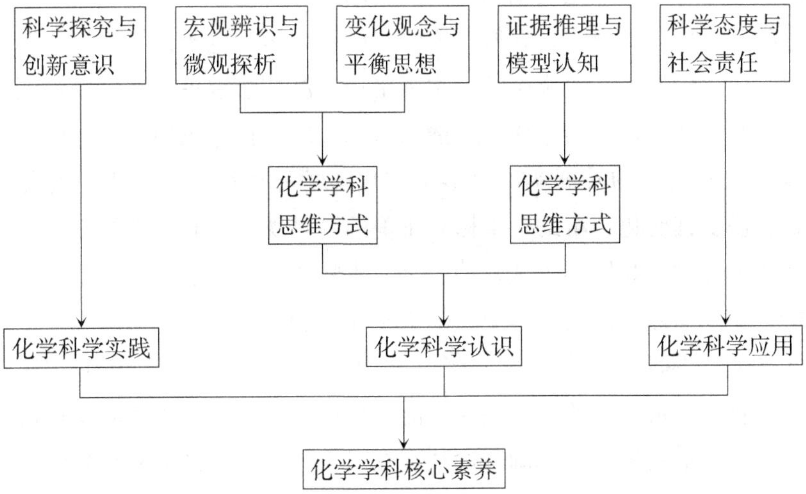

图1-1 化学学科核心素养的结构

2.明确学科基础知识是学生发展化学学科核心素养的载体

化学学科基础知识是化学课程的主体。《课程标准》根据学生的认知能力、水平和个性化发展需要，确定课程的主题、模块和系列，这些主题、模块和系列都依托化学基础知识，将其科学、有效地融合在一起。学生在学习化学基础知识的进程中，逐步形成并发展其化学学科核心素养。例如，“宏观辨识与微观探析”要求学生能从宏观和微观相结合的视角分析和解决实际问题。学生通过必修“主题3：物质结构基础和化学反应规律”的学习，建立“宏观辨识与微观探析”的基本意识；在选修“物质结构与物质”模块的学习中，提升“宏观辨识与微观探析”的发展水平；在选修“有机化学基础”模块对官能团的认识中，应用“宏观辨识与微观探析”解决实际问题。

3.指出学科能力是学生发展化学学科核心素养的保障

化学学科能力是指学生在化学课程学习过程中表现出来的比较稳定的心理特征和行为特征。化学学科能力可概括为理解能力、推理论证能力、实验探究能力和综合分析能力，其中理解能力是发展化学学科核心素养五个要素的基础，推理论证能力的高低决定“变化观念与平衡思想”“证据推理与模型认知”的发展水平，实验探究能力和综合分析能力的层次决定“科学探究与创新意识”“科学态度与社会责任”的发展水平。学生在化学课程的学习过程中，不仅仅需要学习化学基础知识，更需要提升学习能力，促进化学学科核心素养不断发展。

4.强调学科思想方法是化学学科核心素养的实质

化学学科思想是人们在认识化学的实践活动中形成的一种思维方法和思想意识，是对化学的本质、特征与学科价值的基本认识。化学是在原子、分子水平上研究物质的组成、结构、性质、变化及其应用的一门基础学科，其学科思想方法极为丰富，主要包括：物质运动思想，即物质是运动的、物质运动是有规律的；物质分类思想，即树状分类、交叉分类；物质守恒思想，即质量守恒、电荷守恒、电子得失守恒、能量守恒；动态平衡思想，即化学平衡、电离平衡、水解平衡、沉淀溶解平衡；唯物辩证思想，即对立统一、量变与质变、现象与本质、一般与特殊；绿色化学思想，即绿色发展、环境友好。化学学科核心素养的发展实质就落实在化学学习过程中，使用“宏观—微观—符号”来认识物质及其变化，帮助学生树立正确的世界观，形成科学的方法论。

认同物质世界的客观性和可认知性，是探索物质世界的前提；基于证据的判断、推理和探究能力，是学习、研究化学学科的必备品格和关键能力；从宏观现象入手，在原子、分子水平上分析研究，并运用化学符号模型表征，是化学学科的基本认知方式；掌握物质化学变化和能量转化的基本规律，能运用逻辑思维对物质及其变化现象进行分析推理，是认识、创造新物质的基础和途径；在研究、利用、创造新物质的过程中，能自觉遵循科学伦理，具备社会可持续发展的观念，具有交流合作意识，是现代社会对人才的基本要求。

四、课程结构的变化

1.课程内容结构的变化

课程内容结构改动较大，由原来的两个必修模块和六个选修模块，修改为必修、选择性必修和选修三类课程模块，具体变动情况见图1-2。

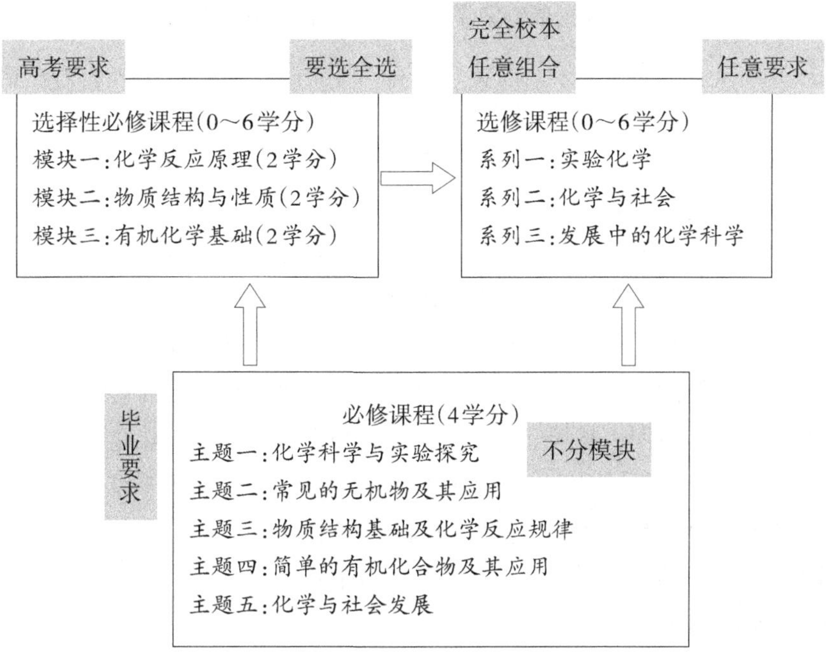

注：箭头表示建议的学习路径。

图1-2　高中化学课程结构

2.学分与选课的变化

（1）学分的变化

必修课程不划分模块，共4学分。选择性必修课程包括三个模块，每个模块2学分，共6学分。选修课程包括三个系列，每修习完成9学时可获得0.5学分，最高可获得4学分。

（2）选课的变化

全体高中学生必须修习4学分的必修课程，选择化学作为计入高校招生录取总成绩的学业水平考试科目的学生，需要修习选择性必修课程全部三个模块的内容，获得6个学分。其他学生也可选择修习选择性必修课程的部分模块，获得相应的学分。选修课程供学生自由选择修习，学分为0～4学分。

五、课程内容的变化

1.必修课程的变化

新的必修课程一共有五个主题：化学科学与实验探究、常见的无机物及其应用、物质结构基础与化学反应规律、简单的有机化合物及其应用、化学与社会发展。每个主题的内容表述更为具体准确，不再有活动与探究建议，新增了教学提示，教学提示从教学策略、学习活动建议、情境素材建议等方面分别进行了说明；新增了每一主题对应的学业要求，侧重对化学学科核心素养的要求，增强了教学的指导性和可操作性，方便教学活动的开展。2017年版的必修课程没有划分模块，由2003年实验版的化学1、化学2的六个主题变为了五个主题，重新整合了部分主题的内容，旨在促进全体学生在“宏观辨识与微观探析”“变化观念与平衡思想”“证据推理与模型认知”“科学探究与创新意识”“科学态度与社会责任”等化学学科核心素养的各个方面都有一定的发展。

2.选择性必修课程的变化

“化学反应原理”模块整合为三个主题，分别为化学反应与能量、化学反应速率和化学平衡、溶液中的离子平衡；“物质结构与性质”模块整合为四个主题，分别为原子结构与元素的性质、化学键与物质的性质、分子间作用力与物质的性质、研究物质结构的价值；“有机化学基础”模块整合为四个主题，分别为有机化合物的组成与结构，烃及其衍生物的性质与应用，糖类、氨基酸和蛋白质，合成高分子化合物。

修订后的特点：①保持和继承原有选修课程的精华；②体现多维、生动、发展的现代化学科学面貌；③有利于进一步激发和调动学生的学习兴趣；④更加重视与区域和校本选修课程的可兼容性；⑤增强开课和教学实施的可操作性。

3.选修课程的变化

选修课程设置了“实验化学”“化学与社会”“发展中的化学科学”三个系列。

系列1“实验化学”由原来的两个主题修改为四个主题，分别为基础实验、化学原理探究、化工生产过程模拟实验、STSE综合实验。

系列2“化学与社会”将2003年实验版原来的两本选修《化学与生活》《化学与技术》合理融合，并增加了一个主题“STSE综合实践”，共分为三个主题：化学与生活、化学与技术、STSE综合实践。

系列3“发展中的化学科学”分为三个主题：化学科学研究进展、作为交叉学科的化学、化学工程研究进展。开设目的是让学生了解化学前沿发展的面貌与趋势，激发学生树立将化学作为专业和职业的兴趣和理想，结合化学前沿领域和当代社会的热点问题，有重点、有选择地介绍化学最新进展和急需解决的问题，帮助学生了解我国化学发展的机遇，抢占发展学生的核心素养，鼓励学生关注并投身化学事业。

六、增加了“学业质量”

新修订的2017年版《课程标准》增加了“学业质量”部分，明确学生完成本学科学习内容后，学科核心素养应达到的等级水平，提出了“学业质量标准”。学业质量是对学生多方面发展状况的综合衡量，明确了新的质量观，改变过去单纯看知识、技能掌握程度的状况。学业质量分为学业质量内涵、学业质量水平、学业质量水平与考试评价的关系三个方面。

1.学业质量内涵

明确了学业质量的定义及学业质量的标准，提出学业质量是学生在完成本学科课程学习后学业成就的表现。学业质量标准以本学科核心素养及其表现水平为主要维度。

2. 学业质量水平

依据不同水平学业成就表现的关键特征，学业质量标准明确将学业质量划分为四级，每一级水平的描述中均包含化学学科核心素养的五个方面，并依据侧重的内容，将其划分为四个条目（每个条目前面的数字代表水平，后面的数字代表条目序号），每个条目都有详细的质量描述。

3. 学业质量水平与考试评价的关系

学业质量水平是考试与评价的重要依据。学业质量水平2是高中毕业生在本学科应该达到的合格要求，是化学学业水平合格性考试的命题依据；学业质量水平4则是化学学业水平等级性考试的命题依据。

七、实施建议的变化

2017年版《课程标准》中的实施建议由2003年实验版《课程标准》中的教学建议、评价建议、教科书编写建议、课程资源的开发与利用建议调整为了教学与评价建议、学业水平考试命题建议、教材编写建议、地方和学校实施本课程的建议。

1. 教学与评价建议

①深刻领会化学学科核心素养的内涵，科学制订化学教学目标。

②准确把握学业质量要求，合理选择和组织化学教学内容。

③充分认识化学实验的独特价值，精心设计实验探究活动。

④创设真实问题情境，促进学习方式转变。

⑤实施“教、学、评”一体化，有效开展化学日常学习评价。

⑥增进化学学科理解，提升课堂教学能力。

2. 学业水平考试命题建议

2017年版《课程标准》中的“学业水平考试命题建议”从考试目的、命题框架、命题原则、命题程序四个方面对“学业水平考试”的命题进行指导，从而保证命题的质量，保证高中教学改革的成功实施，保证“学生水平等级考试”的考核目标能够实现，并能够有效指导教学活动的开展，保证“素养发展为本”教学理念的顺利实施。

《课程标准》指出：学业水平考试命题要以核心素养为测试宗旨，以真实情境为测试载体，以实际问题为测试任务，以化学知识为解决问题的工具。

3. 教材编写建议

《课程标准》指出：高中化学教材是高中化学课程的物化形态与文本素材，是实现高中化学课程目标、培养学生化学学科核心素养的重要载体。2017年版《课程标准》从教材编写指导原则、化学教材内容的选择、教材内容的编排与呈现、重视信息技术的应用、化学教材的物理形态设计、化学教材的辅助材料等六个方面对教材编写建议进行了说明，与2003年实验版相似，同样要求化学教科书充分结合社会生活，反映科学、技术与社会的相互关系，在教材编排上重视学生科学探究活动的开展，重视习题创新等内容。

4.地方和学校实施本课程的建议

2017年版《课程标准》与2003年版《课程标准》都强调加强化学实验室的建设，充分利用校内校外资源，不再强调课程资源的开发。在此基础上，2017年版《课程标准》增加了加强化学课程实施规划、加强选修课程建设、加强化学教研（备课）组建设三方面的课程实施建议。具体为：

①加强化学课程实施规划。

②加强选修课程建设。

③加强化学实验室和化学学科专用教室建设，重视化学学科专用教室建设，为学生选择不同的化学课程、教师开展分层教学、加强化学教学的实践性和探究性创造良好条件。有条件的地方和学校应逐步引进一些现代化仪器设备，为学生使用现代先进技术、先进仪器研究化学科学提供物质基础。

④加强化学教研（备课）组建设。加快全面落实2017年版《课程标准》，引领教师专业成长。

⑤加强校内校外化学教学资源的开发与利用，指出教学资源的开发与利用是地方、学校、教师课程能力建设的重要抓手，建议特别注重文本资源、信息技术资源、生成性资源、自然与生活环境资源、社会教育资源的开发和利用。

第二节　2022年版《义务教育化学课程标准》解读

一、化学学科定位

化学是推动人类社会可持续发展的重要力量，是材料科学、生命科学、环境科学、能源科学、信息科学和航空航天工程等现代科学技术的重要基础。化学不仅创造人类的美好生活，还在应对人类面临的一系列重大挑战，如能源危机、环境污染、突发公共卫生事件等方面，同样具有不可替代的作用。义务教育阶段的化学课程是化学教育的启蒙课程，是与小学阶段的科学课程相衔接，与初中阶段的物理和生物学等课程相关联，为学生更好地适应下一阶段的学习、应对现代生活及未来挑战、成为合格的社会公民和全面发展的人奠基的重要基础学科课程；是落实立德树人根本任务、提升学生核心素养的重要载体。

二、核心素养内涵

化学课程的核心素养发展要求包括化学观念、科学思维、科学探究与实践、科学态度与责任四个方面，它们构成相互联系的有机整体，从正确价值观、必备品格和关键能力等方面揭示了核心素养的内涵。

化学观念反映了化学课程对核心素养发展的学科特质要求，科学思维和科学探究与实践体现了作为科学课程重要组成部分的化学课程对于学生核心素养发展的领域特质要求，科学态度与责任彰显了化学课程在义务教育阶段不可或缺的作用及核心素养发展的跨领域特质要求。因此，上述四个方面是从学科、领域和跨领域三个层次对学生核心素养发展要求的系统刻画，是化学课程全面育人功能和价值的高度凝练。在继承2011年版《义务教育化学课程标准》（本节中简称《课程标准》）优势与特色的基础上，结合义务教育化学课程启蒙学习的特点，2022年版《课程标准》体现了与普通高中化学学科核心素养的衔接关系，体现了科学领域、跨领域学生发展核心素养的培育要求。

三、《课程标准》修订原则

1.《课程标准》的修订原则

一是体现课程全面育人功能，落实立德树人根本任务，以发展学生的核心素养为导向，科学整体地设计课程标准，重视继承、借鉴基础上的创新发展。

二是要求《课程标准》要体现思想性、科学性、时代性、系统性、适宜性和可操作性；提炼与阐释义务教育化学课程对学生核心素养的发展要求，体现义务教育的基础性、阶段性和成长性；核心素养的发展既要体现本学科的独特贡献，又要体现对学生创新精神、实践能力等的培养。

三是设计素养立意的课程内容，设置10%课时的跨学科主题学习（实践）活动，体现综合育人、实践育人的价值，培养学生的实践能力、创新精神等。

四是研制基于核心素养的学业质量标准。

五是倡导以问题解决为导向的教学，聚焦综合育人、实践育人；体现信息技术的有机融入，支持和促进育人方式变革。

2.《课程标准》修订的核心理念

①充分发挥化学课程的育人功能；

②整体规划素养立意的课程目标；

③构建大概念统领的化学课程内容体系；

④重视开展核心素养导向的化学教学；

⑤倡导实施促进发展的教学评价。

四、课程内容变化

新旧《课程标准》学习主题的变化见表1-1。

表1–1 新旧《课程标准》学习主题的变化

学习主题	2022年版《课程标准》	2021年版《课程标准》
主题1	物质的性质与应用	身边的化学物质
主题2	物质的组成与结构	构成物质的奥秘
主题3	物质的化学变化	物质的化学变化
主题4	科学探究与化学实验	科学探究
主题5	化学与社会·跨学科实践	化学与社会发展

新《课程标准》的五个学习主题之间既相对独立，又具有实质性联系。其中，“物质的性质与应用”“物质的组成与结构”“物质的化学变化”三个学习主题，是化学科学的重要研究领域；“科学探究与化学实验”“化学与社会·跨学科实践”两个学习主题，侧重科学的方法论和价值观，反映学科内的融合及学科间的联系，凸显育人价值。二级主题改为了素养导向的多维内容框架；整合删减了碎片化的具体知识点，强化了内容的结构化和功能化；进一步加强了实验及实践活动，规定了八个学生必做实验，提供了十个跨学科实践活动；全面更新和丰富了学习情境素材和学习活动建议，充分体现了时代性、应用性、综合性和实践性，强化了化学课程的育人功能。

五、研制基于核心素养的学业质量标准

学业质量是学生在完成课程学习后的学业成就表现，反映了核心素养的培养要求。义务教育化学课程学业质量标准是以化学课程对核心素养的目标要求为依据、结合课程内容对学生学业成就的具体表现特征进行的整体刻画。2022年版《课程标准》明确提出了学生在针对“认识物质组成、性质及分析相关实际问题情境”“探索化学变化规律及解决实际问题情境”“实验探究情境和实践活动”“常见的生产生活和社会情境”等不同情境下，完成具体学习任务的相应核心素养的表现性要求。学业质量标准体现了问题任务情境与学生的核心素养表现，以及与学习主题的内容和学业要求的整合统一，对教学和评价的指导更具有针对性和操作性。课程目标与学业质量标准、每个学习主题的内容要求和学业要求形成了一个整体，构成了基于核心素养的教学和评价目标体系。

六、提出促进发展的评价的实施建议

1. 树立科学评价观

要重视发挥评价的育人功能，评价要以核心素养导向的课程目标、设计学业质量和各学习主题的学业要求为依据，为评价的设计、实施提供指导。

2.改进终结性评价

探索核心素养立意的命题，科学设计评价工具，重视评价学生的化学观念、科学思维、科学探究与实践、科学态度与责任等核心素养；加强过程性评价，关注学生在化学学习活动中的表现，基于证据诊断学生核心素养的发展水平，实现“教、学、评”一体化。

3.深化综合评价，探索增值评价

注重提高学生自我评价、自我反思的能力，引导教师合理运用评价结果改进教学，实现以评促学、以评促教，发挥评价的育人功能。

七、增加了学业水平考试命题要求

义务教育化学学业水平考试是根据教育部有关规定，由省级或地市级教育行政部门组织实施的考试，主要评价学业质量的达成程度，反映学生核心素养的发展状况，发挥对化学教学改革的正向引导作用。学业水平考试以学业质量为命题依据，考试成绩是初中生毕业和高一级学校招生录取的重要依据。义务教育化学学业水平考试由纸笔测试、实验操作性考试和跨学科实践活动三部分组成，其中实验操作性考试包括实验基本操作、探究实验的设计和实施；跨学科实践活动根据学生日常完成的表现进行综合评定。

1.命题原则

（1）依据课程标准

全面理解和体现课程标准要求，依据课程标准所规定的课程目标、内容要求、学业要求和学业质量命题，认真开展必做实验和实践活动的考查。

（2）坚持核心素养立意

坚持以核心素养为导向，积极探索与核心素养立意原则相匹配的试题设计，围绕学习主题和大概念，创设真实情境，适当提高应用性、探究性和综合性试题的比例，实现对核心素养导向的义务教育化学课程学业质量的全面考查。

（3）保证科学性和规范性

加强考试命题质量管理，明确命题目标，严格命题程序，优化命题技术，确保试题试卷的政治性、公平性、科学性、规范性。建设高水平的命题队伍，加强命题人员遴选与培训。强化考试命题安全、保密管理。

2.命题规划

（1）确保试卷结构合理

试卷内容覆盖课程标准中各学习主题的核心内容，全面考查学生的化学观念、科学思维、科学探究与实践、科学态度与责任等核心素养。试卷通常包括选择题和非选择题两部分，并保持合理的比例。试卷总体难度适当，符合测试的性质和目的要求。

（2）系统制订多维细目表

对试卷结构、测试内容和水平要求进行规划，多维细目表的基本维度包括核心素养、学习主题的核心内容、学业质量、情境素材类型，以及题型、分值、题目难度等基本要素。制订多维细目表时，需分析、统计各维度所占的分值比例，确保比例合理，符合测试的性质和目的，保证试卷的整体性和均衡性。

3.试题命制

试题命制的基本流程见图1-3。

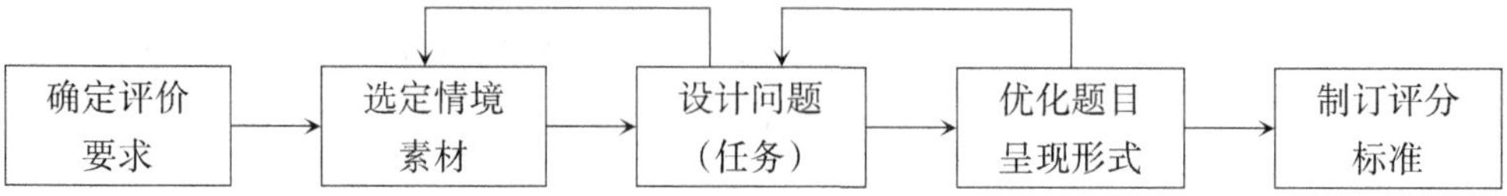

图1-3 试题命制的基本流程

（1）科学确定具体的评价目标及要求

依据学业质量和命题规划，参考内容要求和学业要求，确定评价目标及要求。关注各学习主题内和学习主题间学业要求的联系。针对同一核心内容的评价目标及要求需具有进阶性，体现不同的能力层级水平。

（2）精选情境素材，合理调控问题情境的复杂度

选取紧密关联学科内容的情境素材，关注其真实性、适用性和包容性，确保信息的权威性，杜绝政治性和科学性错误。将原始素材改编为问题情境时，根据学生的知识基础和活动经验基础优化素材的呈现方式，在遵循学生认知规律的前提下，根据题目的预设难度调整素材的陌生度和复杂度，与问题（任务）类型相匹配。情境素材的选取和加工流程如图1-4所示。

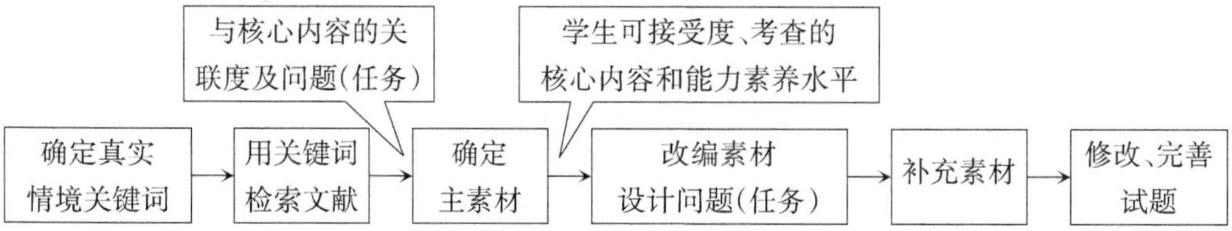

图1-4 情境素材的选取和加工流程

（3）科学设置试题任务，丰富题目呈现形式

基于情境设计任务，注意设问点对核心素养考查的进阶性，设计考查包括辨识记忆、概括关联、分析解释、推论预测、简单设计、综合问题解决等多种任务类型的试题。积极探索设计多样化题型，如科普阅读、社会性科学议题探讨、辩论等多种形式的题目，设计连线、作图等多种试题作答形式，适当增大试题的开放度。

（4）科学制订评分标准

制订评分标准时，依据题目对应的评价目标及要求，除了考虑答案的正确性，还要

关注核心素养的表现。

八、构建素养导向的化学教学体系

2022年版《课程标准》从教学目标的制订、教学内容的选择与组织、教学活动的设计与实施、教学方式与学习方式的转变等方面，系统提出对发展学生核心素养具有可操作性的教学建议，具体如下：

①深刻领会义务教育化学课程关于学生核心素养发展要求的内涵，进阶规划化学教学目标，认识每一个学习主题的素养发展的功能和价值，系统设计单元教学目标；

②注重基于核心素养来理解课程内容体系，基于大概念来组织单元教学内容，发挥大概念的统摄作用；

③重视选择和组织体现科学、技术、社会、环境相互关系的内容，以及跨学科内容；

④充分认识化学实验的价值，积极开展科学探究与实践活动，统筹规划教学时间，保证跨学科实践活动课时的有效落实；

⑤积极探索大概念引领的课堂教学改革，在教学方式上注重探究实践和科学思维培养，重视“教、学、评”一体化，实现课堂教学从掌握知识到发展素养的转变；

⑥引导学生从真实的学习情境中发现问题、展开讨论，在解决化学问题的同时，形成和发展认识化学知识的思路与方法，以及科学态度和价值观；

⑦设计多样化的学习任务，结合教学内容的特点和学生的实际，引导学生开展具有化学学科特质的高阶思维活动，注重开展项目式学习活动和跨学科实践活动，引导学生“做中学”“用中学”“创中学”，促进学生核心素养的发展。

九、提出核心素养导向的评价要求

从过程性评价、结果性评价、综合评价和增值评价等方面，系统提出素养导向的化学教学评价的理念、原则、方法及策略。重视发挥评价育人功能的策略指导，重视素养立意的学业水平考试的方法论指导。

评价要求指出，应全面、客观地评价学生的化学观念、科学思维、科学探究与实践、科学态度与责任等核心素养培养目标的达成情况，注重“教、学、评”一体化，倡导基于证据诊断发展学生的核心素养，重视学科和跨学科实践活动的评价。要求加强过程性评价，优化阶段性评价，日常的过程性评价主要通过收集和分析学生在课堂学习、实验探究、跨学科实践活动、课后作业、单元测验、阶段性检测等学习活动中的表现进行，以诊断学生核心素养的发展情况，为教学改进提供依据。义务教育化学学业水平考试由纸笔测试、实验操作性考试和跨学科实践活动三部分组成。

十、提出教材编写和课程资源开发利用建议

提出“全面贯彻党的教育方针，落实立德树人根本任务”“以课程标准为依据，促进学生核心素养发展”“加强学生必做实验和跨学科实践活动设计”“注重教材编写的创新与特色”等核心素养导向的教材编写原则，并就教材的内容选取和组织呈现等方面明确提出了编写建议。从“加强化学实验室建设”“配备和组织开发文本资源”“重视信息技术资源建设”“建设和利用社会教育资源”等方面提出了课程资源建设开发和利用的建议。

十一、新增教师培训与教学研究建议

1.区域教研建议

教研员要深刻认识新时代教研工作的意义和价值，深入研究化学课程育人价值、学生核心素养发展的特点和规律，注重提升教师通过化学课程育人的能力。

（1）整体设计教研活动

倡导教研活动课程化，整体设计教研目标、内容及方式，提高教研活动的针对性。依据教师在理解和实施课程标准中的需求，指导教师钻研课程标准和教材，聚焦关键问题，促进教学改进。针对课程实施重难点，开展系列主题教研活动，探索实施核心素养导向的化学教学与评价的有效途径及策略。

（2）优化教研工作方式

丰富教研活动途径，创新教研活动方式，注重个性化指导服务。采用专题讲座、案例研讨、工作坊、微论坛、现场指导、在线教研、课题带动、项目推动等多种教研方式，积极探索信息技术支持下的教研模式改革。注重教研共同体建设，汇集高等院校、科研院所、学术团体等机构的专业力量，形成专家学者、教研员、优秀一线教师联动机制。

2.校本教研建议

（1）健全校本教研制度

充分发挥学校化学教研组和各年级备课组的作用，构建校级常态教研共同体，形成时间固定、主题聚焦、人人参与、研讨交流的学科教研机制。通过校际联动，整合名师资源，开展多层次的校际学习交流。

（2）聚焦本校教学难点

以课程实施过程中教师面临的具体问题为研究对象，以教师为研究主体，以教学改进和师生共同发展为研究目的开展校本教研活动。基于本校学情，聚焦教学难点，形成教研专题，如核心素养导向的学习目标、挑战性学习任务、过程性学习评价、支持性学习资源、单元作业设计和试题命制等，持续地进行核心素养导向的化学教学改进，实现教师从理念到课堂教学行为的转变。

（3）创新校本教研形式

集体备课、课堂观摩、交流研讨和学生访谈等，是校本教研的基本活动形式，倡导建立“问题—研究—改进—实践”的学科校本教研模式，充分发挥各级骨干教师的作用，通过名师工作室、教学沙龙、工作坊和微论坛等方式，开展学科和跨学科的专题研讨，解决教师教学中的问题。

十二、增加了有示范引领价值的案例支持

2022年版《课程标准》开发提供了两个跨学科实践活动的完整案例，为教师开展跨学科综合学习提供了具体指导和示范；提供了大概念引领的化学教学的完整课例，并从教学目标设计、素养功能特质、教学内容结构化及课程思政等方面进行解析；增加了核心素养导向的评价案例和解析，具体指导教师如何基于课程标准设计评价要求，如何设计和开展必做实验的表现评价、课堂教学过程性评价及学习档案袋评价等。

第三节　中学化学课程的目标定位

一、义务教育化学课程的目标要求及核心素养内涵

1. 义务教育化学课程的目标要求

义务教育化学课程以习近平新时代中国特色社会主义思想为指导，全面贯彻党的教育方针，落实立德树人根本任务，旨在培养有理想、有本领、有担当的时代新人。

化学课程立足学生的生活经验，反映人类探索物质世界的化学基本观念和规律，融入社会主义核心价值观的基本内容和要求，传承中华优秀传统文化；注重学生的自主发展、合作参与、创新实践，培养学生适应个人终身发展和社会发展所需要的必备品格、关键能力，引导学生形成正确的世界观、人生观、价值观，厚植爱国主义情怀，树立为实现中华民族伟大复兴和推动社会进步而奋斗的崇高追求。具体目标要求如下：

（1）形成化学观念，解决实际问题

初步认识物质的多样性，能对物质及其变化进行分类，能从元素、原子、分子的视角初步分析物质的组成及变化，认识“在一定条件下通过化学反应可以实现物质转化”的重要性；初步学会从定性和定量的视角研究物质的组成及变化，认识质量守恒定律对资源利用和物质转化的重要意义；能通过实例认识物质的性质与应用的关系，形成合理利用物质的意识；能从物质及其变化的视角初步分析解决一些与化学相关的简单实际问题，发展辩证唯物主义世界观。

（2）发展科学思维，强化创新意识

初步学会运用观察、实验、调查等手段获取化学式时，能初步运用比较、分类、分析、综合、归纳的方法认识物质的性质及变化，形成一定的证据推理能力；能从变化和

联系的视角分析常见的化学现象，能以宏观、微观符号相结合的方式认知和表征化学变化；初步建立物质及其变化的相关模型，能根据物质的类别和信息提示预测其性质，并能解释一些简单的化学问题；能从跨学科的角度初步分析和解决简单的开放性问题，体会系统思维的意义；能对不同的观点和方案提出自己的见解，发展创新思维能力，逐步学会辩证唯物主义的方法论。

（3）经历科学探究，增强实践能力

认识实验是科学探究的重要形式和学习化学的重要途径，能进行安全、规范的实验操作，独立或与同学合作完成简单的化学实验任务；能主动提出有探究价值的问题，从问题和假设出发确定探究目标，设计和实施探究方案，获取证据并分析得到结论，能用科学语言和信息技术手段表达探究的过程和结果，并与同学交流；能从化学视角对常见的生活现象、简单的跨学科问题进行探讨，能运用简单的技术与工程的方法初步解决与化学有关的实际问题，完成社会实践活动；在科学探究与实践活动中，能根据自己的实际情况制订学习计划，开展自主学习活动，能与同学合作、分享，善于听取他人的合理建议，评价、反思、改进学习过程与结果，形成自主、合作、探究的能力。

（4）养成科学的态度，具有责任担当

具有对物质世界及其变化的好奇心、探究欲和审美情趣；热爱科学，逐步形成崇尚科学、严谨求实、大胆质疑、追求真理、反对伪科学的科学精神及勇于克服困难的坚毅品质；学习科学家胸怀祖国、服务人民的爱国精神，勇攀高峰、敢于人先的创新精神，淡泊名利、潜心研究的奉献精神；认识科技创新在我国社会主义现代化建设全局中的核心地位，努力把科技自立自强信念自觉融入人生追求之中。

赞赏化学对满足人民日益增长的美好生活需要和社会可持续发展做出的重大贡献；具有安全意识和合理使用化学品的观念，提高应对意外伤害事故的意识；初步形成节能低碳、节约资源、保护环境的态度和健康的生活方式；初步认识科学、技术、社会、环境之间的相互关系，遵守与化学、技术相关的伦理道德及法律法规，能积极参加与化学相关的社会热点问题的讨论，并作出合理的价值判断，初步形成主动参与社会决策的意识；树立人与自然和谐共生的科学自然观和绿色发展观，具有为建设社会主义现代化强国、实现中华民族伟大复兴而学习化学的志向和责任担当。

2.义务教育化学课程的核心素养内涵

核心素养是学科育人价值的集中体现，是学生通过课程学习而逐步形成的适应个人终身发展和社会发展所需要的正确价值观、必备品格和关键能力。化学课程要培养的核心素养，主要包括化学观念、科学思维、科学探究与实践、科学态度与责任，是中国学生发展核心素养在化学课程中的具体化，反映了义务教育化学课程的教育价值与育人功能，体现了化学学科育人的基本要求，全面展现了化学课程学习对学生发展的重要价值。

义务教育化学课程核心素养的内涵及目标要求见表1-2。

表1-2　义务教育化学课程核心素养的内涵及目标要求

核心素养内涵	目标要求	素养表现
化学观念	化学观念是人类探索物质的组成与结构、性质与应用、化学反应及其规律所形成的基本观念，是化学概念、原理和规律的提炼与升华，是认识物质及其变化，以及解决实际问题的基础	化学观念主要包括：物质是由元素组成的；物质具有多样性，可以分为不同的类别；物质是由分子、原子构成的，物质结构决定性质，物质性质决定用途；化学变化有新物质生成，其本质是原子的重新组合，且伴随着能量变化，并遵循一定的规律；在一定条件下通过化学反应可以实现物质转化；等等
科学思维	科学思维是在化学学习中基于事实与逻辑进行独立思考和判断，对不同信息、观点和结论进行质疑与批判，提出创造性见解的能力；是从化学视角研究物质及其变化规律的思路与方法；是从宏观、微观、符号相结合的视角探究物质及其变化规律的认识方式	科学思维主要包括：在解决化学问题中所运用的比较、分类、分析、综合、归纳等科学方法，基于实验事实进行证据推理、建构模型并推测物质及其变化的思维能力，在解决与化学相关的真实问题中形成的质疑能力、批判能力和创新意识
科学探究与实践	科学探究与实践是指经历化学课程中的实验探究，基于学科和跨学科实践活动形成的学习能力；是综合运用化学等学科的知识和方法，通过一定的技术手段，在解决真实情境问题和完成综合实践活动中展现的能力与品格	科学探究与实践主要包括：以实验为主的科学探究能力，通过网络查询等技术手段获取和加工信息的自主学习能力，运用简单的技术与工程方法设计、制作与使用相关模型和作品的能力，参与社会调查实践、提出解决实际问题初步方案的能力，与他人分工协作、沟通交流、合作解决问题的能力等
科学态度与责任	科学态度与责任是指通过化学课程的学习，在理解科学、技术、社会、环境相互关系的基础上，逐渐形成的对化学促进社会可持续发展的正确认识，以及所表现的责任担当	科学态度与责任主要包括：发展对物质世界的好奇心、想象力和探究欲，保持对化学学习和科学探究的浓厚兴趣；对化学学科促进人类文明和社会可持续发展的重要价值具有积极的认识；具有严谨求实的科学态度，敢于提出并坚持自己的见解，勇于修正或放弃错误观点，具有反对伪科学的科学精神；遵守科学伦理道德和法律法规，具有运用化学知识对生活及社会实际问题作出判断和决策的意识；形成节约资源、保护环境的习惯，树立生态文明的理念；热爱祖国，增强为实现中华民族伟大复兴和推动社会进步而勤奋学习的责任感

3.义务教育化学课程内容

义务教育化学课程以促进学生核心素养发展为导向，设置五个学习主题，即“科学探究与化学实验”“物质的性质与应用”“物质的组成与结构”“物质的化学变化”“化学与社会·跨学科实践”。

五个学习主题之间既相对独立，又具有实质性联系。其中，“物质的性质与应用”“物质的组成与结构”“物质的化学变化”三个学习主题，是化学科学的重要研究领域；“科学探究与化学实验”“化学与社会·跨学科实践”两个学习主题，侧重科学的方法论和价值观，反映学科内的融合及学科间的联系，凸显育人价值。

二、高中阶段化学课程的目标要求及核心素养内涵

北京师范大学林崇德教授指出：核心素养是学生在接受相应学段的教育过程中，逐步形成的适应个人终身发展和社会发展所需要的必备品格与关键能力。它是关于学生知识、技能、情感、态度、价值观等多方面要求的综合体；它指向过程，关注学生在培养过程中的体悟，而非结果导向。同时，核心素养兼具稳定性与开放性、发展性，是一个伴随终身可持续发展、与时俱进的动态优化过程，是个体能够适应未来社会、促进终身学习、实现全面发展的基本保障。

1. 高中化学课程的目标要求

高中化学课程立足于九年义务教育的基础，以进一步提高学生的科学素养为宗旨，激发学生学习化学的兴趣，尊重和促进学生的个性发展；帮助学生获得未来发展所必需的化学知识、技能和方法，提高学生的科学探究能力；在实践中增强学生的社会责任感，培养学生热爱祖国、热爱生活、热爱集体的情操；引导学生认识化学在促进社会进步和提高人类生活质量方面的重要影响，理解科学、技术与社会的相互作用，形成科学的价值观和实事求是的科学态度；培养学生的合作精神，激发学生的创新潜能，提高学生的实践能力。

2.高中化学课程的内容

高中化学课程结构见图1-2。

3.高中化学课程的核心素养内涵与表现水平

为落实立德树人的教育根本任务、充分发挥课程在人才培养中的核心作用，高中化学课程标准修订组根据《中国学生发展核心素养（征求意见稿）》和高中化学课程特点，提出包含“宏观辨识与微观探析”“变化观念与平衡思想”“证据推理与模型认知”“实验探究与创新意识”“科学态度与社会责任”等五个要素的高中化学学科核心素养。

高中化学学科核心素养关系见图1-5。

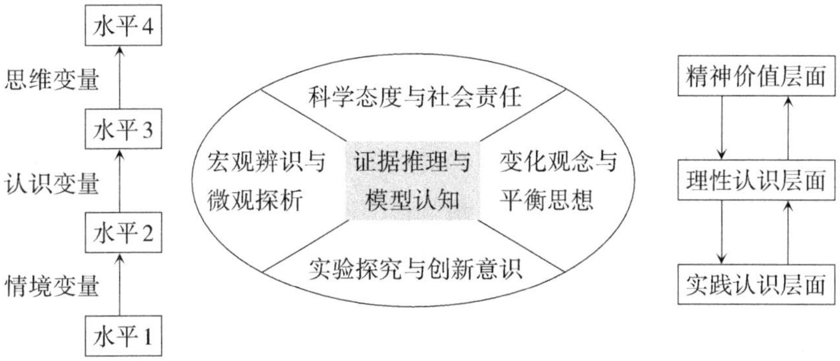

注：实验探究与创新意识是化学核心素养的实践基础；
证据推理与模型认知是化学核心素养的思维核心；
宏微结合与变化平衡是化学核心素养的学科特征；
科学态度与社会责任是化学核心素养的价值立场。

图1-5　高中化学学科核心素养关系图

三、高中化学学科核心素养内涵及具体表现

1.宏观辨识与微观探析

（1）内涵

能从不同层次认识物质的多样性，并对物质进行分类；能从元素和原子、分子水平认识物质的组成、结构、性质和变化，形成“结构决定性质”的观念；能从宏观和微观相结合的视角分析与解决实际问题。

（2）表现

①能通过观察和分析，辨识物质在一定条件下存在的形态、性质；

②能依据物质的组成、结构和性质特点对物质进行分类；

③能运用化学符号、化学用语正确描述物质组成、性质及其变化；

④能根据物质的组成预测物质的可能性质；

⑤能从物质结构与性质、物质性质与应用的关系分析物质性质，合理利用物质。

2.变化观念与平衡思想

（1）内涵

能认识物质是运动和变化的，知道化学变化需要一定的条件，并遵循一定规律；认识化学变化的本质是有新物质生成，并伴有能量的转化；认识化学变化有一定限度、速率，是可以调控的；能多角度、动态地分析化学反应，运用化学反应原理解决实际问题。

（2）表现

①能从微粒的运动、化学键的断裂和形成、反应物间电子得失或转移，分析说明化学反应；

②能依据化学变化的特征、变化的本质，从不同角度对物质及其变化进行分类；

③能从定性、定量的角度或结合化学变化中能量的转化，对化学反应进行分析和研究；

④能用物质质量和能量守恒、联系发展和动态平衡的观点看待和分析化学反应；

⑤能依据物质性质和化学变化的一般规律控制外界条件，通过化学反应（或进行化学反应实验）实现物质的转化、合成和能量的转化。

3.证据推理与模型认知

（1）内涵

具有证据意识，能基于证据对物质组成、结构及其变化提出可能的假设，通过分析推理加以证实或证伪；建立观点、结论和证据之间的逻辑关系。知道可以通过分析、推理等方法认识研究对象的本质特征、构成要素及其相互关系，建立认知模型，并能运用模型解释化学现象，揭示现象的本质和规律。

（2）表现

①初步学会通过观察、实验、调查研究等手段收集证据，基于事实和证据，论证、说明化学现象的本质或规律；

②能运用事实证据、物质性质和化学变化的规律，对有关物质性质和变化的实际问题作有理有据的分析和说明；

③能依据事实，分析研究对象的构成要素和各要素的关系，建立实物模型、认识模型和数学模型，反映研究对象的本质特征，揭示规律；

④能正确认识模型和事物原形的关系，能应用模型解释说明物质的组成、结构、性质和变化；

⑤能依据新发现、新信息，分析、评价已有的认识模型，能指出存在的问题，提出改进、优化模型的意见。

4.科学探究与创新意识

（1）内涵

认识科学探究是进行科学解释和发现、创造和应用的科学实践活动；能发现和提出有探究价值的问题；能从问题和假设出发，依据探究目的，设计探究方案，运用化学实验、调查等方法进行科学探究；勤于实践，善于合作，敢于质疑，勇于创新。

（2）表现

①能从自然界、生产、生活中发现和提出有探究价值的化学问题，确定探究目的，设计、优化探究方案；

②能依据探究方案，运用科学的方法，通过观察、调查和实验，客观地收集、记录现象和数据；

③能科学地加工、处理探究过程中获得的现象、数据，通过分析、归纳、推理，得出合理的结论；

④能对探究的过程、探究的结果及结论作出检查和反思，并和同伴交流、探讨，研究改进探究方案或提出进一步探究的设想；

⑤在探究过程中能尊重客观事实，独立思考，善于和同伴合作交流，敢于质疑，敢于发表自己的见解、看法，不迷信权威，有批判精神和创新意识。

5.科学态度与社会责任

（1）内涵

具有安全意识和严谨求实的科学态度，具有探索未知、崇尚真理的意识；深刻意识化学对社会发展的重大贡献；具有可持续发展意识和绿色化学观念；能对与化学有关的社会热点问题作出正确的价值判断，能参与有关化学问题的社会实践活动。

（2）表现

①具有终身学习的意识，具有探索未知、崇尚真理、追求真理的意识，初步形成终身学习的能力，形成严谨求实的科学态度；

②认识化学、技术、社会和环境之间的相互关系，赞赏化学对社会发展的重大贡献，能运用已有知识和方法综合分析、全面认识化学过程对自然可能带来的各种影响；

③具有环境保护和合理开发、利用资源的意识，理解和赞赏可持续发展和绿色化学的观念；

④能关心并积极参与和化学有关的社会热点问题的讨论，能权衡利弊作出正确的价值判断，有社会责任感，敢于参与力所能及的决策和实践活动。

第四节　化学教给学生的学科思想、核心观念和思维方法

一、化学教给学生的学科思想

化学学科思想是人们在认识化学的实践活动中形成的一种思维方法和思想意识，是对化学的本质、特征与学科价值的基本认识。在中学化学教学中，教师把最精髓、最本质的学科思想传授给学生，学生则在学习的实践活动中通过自己的理解获得启迪与感悟，促进认识的完善，形成知识的结构，掌握化学思维的方法。因此，化学学科思想是学习和认识化学的指导思想。中学化学教给学生的主要学科思想如下：

1.物质运动的思想

“世界是物质的，物质是运动的”，这是中学生学习化学首先必须确立的思想。自然界的物质，大至天体，小至微生物，无论是无生命的，还是有生命的（包括人在内），皆由化学元素组成。构成世界的物质虽然是多种多样的，但其元素组成却是统一的。元素就是宇宙间最基本的物质——元素的不同存在形态，构成了这个森罗万象的世界。物质存在的任何一种形态每时每刻无不处在运动之中，日月更替、寒去暑来、山崩地裂、风吹浪打，涓滴汇为巨流，沧海变为良田——这些都是物质运动的结果。化学运动是宇

宙间七大基本运动之一，而化学反应（运动）则是化学研究的核心议题。通过化学运动（反应）不仅能够认识物质、分离物质，而且还能合成物质；不仅能够合成自然界已经存在的物质，而且还能合成自然界并不存在的物质。合成（化学运动）是化学家改造世界、保护世界的有力手段。通过化学运动而实现的化工生产，为人类社会创造了巨大的物质财富。

2. 物质守恒的思想

化学反应成千上万，但其过程都是作为反应物的原子重新组合而形成新物质的过程。在化学反应前后，原子的种类没有改变，数目没有增减，原子的质量也没有变化——这些微观上的特点决定了宏观上元素的种类、元素的质量及各物质的总质量在化学反应前后均不会改变，即所有的化学反应均遵守“质量守恒”的定律。化学学习必须确立“守恒”的思想，抓住物质变化时某一特定量的恒定，进而对化学问题微观分析、宏观把握，找到简化步骤、快捷准确地解决化学问题的途径。“守恒”的思想在化学学习中应用十分广泛，不单是质量守恒，原子（粒子）也守恒，化学变化中的能量也守恒，离子反应中的电荷也守恒，在氧化还原反应中得失电子数同样守恒。利用“守恒”的思想可以处理和解决化学中的许多问题。不仅如此，“守恒”也是自然界普遍适用的规律，物理学中的“能量守恒”“动量守恒”等思想就贯穿于物理学教学的始终。

3. 物质分类的思想

分类既是一种逻辑方法，也是中学化学的核心思想。世界上物质极其丰富，既有其个性，也有与其他物质相同或相似的地方；同样，物质的变化也是多种多样的。学化学首先要学会从不同角度对物质及其变化进行分类，然后在解决某些问题时把某种物质或变化归纳到某一类别之中去，用“类”的思想去解决化学问题，这样就容易把握问题的实质，找到解决问题的方法和思路，从而有效地解决具体的问题。门捷列夫的元素周期律和周期表的提出，就是运用物质分类思想的典范。新教材化学必修1就是以物质分类为主线来编排的。中学化学中对混合物、纯净物→单质、化合物→有机物、无机物→氢化物、氧化物、酸、碱、盐的分类，以及有机物中对烃、烃的衍生物→卤代烃、醇、醚、酚、醛、酮、羧酸、酯……的分类，充分说明了物质分类的思想在化学教学中无处不在。

4. 动态平衡的思想

在一个化学混合体系中，当两种相对立的运动同时以相同的速率进行时，该混合体系中各成分的浓度、百分含量维持不变，这时我们说该体系达到了平衡。当温度、压强一定时，各体系的平衡常数也保持一定。不过，各成分的浓度、百分含量维持不变，并不是说运动过程停止了，譬如在某温度下某溶质的溶解达到了饱和，并不是说该溶质的溶解过程停止了，而是此时溶解和结晶都达到了同一速度，表面上看溶质的量不再改变，但其实溶解仍然在进行之中，即$v_{溶解}=v_{结晶}\neq0$，其他的各种平衡也一样，一定是

$v_{正}=v_{逆}\neq0$，所以化学平衡是一种动态的平衡。正因为化学平衡是一种动态的平衡，所以当影响平衡体系的条件改变时，必然导致$v_{正}\neq v_{逆}$，此时平衡就会向着能够削弱这种改变的方向移动，这就是著名的“勒夏特列原理”。勒夏特列原理适用于宇宙间一切平衡体系。

5.建构模型的思想

所谓“模型”，就是模拟所要研究事物原型的结构形态或运动形态，是事物原型的某个表征和体现，同时又是事物原型的抽象与概括。模型一般可分为物理模型和数学模型。物质结构学习中的原子结构、分子结构、晶体结构的模型，就是一种物理模型；而化学平衡学习中的浓度平衡常数、分压平衡常数、电离平衡常数等计算关系式，就是一种数学模型。建构模型的思想是一种重要的研究问题的方法，不论是物理模型还是数学模型，它们都能使研究对象直观化和简单化，同时还可以形象地描述研究成果，使之便于理解和传播。化学是研究物质变化最基本、最普遍规律的科学，通过建构模型，能够排除非本质因素的干扰，舍弃次要因素和无关因素，突出反映事物的本质特征，从而使化学现象或化学过程得到简化、纯化和理想化。因此，在化学教与学中，必须掌握建构模型的思想方法。

6.对立统一的思想

对立统一的思想是唯物辩证法的核心，它揭示了事物运动、变化、发展的根本原因在于事物内部的矛盾性，事物普遍联系的实质就是事物之间由多方面的对立统一构成的矛盾体系，它体现着事物内部肯定方面与否定方面的对立统一的关系。在化学教学中，矛盾的对立统一体普遍存在，如化合与分解、氧化与还原、酸性与碱性，以及溶解与结晶、中和与水解、电离与结合等。物质化学运动形式的特殊矛盾就是“原子的化合与化分”，哪里进行着原子的化分与化合的过程（或者分子的破坏和形成过程），哪里就存在着物质的化学运动形式。化学运动形式就是这一对矛盾不断产生和解决的过程，研究这一矛盾的矛盾运动就成为化学科学的主要任务。

7.内在联系的思想

化学内在联系思想主要体现在结构决定性质，性质反映结构，性质决定用途，用途（制法）反映性质，而性质又影响制法。这一思想贯穿化学学习与研究过程的始终。与之相关的思想方法还有“结构与位置（元素在周期表中的位置）”“位置与性质”以及“位置、结构与性质”之间的联系等。结构决定性质，一是原子结构决定原子的性质，即原子的核外电子排布决定元素的性质，元素的化学性质主要是由原子的最外层电子数所决定的；二是物质结构决定物质的性质，如酸中的H^+和碱中的OH^-，它们分别决定了酸、碱各自的通性。性质决定用途，用途反映性质，譬如某物质只有具备可燃性才可能用作燃料，同样，能做灭火剂的物质肯定就不能燃烧。当然，性质不是唯一的决定因素，物质的用途还受生产和使用条件、人的审美需求和环境保护等诸多因素的影响。

8.质量互变的思想

质量互变规律揭示了事物因矛盾引起的发展过程和状态，以及发展变化在形式上所具有的特点。事物从量变开始，到质变终结。量变和质变是两个相互依存的过程，通过量的积累产生质的变化。量变是质变的前提，而质变是量变的结果。这一思想不仅在元素周期律（元素周期表）中得到了最好的体现，比如同周期、同主族元素的性质随原子序数（电子层数）的递增而发生有规律的变化，而且在一些化学反应中也得到了很好的体现，比如过量的问题（量对反应产物的影响）、物质性质（氧化性或还原性）与物质浓度的关系等——硝酸浓度的改变会导致其氧化性强弱改变，因而反应产物发生变化；浓硫酸具有强氧化性，而稀硫酸则不具有强氧化性；浓盐酸具有较强的还原性，稀盐酸则弱得多等。

9.一般与特殊的思想

一般，指矛盾的普遍性，即通常所说的事物的共性、事物中相同的东西；特殊，指矛盾的特殊性，即事物的个性和特点。在化学研究中，通常通过对某些特殊的事物或事物的某些特性进行研究，得出一般性（或普遍性）的规律后，再加以推广。譬如，对氯、氧、氮等代表元素进行研究，再把它们的性质推广到整个卤族、氧族和氮族；对甲烷、乙烯和苯进行研究，再把它们的性质推广到烷烃、烯烃和芳香烃等。事物在具有普遍性（一般性）的同时，由于不同事物存在各自独特的一面，因此又具有特殊性。换句话说，任何事物与同类事物之间既有普遍性（共性）的一面，又有独特性（特殊）的一面。如同主族元素化学性质存在共性的一面，同时不同的元素间又必然存在着差异性，就好比卤素中氟、氯、溴、碘元素的性质很相似，但各自也具有不同的特性。

10.宏观与微观的思想

通过宏观现象，推断构成物质的微观粒子的变化规律，是化学学科的显著特点。宏观物质都是由微观粒子（分子、原子和离子等）构成的，宏观物质的性质和发生的变化就是构成它们的微粒性质及微粒所发生的变化。如压缩气体的体积会缩小，是因为气体分子之间存在间隔；$CuSO_4$的溶液呈蓝色，是因为$[Cu(H_2O)_4]^{2+}$是蓝色的；醇的通性就是-OH（羟基）的性质，醛的通性就是-CHO（醛基）的性质；等等。宏观现象必须通过微观分析去找寻原因，这是化学科学有别于古代化学实用技术的重要之处。事实上，用微观思想分析和看待问题，就是抓住了解决问题的实质。化学教学必须架设从宏观到微观的桥梁，培养学生由宏观到微观的丰富想象力，使学生掌握由宏观物体的变化联想到构成它的微观粒子变化的思维方法。

11.定性与定量的思想

这是化学研究中常常用到的两种思想方法，这两种方法从不同的深度和角度对事物进行研究。定性的思想方法，主要从是否存在某种属性、存在程度的深浅或大小等角度进行初步确定；而定量的思想方法，则在定性的基础上精确地对事物的属性进行深度的、量化的表达。如对某溶液酸碱性的描述和酸碱度的表达，又如关于物质溶解性的描述和溶解度的描述，都是从定性和定量两个方面来对事物进行研究的。这两种方法都不可偏废，不能认为只有定量才是科学的，在化学研究中，定性的方法应用更多，因为物质的存在、组成、结构、性质、制法和用途，是不可能完全用定量的方法来研究的。这也决定了化学学科有别于数理学科的特点，那就是在作为理科的化学学习中，兼备了某些文科知识的学习要求，对于物质的存在、组成、性质、制法和用途（常称为"元素化合物知识"），必须学会归纳和记忆。如果学化学时不重视"元素化合物知识"的记忆，是一定学不好的。

12.绿色化学的思想

绿色化学又称环境无害化学、环境友好化学、清洁化学，与其相对应的技术称为绿色技术、环境友好技术。理想的绿色技术应该采用高选择性的化学反应来生产目标产品，其工艺过程中使用无毒无害原料、溶剂和催化剂，不生成或很少生成副产品或废物，进而实现或接近废物的"零排放"。它涵盖了许多化学领域，如合成、催化、工艺、分离和分析监测等。绿色化学的核心内容之一是"原子经济性"，即充分利用反应物中的每一个原子，因而它既能充分利用资源，又能防止污染。绿色意识是人类追求自然完美的一种高级表现，它不把人看作大自然的主宰者，而是看作大自然中的普通一员，追求的是人对大自然的尊重以及人与自然的和谐相处。在传统的化学教学中，这一思想基本未曾涉及，然而在今天的化学教学中，必须让学生建立起绿色化学的思想意识，学会判断哪些反应符合绿色化学的要求，哪些反应不符合绿色化学的要求。

二、化学教给学生的核心观念

1.化学物质观

化学研究物质的组成、结构、性质及其变化规律。它是人们从静态角度对化学物质本质的总的看法，从元素观到微粒观，再到结构观，反映了人们对化学物质本质的认识逐步深入。具体包括：

元素观——物质是由元素组成的。有了这一观念就可以理解物质的多样性与统一性，人类目前已发现和合成的2000多万种化学物质都是由100多种化学元素组成的。

微粒观——物质是由微粒构成的。原子、分子和离子是构成物质的基本微粒，微粒很小，微粒是运动的，微粒间有间隙，微粒间存在相互作用。

结构观——物质是有特定结构的。结构观是对化学空间概念的一种反映，从而使人们对化学物质的认识从探讨宏观的元素组成深入到研究微观的立体构型。

2.化学变化观

化学变化观是人们从动态的角度对化学物质变化本质的总的看法。具体包括：

守恒观——化学变化过程中元素守恒、质量守恒、能量守恒。"三守恒"是对化学变化中元素不变、质量不灭、能量不灭（只是各种能量形式的相互转化）的概括。

过程观——始态、过渡态（有一个或若干个中间体）和终态构成了化学变化的过程。过程观是对化学时间概念的一种反映，从而使人们关注和研究化学反应的速率问题。

平衡观——化学变化过程是有限度的。

3.化学实验观

化学是一门以实验为基础的自然科学，“以实验为基础”的观念已成为化学家们研究化学的行动指南。同样，学生在化学学习中，也应深刻理解以实验为基础的含义，树立以实验为基础的观念。化学实验是化学科学赖以产生和发展的基础。用历史的观点来看，化学科学的发展历程实际上就是一部化学家运用实验进行探索、发现和创新的历史，几乎每一项化学发现都离不开科学实验。拉瓦锡（A.L.Lavoisier，1743—1794）运用定量实验推翻了统治化学达百年之久的“燃素说”，建立了科学的氧化学说；1824年，年仅24岁的德国化学家维勒（F.Wohler，1800—1882）通过实验人工合成出动物机体内的代谢产物尿素，用实验事实动摇了“生命力论”，开辟了用无机物合成有机物的新天地；汤姆生（J.J.Thomson，1856—1940）通过实验发现了电子，改变了传统的“原子不可分”的化学观。化学史上无数的事例说明，正是因为有了科学实验这一坚实基础，才有了今天的化学科学，化学实验是化学科学赖以产生和发展的基础。

化学实验是化学科学最重要的实证研究方法，这是从研究方法视角对“以实验为基础”的观念所作的阐释。“实证”意味着“求证”，要证实或证伪；也意味着“真实”“实际”，要与客观世界相一致。如何知道是否与客观世界相一致呢？那就要寻找可靠的证据！什么样的证据最可靠？那就是通过实验获得的实验事实，这是最有力的证据。凡是与实验事实相一致的，就是得到了证实，证明是正确的；凡是与实验事实不一致的，就是得到了证伪，证明是错误的。因此，化学实验是化学科学最重要的实证研究方法。

4.绿色化学观

“绿色化学”是指设计对环境没有或者只有尽可能小的负面作用，并且在技术上和经济上又可行的化学品的过程，它是基于化学与社会，尤其与环境的相互作用而提出来的。因此，这一思想反映了人们对化学科学价值观和社会观的反思。

合理使用化学品的观念——科学具有两重性，化学科学也是如此。一方面，化学为人类社会的进步与发展做出了巨大贡献；另一方面，化学品的生产、使用与处理的不当，也给环境造成了较大的污染。因此，通过化学学习，学生应树立合理使用化学品的观念。

从源头上避免污染的观念——防止污染的有效办法不是污染发生后的治理，而是从源头上就避免污染。为此，化学品的绿色化设计就显得尤为重要。选取绿色化的原料，采用“原子经济性”的化学反应，获得绿色化的产品，是学生通过化学学习应该树立的重要观念。

5. 化学学科精神

化学学科精神是指带有化学色彩的科学精神。我们学习化学，并不意味着将来一定要从事与化学有关的工作，而是要掌握化学方法和化学精神，它们是组成核心素养的重要基础。化学精神就是对化学规律、化学原理、化学概念、化学现象的理解，就是严谨、求实、探索、毅力、实证、创新、独立、批判、和谐、宽容等工作风尚。

三、化学教给学生的思维方法

1. 观察与思维

所谓观察，就是通过人的视觉器官对外界事物和现象的仔细探究。观察方法是获取直接经验事实的最基本、最常用的方法，最早与天文历法研究联系在一起。在古埃及，人们通过观察发现，在尼罗河地区，当看到天狼星与太阳同时在地平面上升起的时候，尼罗河的汛期就来到了，因此他们把这一天定为一年的开始。我国古代劳动人民通过观察手段，使用结绳记事的简单方法，记录并发现了自然界变化的一些规律，总结出了二十四节气，编成的“节气歌”在民间广为流传，使天文历法知识在民间得到极大的普及。我国农民利用这些知识来指导农业生产，使我国的农业一直领先于世界。在天文上，我国很早就有对行星的观测记录，长沙马王堆出土的帛书《五星占》就记载了自公元前246年至公元前177年间的土、木、金星的位置表，以及它们在一个周期内的动态表。通过观察受到启发，从而作出重要科学发现和技术发明的事例举不胜举。例如，能工巧匠鲁班因为观察到草叶两边锋利的齿可以划破皮肤而受到启发，发明了第一把锯；阿基米德在澡堂里观察到水的溢出和水的浮力，而发现了阿基米德定律。

自然观察方法虽然操作简单方便，也能够描述自然界的一些现象，但不易使观察对象重复出现，难以满足科学发现的可重复性要求，有时难以检验观察的正确性。为了跟上科技进步的脚步，科研工作者越来越多地运用“有控制观察”。它不仅具有可重复性，还排除了外界干扰，突出了观察对象的主要特点，有利于观察者抓住反映研究对象的本质现象。随着观察方法的不断使用，科学家对观察本身也进行了深入的研究，将不同的方法进行分类，在不同的研究中使用不同的方法进行观察。目前，最常用的观察方法有直接观察、间接观察、实验观察、系统观察、随机观察等。

2. 逻辑推理和判断

逻辑思维是科学研究和日常生活中判断、处理问题的重要方法。它是指按照逻辑规则、规律，根据事实材料和事物之间的联系，通过分析形成概念，作出判断，进行推理的方法。逻辑推理的过程包括：对事物进行定义，使概念明确；对概念所组成的命题、命题与命题之间进行推理；对复杂命题进行论证，使论证合理。我们在日常生活中经常要运用逻辑推理的方法对一些事物进行分析和判断，常用的方法有比较、分析、综合、抽象、概括、定义、演绎和归纳等。

运用逻辑方法对已有的判断和概念进行适当的整理，比如进行对比、分解、组合、推论，就可能得出新的更深刻的知识和概念体系。广义上说，一切逻辑思维的形式、规律、规则和方法都是逻辑的方法，其中又有辩证逻辑、形式逻辑等。但不管是什么样的逻辑，只有当逻辑推理的结果与实际相符才是正确的，只有能够指导社会实践的逻辑方法才是科学的、有效的方法。逻辑思维活动过程包含着丰富的内容，它可分解为认识过程、交流过程、记忆过程、决策过程。其中，认识过程往往要经过逻辑思维的各种环节才能实现。在所有逻辑推理的形式中，归纳和演绎方法最早引起人们的注意与研究。古希腊哲学家亚里士多德系统地研究了演绎与推理的形式，比较定态地提出了三段论理论。17世纪后，随着试验科学的发展，英国哲学家培根（F.Bacon，1561—1626）研究了归纳推理。此后，德国的莱布尼兹（G.W.Leibniz，1646—1716）试图用数学的方法研究演绎逻辑，开拓了数理逻辑发展的道路。

3.归纳和演绎

归纳和演绎是两种不同的推理和认识现实的科学方法。所谓归纳推理，就是从观察和实验得来的大量个别事实推出一般性理论的方法，即由特殊推到一般。它要求人们从对特殊现象的研究出发，以一般的原理为指导，找出其特殊的本质，进而作进一步的补充，丰富和发展这种共同的本质认识。归纳推理分为完全归纳法和不完全归纳法，后者又分为简单枚举归纳法和科学归纳法。运用归纳推理作出重大科学发现的事例在科学史上是很多的。众所周知，细胞的发现史曾持续了200多年，其中核心内容是一切动植物都以细胞作为其结构的基本单位。起初，这一学说并非建立在对细胞形态的全面认识基础之上，而是用归纳法提出小球假设，直到高倍显微镜发明后，人们才有了观察肉眼所见不到的微小物体的可能性，才能在实践上对细胞学说作出科学的证明，并归纳提出科学的细胞学说。

从特殊典型的实例推广到一般的过程，需要人们从某些特殊现象出发，将其中的共性加以抽象、概括、总结、归纳，使之适用于一般事物。本着这一思想，才能避免被纷繁的表面现象所蒙蔽而走入误区。与归纳推理相对应的是演绎推理，所谓演绎推理，就是从一般知识和前提中推出未知的个别事实结论的推理方法，即从一般到特殊。其实，在认识过程中归纳与演绎是相互联系、相互补充的。演绎所依据的理由，正是来自对特殊事物的归纳和概括，归纳的结论是演绎的前提。演绎推理包括三段论，即关系推理、假言推理、选言推理。这种方法被广泛地应用于天文地理及数理化等科学之中。严密、准确、透彻的演绎思维往往可以导致惊人的结果。归纳与演绎是认识事物相辅相成和密不可分的两种推理方法。通过归纳法和演绎法获得科学发现的实例不胜枚举，正确地使用归纳推理和演绎推理，就可以透过事物的现象发现事物的本质，从而推导出正确的结论。

4.实验的方法

实验的方法是科学研究中最常用的方法，尤其是在自然科学和技术领域。实验的方法是求证和发现事物之间存在的联系和发生、发展规律的可靠方法。这种方法的最大优点是研究者不仅能发现事物之间的相关关系，而且更重要的是，这种方法所得出的结论、发现的规律比较可靠，具有可重复性、可检验性，对于所研究的对象具有明确的边界，能够使得事物在相同或相似条件下重复表现。实验法又分为实地实验和实验室实验两种形式。实验室实验也称标准实验，是通过人为控制或改变某些条件，观察某些事物和现象之间的因果关系的方法。实地实验是在接近自然、现实的生活环境条件中，由研究人员有目的地创设或控制一定的条件，以引起某种变化，并观察分析其中的原因、发生变化规律等而展开的研究。两种方法的区别在于对实验所要求和控制的环境条件不同，一般来说，某些社会现象发生、发展的环境条件比较复杂，难以在实验室中进行模拟时，采取实地实验或调查的效果比较好，而对于那些自然科学中的微观研究，比如物理、化学实验，则在实验室中容易得到准确的结果。

（1）实验法的优点

①实验是建立事物或现象之间因果关系的最好方法。实验者可以根据需要引入变量，观察变量所引起的变化，从而找出自变量和因变量之间的因果关系；更精确的实验还可以建立自变量和因变量之间的数量关系，建立函数关系式。因此，实验法是定量研究的重要方法。

②在实验中，可以较为有效地控制实验的环境条件，从而可以减少由外界环境的干扰而导致错误的机会；在实验中，可以用较为精密的仪器、测量工具，对所要研究的对象进行度量、观察，并进行细致的记录，因此所得到的结果也比较准确。

③实验研究通常是纵向的，尽管时间可能很短，但提供了纵向分析研究事物或现象变化过程的机会。研究者通常可以观察、收集一段时间的资料，在多个时间间隔中进行同一事物的测定，这比横剖面式的研究方法更能分析事物或现象的变化和发展。

（2）实验法的缺点

①实验法无法完全复制出自然界中的环境作为研究的边界条件，因而其研究的结论也往往带有一定的边界限制；同时，有些自然环境的条件无法在实验室中重现，比如宇宙中宏观尺度范围内所发生的现象、社会问题（如发生社会暴乱）等就很难在实验室中加以模拟。

②在实验中往往会产生实验者效应，即实验者的期望会影响实验的结果。

③实验法要受到样本容量的限制。实验法只能在小样本的情况下进行，样本太大就难以控制变量之间的变化。

5.调查研究的方法

调查研究指对某一地区、研究对象或社会现象，用一定的科学方法进行实地考察、问卷调查等系统地搜集资料，然后用科学的观点和方法分析研究资料，得出结论，运用研究成果解释和说明问题，指导社会实践的过程。

第五节 高中化学新教材的变化及教学实施建议

一、高中化学新教材的变化

变化一：明确课程结构的要求，宏观整体把握高中化学课程的实施方向

高中化学新课程以全面发展学生化学学科核心素养为主旨，依据2017年版《普通高中课程方案》（2020年修订版），确定高中化学课程的主题、模块和学习系列，课程设计突出基础性、多样化、可选择。课程满足了学生多元化的需求，不仅适应学生不同层次和不同取向的多元发展需求，同时赋予学生和学校更大的选择权和自主权。

必修课程内容依据化学学科观念（大概念）的统领作用，选取"化学科学与实验探究""常见的无机物及其应用""物质结构基础与化学反应规律""简单的有机化合物及其应用""化学与社会发展"五个主题，提高课程实施的整体性，定位为全体学生高中毕业达到的学业水平。选择性必修课程采用模块结构，设置"化学反应原理""有机化学基础""物质的结构与性质"三个模块，以体现化学学习领域的特点以及与大学化学课程的关联性，保证课程的持续性和一贯性。选修课程选取"实验化学""化学与社会""发展中的化学科学"三个模块，综合体现化学学科的特点、社会发展价值和时代性，以及学科核心素养的多样性内涵，既利于激发学生的学习兴趣和求知欲，又利于校本化的课程开设和管理。

变化二：学习主题的有效整合，突出核心素养的培育

2017年版《普通高中化学课程标准》（2020年修订版）必修主题由原来的六个整合为了五个（表1-3），主题一"化学科学与实验探究"建立以科学探究为主的大概念（核心观念），明确化学实验探究能力培养的内涵，规定学生必做实验，明确实验探究能力的学业表现要求；强调实验探究教学过程中要注重科学态度、创新精神、安全意识的培养。主题二"常见的无机物及其应用"强调核心观念统领，聚焦学科大概念，删减调整具体元素化合物知识内容，注重核心元素化合物知识与STSE知识的融合，体现科学精神与社会责任的内涵实质。主题三"物质结构基础与化学反应规律"突出体现元素周期律（表）在发展学生证据推理与模型认知中的核心素养；提出基于化学键概念发展学生宏观辨识与微观探析的核心素养；基于化学反应规律发展学生的变化观念与平衡思想。主题四"简单的有机化合物及其应用"增加了官能团概念，初步建立有机物的认识框架；结合典型有机化合物分子，帮助学生建立对有机分子结构的认识；调整对典型有机化合物性质和应用的学习要求。主题五"化学与社会发展"主要建立化学与社会发展主题的整体认识框架；提出化学与社会发展的核心观念；明确科学精神与社会责任素养的具体能力表现与期望。

表1-3　新教材与旧教材学习主题的变化

模块	主题	新教材	模块	主题	旧教材
必修	主题一	化学科学与实验探究	必修1	主题一	认识化学科学
	主题二	常见的无机物及其应用		主题二	化学实验基础
	主题三	物质结构基础与化学反应规律		主题三	常见无机物及其应用
	主题四	简单的有机化合物及其应用	必修2	主题一	物质结构基础
	主题五	化学与社会发展		主题二	化学反应与能量
				主题三	化学与可持续

变化三：学习内容的变化，凸显必备知识

新教材与旧教材学习内容的差异性比较见表1-4。

表1-4　新教材与旧教材学习内容的差异性比较

模块	章节	新教材	模块	章节	旧教材
必修	第一章	物质及其变化	必修1	第一章	从实验学化学
	第二章	海水中的重要元素——钠和氯		第二章	化学物质及其变化
	第三章	铁金属材料		第三章	金属及其化合物
	第四章	物质结构　元素周期律		第四章	非金属及其化合物
	第五章	化工生产中的重要非金属元素	必修2	第一章	物质结构　元素周期律
	第六章	化学反应与能量		第二章	化学反应与能量
	第七章	有机化合物		第三章	有机化合物
	第八章	化学与可持续发展		第四章	化学自然资源的开发和利用

新教材学习内容的特点：

①教学内容的选择编排突出强调“三序”整合，即“学科知识的逻辑”设计，按照化学学科之间的逻辑关系组织内容，重视内容的结构化；“教学的逻辑”设计，关注教学过程的逻辑关系，凸显教学属性；“学习的逻辑”设计，关注学生认知发展规律，体现学习过程的逻辑关系。例如：氧化还原反应的学习，从化学反应分类视角入手，从得氧失氧的认知视角，引导学生建立从“物质的水平—元素的水平—化合价的水平—微粒的水平”的视角认知氧化还原反应的认知模型。

②化学概念与理论知识穿插安排，有效降低了教学难度；化学计量调整到第二章学习，便于学生顺利实现初高中过渡；元素知识从典型金属、非金属开始到“大类”，元素化合物知识与理论知识分散安排，突出了知识体系结构的主线。

③理论性知识与事实性知识穿插，螺旋上升；物质结构和元素周期律知识适当前置，加强了元素周期律对元素知识学习的指导作用。

④降低了某些学习内容的学业要求，有利于减轻学生学习负担。例如：对金属Al、Cu及非金属Si的系统化学习要求降低、弱化，教材中Al、Si在呈现方式上仅仅作为感性认识素材，为学习相关知识提供支持，即知识运用和实际应用。

变化四：知识呈现形式多样化，凸显认知思路的外显化

高中化学教材注意初高中学习内容、学习方法、化学观念的衔接、进阶；特别关注以知识为载体，有计划地把分类、建构模型、图像分析、控制变量、定性定量分析、预测和检验等科学方法融入各章知识的学习当中。新教材以化学大概念和化学科学研究方法为线索，构建教科书的知识体系，教材的每一章内容都着眼于系统性和连续性，方便学生自主学习。例如：元素化合物知识的学习以钠及其化合物为载体，建立研究物质性质的基本方法；以氯及其化合物知识的学习为例，阐述研究物质性质的基本程序；以硫及其化合物的学习为例，论述物质的转化反应与实施途径。在简单有机物知识的学习中，从碳骨架和官能团的识别认识有机物结构、类别与特性，构建有机物的结构与性质的认知模型。

变化五：教学栏目优化整合，素养化功能增强

高中化学教材在栏目设计上保留了“实验”“资料卡片”“科学史话”等栏目，将原来的“思考与交流”“学与问”合并为“思考与交流”，增加了“方法引导”“信息搜索”“化学与职业”“探究”“实验活动”等栏目，将“习题 ”改为“练习与应用”，将“科学视野”改为“科学技术与社会”，将“实践活动”改为“研究与实践”，将“归纳与整理”改为“整理与提升”，栏目功能得到进一步优化，素养化功能增强。“课堂实验”“实验活动”凸显化学作为实验科学的特点，并培养学生的实验素养。“探究”“思考与讨论”“研究与实践”“方法引导”有助于指导学生运用化学原理和认知思维学习化学知识；“整理与提升”针对各章知识内容，从认识视角、认知观念的视角进行整合，实现知识的结构化、认知思路的结构化、认知视角的结构化。“化学与职业”栏目的设计帮助学生了解化学学习与个人发展、未来职业选择的作用，加强对学生个体发展的指导，强化学生对化学相关职业的特点、工作内容和知识背景的了解。这些栏目恰到好处地穿插在教材的各章教学内容中，既能帮助学生理解和掌握主干知识，又能有效激发学生及时进行梳理、思考、应用和提升，充分展现了教材的“生本”特征，体现了学生在教学活动中的主体地位，也为学生的自主学习活动提供了充足有序的路径和素材。

变化六：实验教学加强，凸显学科特征和探究功能

高中化学新教材进一步增加了化学实验教学内容，教材正文实验栏目有所增加，增加了实验安全提示、关注实验安全、生命安全教育；选入了一些优秀的实验改进成功案例、微型实验成功案例；引进了与信息技术融合的数字化实验手段；增加了探究活动，通过精心设计问题任务、学习支架、方法导引、记录表格，避免根据以往实验简单照方

抓药，兼顾探究思维与动手实践，有效落实了“实验探究与创新意识”的培育；在每章中还设计了学生必做实验，强化了学生实验技能、实验习惯的培育，增强了学生学习化学的动手操作能力和学习经历的体验性，化学学科特征进一步显性化。

变化七：融入德育素材，突出“立德树人”

高中化学新教材在编写教学内容时，选编了介绍我国化学科学、化学技术重要发展历程的素材，介绍我国科学家在化学、科学及技术领域的研究成就与贡献的素材，弘扬中华优秀传统文化的素材，以增强学生的文化自信，引导学生形成崇尚科学以及为中华民族复兴而努力学习、奋斗的使命感。例如：在教科书中介绍我国传统化学工艺、古代冶金技术的成就，陶瓷、火药、造纸、酿造、印染技术的发展，豆腐的制作工艺，侯氏联合制碱法的发明，结晶牛胰岛素与具有完整生命活性的核糖核酸的化学合成，屠呦呦运用化学的方法提取青蒿素获得诺贝尔化学奖的事迹，20世纪以来我国化学基础研究和工业发展的长足进步，比如我国科学家利用钛合金制造蛟龙号潜水器关键部件在南海可燃冰试开采中取得的成就，以及多种合成纤维材料、近海石油开采的油水分离膜材料的发明等。通过以上内容渗透绿色化学和生态文明教育、法制教育、国家安全教育，帮助学生认识化学在保障人类健康、资源、能源，合理利用新能源等领域的重要贡献，在新材料开发、社会持续发展中的重要作用，凸显化学学科的社会价值，为落实立德树人、科学精神与社会责任核心素养奠定了基础。

二、教学实施策略建议

策略一：加强课程标准的研究，有效落实核心素养的内涵和学业质量评价标准

教学目标的设计要遵循“落实化学学科核心素养、体现以学生为本、促进学生全面发展”的教育理念，依据化学学科核心素养的内涵及其发展水平、高中化学课程目标、高中化学课程内容及学业质量要求（包括学业要求和学业质量水平），结合学生的已有经验，对学段、模块或主题、单元和课时教学目标进行整体规划和设计。

要以学生的学情（已有的知识、已有的经验、已有的学习能力）确定学习起点，以教材确定学习内容，以课程标准、学业质量评价标准为标尺把握学习内容的深广度，凸显化学学科的核心素养内涵、学业水平质量标准的基本要求，体现“教、学、评”的一致性。

策略二：加强对化学教材的研究，提升教师对学科的理解力

要研究教材文本内容，正确理解化学知识，科学、严谨、规范地解读文本，把科学的知识传授给学生；切忌把错误的、不严谨的知识、信息传递给学生，避免使学生形成错误的知识、思想、观念，形成思维定式，导致难以纠错。

要研究化学知识之间的相互联系，教学由知识“碎片化、零散化”向“整体化、结构化”转变，有助于引导学生有效建构化学知识体系，实现知识关联的结构化。

要从化学学科的本原性入手，研究物质及其变化的认识过程的思维方式，有目的、有计划地引导学生运用化学学科思维方式和方法学习化学知识，注重引导学生在化学知

识结构化的自主建构中理解化学核心观念。

研究教学中“认识思路”和“核心观念”的结构化设计，逐步提升学生的化学知识结构化水平，发展化学学科核心素养。

策略三：坚持“德育为先、育人为要”的原则，落实“立德树人”

教师要树立“学科教学必须服务于立德树人的需要”的教学观念，实现由学科教学向学科教育的观念转变。要坚持把立德树人融入思想道德教育、文化知识教育、社会实践教育各环节，引导学生树立正确的国家观、历史观、民族观、文化观，厚植爱党、爱国、爱人民的思想情怀。积极探索利用化学课程中重大科学发展史、我国在化学领域研发取得的重大贡献和成果、现代科学技术新成就和发展趋势、“科学、技术、社会、环境”的相互影响等教学资源中蕴含的德育育人素材，在化学教育教学活动中有机渗透社会主义核心价值观，培育国家认同与国际理解、科学精神与社会责任的核心素养。

策略四：广泛吸纳教学资源，有效整合、简约使用

在理解应用显性资源（明确知识脉络关系、地位作用、学习价值等）的基础之上，有效挖掘教材中的隐性资源（知识的呈现形式，教材栏目设置的功能，教材中隐含的学科思想、基本观念、科学方法、情感素材等），让知识学习成为发展能力、形成素养的有效载体。

要重视STSE内容主题的选择和组织，紧密联系生产、生活实际，使学生能综合运用所学知识解释和解决有关的STSE问题。

广泛吸收利用好网络资源，如教学资源网站、虚拟仿真实验、相关影像资料等资源，合理取舍，取我所需、摘我所要、为我所用。

有效整合教学媒体资源，发挥其辅助教学的功能。多媒体的选择要根据教学内容、学情和媒体的特点进行有效整合，避免重复堆砌、过分渲染、过分追求华丽而远离教学主题，要与教师的板书和讲解相互弥补，要用得恰当、科学、适时、实用、简约、高效。

策略五：倡导多样化的教学方式，构建高效课堂

积极倡导课程模块的教学设计，构建大观念教学设计体系。模块是实现普通高中课程多样化及选择性的重要手段，是围绕某一特定主题，通过整合学生经验和相关内容而设计的相对完整、独立的学习单元。在模块教学中，注意把握每一个模块的功能和内容特点，做好四个层面的教学设计：基于模块的整体教学设计，基于模块的单元教学设计，基于模块的节（课题）教学设计，基于模块的课时教学设计。

积极探索问题解决模式的教学设计思路。问题是思维的源泉，更是思维的动力。教学过程中积极探索构建教学内容问题化，在各层面的教学设计中，设计问题情境，把学习的内容分解成若干个问题（问题串），提出学习和探究的主题，让学生在一个个问题的解决过程中习得内在的原理及思想方法，逐渐达成对模块主题全面、深入的认识。

积极探索项目式教学在化学教学中的应用。要注意学习有关项目式教学的理论依据、教学设计思路、教学流程、组织评价措施，并在教学过程和综合社会实践中予以探索落实。

第二章　核心素养视域下教学设计的研究与实践

第一节　教学设计的内涵与流程

一、教学设计的内涵

教学设计（instructional design）主要是以促进学习者的学习为根本目的，运用系统方法，将学习理论与教学理论等基础理论的原理转换成对教学目标、教学内容、教学方法、教学策略和教学评价等环节进行具体计划、创设有效的教与学系统的“过程”或“程序”。教学设计是以解决教学问题、优化学习为目的的特殊的设计活动，它既具有设计学科的一般性质，又必须遵循教学的基本规律。因此，它具有如下特征：

①教学设计是应用系统方法研究、探索教与学系统中各个要素之间及要素与整体之间的本质联系，并在设计中综合考虑和协调它们的关系，使各要素有机结合起来以完成教学系统的功能。如果不考虑影响解决方案实施的各个要素及其相互之间的关系，那么设计出来的解决方案就无法达到其预期的目标。

②教学设计的研究对象是不同层次的学与教的系统。这一系统中包括了促进学生学习的内容、条件、资源、方法、活动等，教学设计的过程就是对这些影响教学效果的各个要素进行具体的计划的过程。

③教学设计的目的是将学习理论和教学理论等基础理论的原理和方法转换成解决教学实际问题的方案，它不是为了发现客观存在的尚不为人知的教学规律，而是为了运用已知的教学规律去创造性地解决教学中的问题。教学设计的成果或产物是经过验证的、能实现预期功能的教学系统实施方案，包括教学目标以及实现一定教学目标所需的教学活动、实施计划及相关的支撑材料（如教材、学习指导手册、多媒体教学软件、学习者的学习资源、评价手册及测试题等）。

二、教学设计的基本流程

完整的课堂教学设计需要解决好四个基本问题：现在在哪里，要去哪里，如何去那里，是否已到达那里（图2-1）。这是一个完整的课堂教学设计的四个环节，更是四个相互联系、相互制约的逻辑序列，而且每一序列又由许多要素构成。

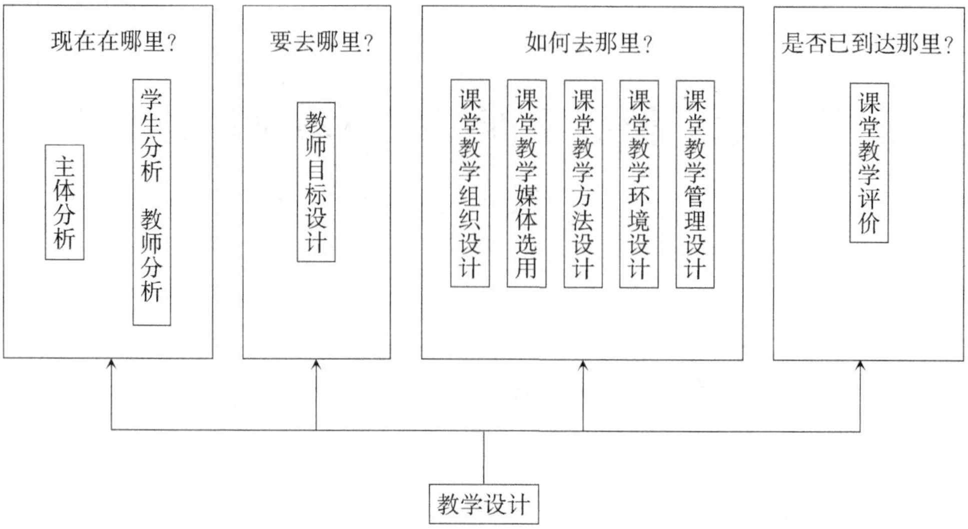

图2-1 教学设计的基本流程

1.现在在哪里（起点）

这一环节是教学设计的一个逻辑基点，是进行课堂教学设计的预备阶段和基础。需要做好两方面的工作：一是对学生的分析，二是对教师的分析。对学生的分析，首先要分析其学习的需要，目的是发现学生在学习中存在的问题，然后分析产生问题的主要原因，并确定在课堂教学设计时解决该问题的方法和途径；分析现有的教学资源及约束条件，以论证解决该问题的可能性；分析问题的重要性，以确定要优先解决的课堂教学设计的重点和难点。其次是教师应该充分注意每个学生在参加学习时所具有的一般特点和起点能力，应根据学习者的起点能力进行实际的课堂教学设计。对教师本人的分析，则要求教师应清楚地了解自己的专业素质和教学能力，包括驾驭教材的能力、语言表达的能力、运用多种媒体组合的教学能力、观察了解学生的能力，以及组织、管理、调控教学活动的能力等。

2.要去哪里（目标）

目标是在上一环节的基础上自然生发起来的一个教学方向，实际上是课堂教学目标的设计。课堂教学目标的设计是课堂教学设计的关键，它是对课堂教学活动预期所要达到的结果的规划。它对课堂教学的发展起着调整和控制的作用，制约着课堂教学设计的方向。现代课堂教学设计的目标不再是单一的知识目标，而应是由各分目标组合而成的一个多维目标的结合体，包括学科知识目标、能力目标、过程与方法目标、情感态度与价值观目标、探究目标等。在进行课堂教学目标的设计时，我们要考虑到在确定一两个目标的前提下，力求实现多个分目标。另外，教学目标的设计要注意面向全体学生。

3.如何去那里（途径、方法）

途径、方法是课堂教学设计的核心，主要包括以下几个方面的内容：

①课堂教学内容的设计，即对根据教学目标选定的教学内容进行恰当的安排，使之既合乎学科知识本身内在的逻辑序列，又合乎学生认识发展的顺序，从而把教材的知识结构和学生的认知结构很好地结合起来；

②课堂教学组织形式的设计，即课堂教学是采取合作式、探究式、讲授式还是活动式或其他组织形式；

③课堂教学方法和媒体的选用设计；

④课堂教学环境的设计，即考虑如何为学生创造一个良好的课堂教学环境；

⑤课堂教学管理的设计，即如何应对和控制课堂上的突发事件，如课堂上学生的问题行为等。

4.是否已到达那里（评价）

评价是课堂教学设计的保障，即对课堂教学的评价设计。主要目的是了解课堂教学目标是否达到，并为课堂教学设计的修正和完善提供依据。

教学设计的基本过程分为三大环节（八个基本要素），具体如图2-2所示。

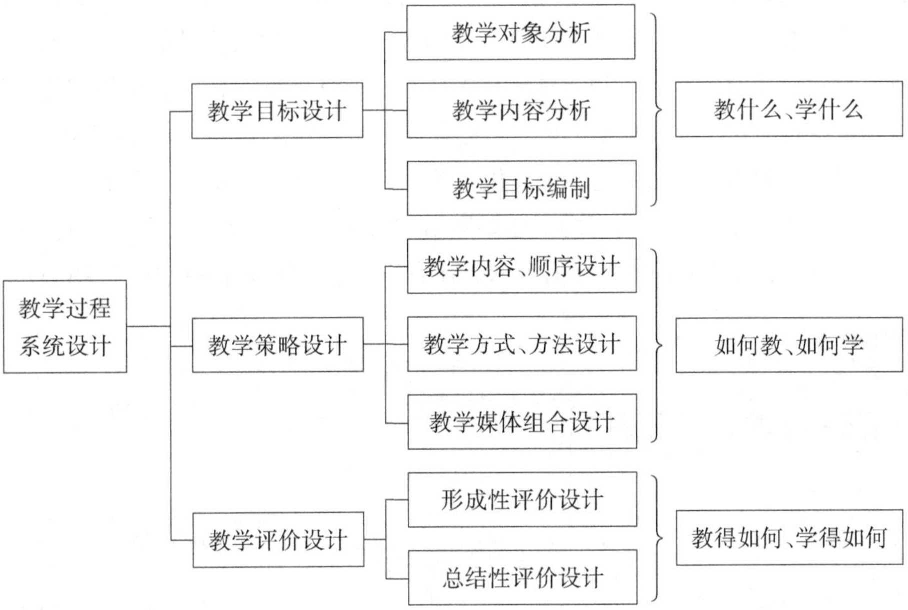

图2-2 教学设计的基本过程

第二节 核心素养视域下化学教学设计新视角

学科核心素养是学科育人的价值体现，是学生形成正确价值观念、必备品格和关键能力的重要载体。2017年版《普通高中化学课程标准》依据《中国学生发展的核心素养》提炼出“宏观辨识与微观探析、变化观念与平衡思想、证据推理与模型认知、科学探究与创新意识、科学态度与社会责任”的化学学科核心素养，它是落实化学学科思想、学科观念的重要途径，是培育发展学生综合素养的有效载体，是落实社会主义核心价值观、实现由学科教学转向化学学科育人的有效途径。化学学科核心素养赋予了课堂教学新内涵，也为优化课堂结构、促进教师教学行为和学生学习行为改革提供了有力抓手。化学教学中如何落实学科核心素养，实现由知识取向教学向能力取向、素养取向教学的转变？下面就以九年级人教版“质量守恒定律”教学设计为例，谈谈核心素养视域下教学设计的新视角。

一、学习目标设计融“知识、能力、素养”为一体，体现“教、学、评”一致性

学习目标是课堂教学、学生学习的评价标准，是教学的出发点和落脚点，具有导教、导学、导思、导练、导评的教学功能。学习目标的设计首先要遵循“落实化学学科核心素养，体现以学生为本、以学习为中心，促进学生全面发展”的教育理念，要以学生的学情（已有的知识、已有的经验、已有的学习能力）确定学习起点，找准学生学习发展的“最近发展区”，要以课程标准、学业质量评价标准为标尺，准确把握学习内容的深广度、化学学科的核心素养内涵、学业水平质量标准的基本要求，融知识、能力、素养为一体，实现“教、学、评”一体化设计。学习目标的设计要将隐性的德育育人功能、学科思维、学科观念显性化，并以具体的学习内容、真实的学习活动为载体支撑，让核心素养的培育掷地有声、抓铁有痕。切忌目标设计生搬硬套化学学科核心素养的五个方面，防止学习目标的表面化、形式化、虚设化。学习目标的内容应包含学习内容、行为方式、达成程度、素养发展。学习目标的表述要突出“行为主体、行为动词、行为程度、行为结果”四个要素，让教有所循、学有所依、评有所据。具体设计思路如图2-3所示。

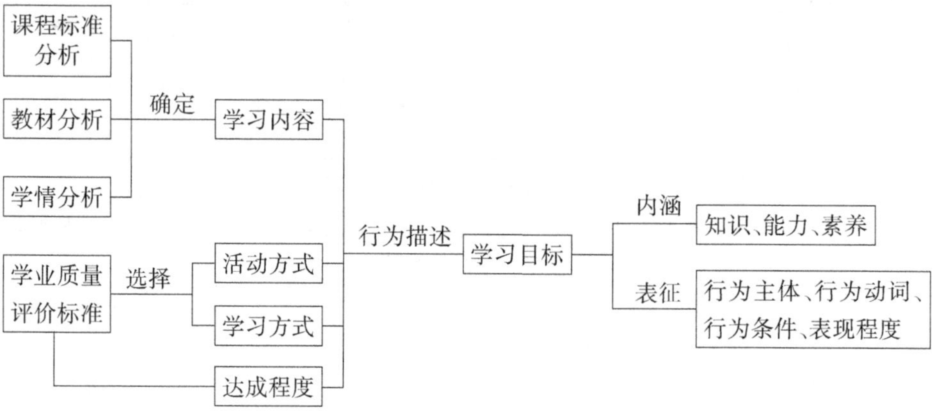

图2-3　学习目标的设计思路

例如，“质量守恒定律”的学习目标可设计如下：

【学习目标】

①通过科学探究、小组合作的方式探究发现质量守恒定律，能正确描述质量守恒定律的内容，知道其适用范围，初步建立科学探究的认知思路和证据推理与模型认知的学

科素养，感悟化学实验在科学研究中的重要作用。

②通过自主阅读教材，从宏观、微观的视角，揭示质量守恒定律的本质，能说出化学反应前后的“变”与“不变”，形成宏微结合、符号表征的化学学科思维，逐步树立透过现象认识本质的唯物史观。

③通过质量守恒定律的发现、发展史实的思考交流，形成严谨的科学态度和实事求是的科学精神。

④能运用质量守恒定律解释生活中相关的现象与问题，自主建构知识体系，实现知识内容的结构化，反思提炼学科思想与认知方法。

【评价目标】

①通过质量守恒定律的探索认知过程，发展并诊断学生实验探究与创新意识、证据推理与模型认知的素养水平，初步建立研究化学反应的变化观、守恒观、定量观。

②通过质量守恒定律本质的学习，发展并诊断学生宏观辨识与微观探析的素养水平，初步建立“宏观—微观—符号”的学科思想。

③通过质量守恒定律的化学发展史，发展并诊断学生的科学态度与社会责任的素养水平。

④通过知识思维导图的绘制，促使知识的系统化、结构化的自主建构；通过对学习过程认知方式的反思和认知化学反应视角的变化，提炼学科思想和认知方法。

【设计意图】

学习目标与评价目标一体化设计，体现“教、学、评”一体化评价观。学习目标设计围绕学习内容“探究质量守恒定律内容、揭示质量守恒定律本质、讨论质量守恒定律的发展史、应用质量守恒定律分析解决实际问题”，从认知策略、学习方式的视角设计描述学习的内容及达成程度。目标设计在强调显性知识和原理的同时，更加突出以学科思维和认知方法认识化学规律、学科本质的思维模型，融入了“宏观辨识与微观探析、科学探究与创新意识、科学态度与社会责任”等核心素养，以具体的教学活动过程为载体，为教师的教学活动、学生的学习活动、教学评价、核心素养的落实提供了有力导向、支撑依据。

二、教学流程设计突出“任务驱动、问题导学”，以“板块化、结构化”形式呈现

教学流程是课堂教学过程实施的路径图。在流程的设计中，除了要关注科学、严谨、规范地教给学生化学知识，更要深刻挖掘化学知识背后的学科思想、学科方法，化学符号背后的逻辑意义、学科思维方式、认知途径，落实教材的“知识价值—学科价值—社会价值”功能，丰富课堂教学内涵。教学内容组织要做到“整合、重组、增减、补充”，实现教材的二次开发；重视知识关联的结构化设计、认知思路的结构化设计、核心观念的结构化设计，提升学生认知的结构化水平，促进化学学习从学科知识教学向学科教育的转化。深刻研究从“知识发展的逻辑、教材编写的逻辑、学生认知的逻辑”厘清课堂教学的认知结构路径，凸显课堂教学的情境线、活动线、知识线、素养发展线，通过课堂教

学学习环节结构化、学习任务驱动化、化学知识问题化、问题解决过程化、学习活动合作探究化，来实现核心素养的落地。板块化、结构化课堂教学设计的思路如图2–4所示。

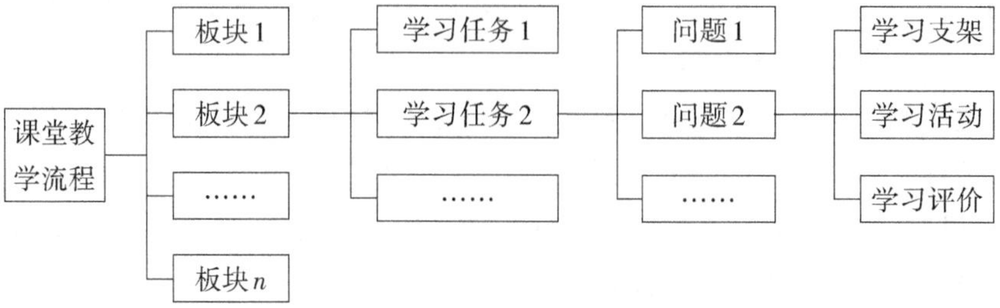

图2–4　板块化课堂教学设计思路图

例如，“质量守恒定律”教学流程可如图2–5所示设计。

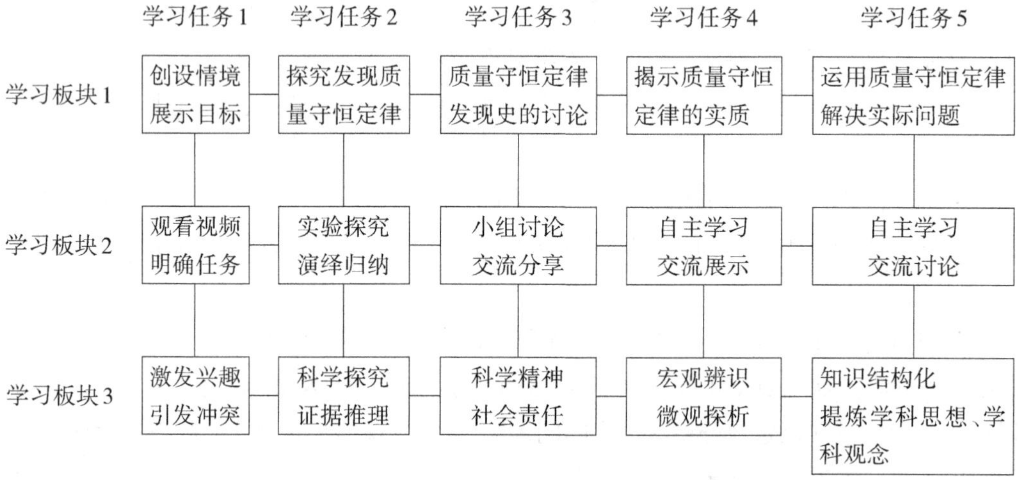

图2–5　“质量守恒定律”教学设计实施路径图

【设计意图】

本节学习内容分为五个具体的学习任务，依据教学目标，实施板块化设计，每个任务内含具体的学习内容、学习形式和素养发展，针对学习内容指明学科核心素养培育的着力点，让课堂教学思路外显，让课堂教学结构更为流畅、更为严谨，让学生有明确的学习任务，让核心素养的发展有知识载体、活动支持，不再空泛、虚化。

三、教学情境创设突出情境的真实性、生活性、问题性、驱动性、价值性

德国教育家第斯多惠说过：“教学的艺术不在于传授本领，而在于激励、唤醒、鼓舞。”真实的教学情境是激励、唤醒、鼓舞学生学习内驱力的有效载体，是学生化学学科核心素养形成和发展的重要平台。良好真实的教学情境是架起化学知识与生活、生产、科技的有效桥梁，是获取化学知识、形成解决问题思路的有效路径。通过创设真实的情境，联系解决与化学相关的社会热点问题，引导学生用化学的视角看待社会、生

活、生产中的问题，有利于帮助学生形成科学、充满正能量的价值观。教学情境的创设应遵循“源于生活、内含解决问题、融入思想情感、引发认知冲突、传递主流学科价值”的原则。2017年版《普通高中化学课程课程标准》提供了真实有效的情境素材范例，旨在解决教师在情境设置中“适切性不够、虚假情境、远离教学主题、不利于弘扬学科正能量”等诸多问题，为教学情境创设提供了有效范例，值得研究、借鉴、运用。教学情境素材可源于电子期刊文献、网络视频、报刊媒体、新闻事件、学术刊物、教材专著、科学研究范例、典型化学发展史，也可源于生活、生产、社会中常见的与化学相关的事例、社会热点事件等。

例如，“质量守恒定律”教学情境可创设如下：

【情境材料】

播放视频短片《狄仁杰的疑惑》[选取《神探狄仁杰》中部分影视片段，配音对白如下。狄仁杰（指着燃烧的蜡烛、放在神龛上的宝刀）对白元芳：你不觉得蜡烛燃烧后质量变轻了吗？还有放在神龛上的宝剑生锈后质量变重了吗？这个问题你怎么看？元芳（一片茫然）对白：回大人，这个问题我也解决不了]，然后教师及时设问：对于蜡烛燃烧后质量变轻、宝剑生锈后质量变重这个问题，现场的同学怎么想？最后导入新课，明确目标，交代学习任务。

【设计意图】

教学情境设计选择学生熟知、感兴趣的“狄仁杰、元芳对话视频”为切入点，有效激发学生的学习兴趣和求知欲望，提出要解决的问题，引发学生的认知冲突，点明学习主题，达到激兴趣、激疑问、激欲望、学以致用的目的。该设计也给予了我们启示：留心生活中的资源、选择恰当的网络资源是获取情境素材的有效途径。

四、学习方式选择多元整合，承载学科思想和学科观念，突出问题的解决过程

传统教学理念陈旧、经验固封，过多关注知识符号教学，关注机械性重复记忆、模式化应试训练，过分强调教学过程中教师的主导作用、教学知识的功能价值，忽视学生学习的能动作用，忽视学生能力、素养的培育，造成课堂效率低下。新课程实施过程中又让课堂教学从过分关注“师本”转向另一个极端过分强调“学本”，过分强调学生主体作用，对教师的主导作用关注不够。因此，在教学设计的理念上要实现从“去情境化碎片化的教学”转向“真实情境整体性学习”，从“听记教师讲述的实验现象和结论”转向“观察思考与实验探究”，从“反复背记化学方程式”转向“基于化学反应原理和规律的理解和证据推理教学”，从“单一的具体代表物的性质学习”转向“基于元素观的物质性质和转化的思路和方法教学”，从“从碎片化知识细节教学”转向“核心知识结构化的教学”，从“具体化学知识的教学”转向“化学学科思维的教学”，从“抽象知识讲解的教学”转向“解决综合复杂问题的教学”，从“注重知识结论的教学”转向“彰显知识功能价值的教学”。学习方式的选择要突出科学探究、主题式教学、混合式学

习、项目式学习、研究性学习、参与体验式学习、实践性学习、深度学习等学习方式的有效整合，突出真实问题的解决过程，积极落实“实验与探究、证据与推理、分类与表征、模型与解释”的学科认知路径，落实学习过程中“宏观与微观相结合、定性与定量相结合、静态与动态相结合、多重表征”的化学学科思维。例如，在“质量守恒定律”的教学活动设计中采用“科学探究、证据推理、演绎归纳”的认知路径，让学生探究发现质量守恒定律，从“宏观与微观相结合、定性与定量相结合”的视角揭示质量守恒定律的发现到质量守恒定律的本质，发展的是学生实验探究、证据推理与模型认知、科学探究精神和社会责任的核心素养。

例如，“质量守恒定律的科学探究”教学流程可按图2-6所示设计。

提出问题

化学反应前后参加反应的反应物质量总和与生成物质量总和存在什么关系？说说你的观点。

实验探究

①用托盘天平称量套有碳酸钠粉末、盛有少量稀盐酸的锥形瓶的质量，然后将碳酸钠粉末倒入锥形瓶，观察实验现象，记录称量结果。（小组合作实验探究、交流汇报实验结果）

②用托盘天平称量盛有硫酸铜溶液和铁钉的锥形瓶质量，然后把铁钉放入硫酸铜溶液中，观察实验现象，记录称量结果。（小组合作实验探究、交流汇报实验结果）

证据推理

①探究碳酸钠溶液和稀盐酸反应前后称量的锥形瓶质量相等的原因。

反应前	反应后
装置的质量	装置的质量
参加反应的HCl的质量	生成的NaCl的质量
未参加反应的HCl的质量	未参加反应的HCl的质量
参加反应的Na_2CO_3的质量	生成的CO_2的质量
未参加反应的Na_2CO_3的质量	生成的H_2O的质量
溶液中水的质量	未参加反应的Na_2CO_3的质量
	溶液中水的质量

⇨ 分析得出：参加反应的HCl的质量和参加反应的Na_2CO_3的质量总和等于生成的NaCl、CO_2、H_2O的质量总和。

活动形式：教师引导—学生分析—形成结论—初建认知模型

②探究铁与硫酸铜溶液反应前后天平平衡的原因。

活动形式：自主分析—交流展示—形成结论—构建认知模型

归纳演绎得出结论

质量守恒定律：参加化学反应的各反应物的质量总和等于各生成物的质量总和。

注意点：①研究对象：化学变化。

②关键点：强调“参加反应的物质”“质量总和”。

学习评价1

①称量装有稀盐酸和碳酸钠溶液的两支试管的质量（置于烧杯中称量），然后将两支试管内的溶液混合，观察现象，再次称量，你发现了什么？为什么会出现这样的结果？你从中感悟到探究质量守恒应注意什么问题？

②请你解释狄仁杰的两个疑惑：蜡烛燃烧后质量为什么会变轻？神龛上的宝刀生锈后质量为什么会变重？你认为它们是否遵循质量守恒定律？对上述现象作出解释。

图2-6　“质量守恒定律的科学探究”教学流程图

【设计意图】

"质量守恒定律的科学探究"教学主要采用"提出问题—形成假设—实验探究—证据推理—归纳演绎—形成结论"的活动形式，让学生通过探究式、发现式学习认识质量守恒定律，重点落实科学探究的基本过程和证据推理与模型认知的核心素养。传统教学中学生往往通过称量反应前后的质量就得出质量守恒定律，这仅是一种表象，缺乏本质的认识，故设计了证据推理环节，考虑到初三学生推理能力有限，完成具有难度，故采用先教师引导分析、初步构建认知模型，再由学生合作交流探究铁与硫酸铜溶液反应前后天平平衡的原因，通过迁移应用构建基于证据推理的模型认知思想。学习评价中通过实验探究发现质量"不守恒"的问题，再次引发学生的认知冲突，通过"发现问题—寻找证据—解决问题"的培养学生问题解决思维的模式，为学生设计质量守恒的探究实验（应在"开放体系""密闭体系"中进行）提供科学的思路。

例如，"揭示质量守恒定律"的实质教学流程可如图2-7所示。

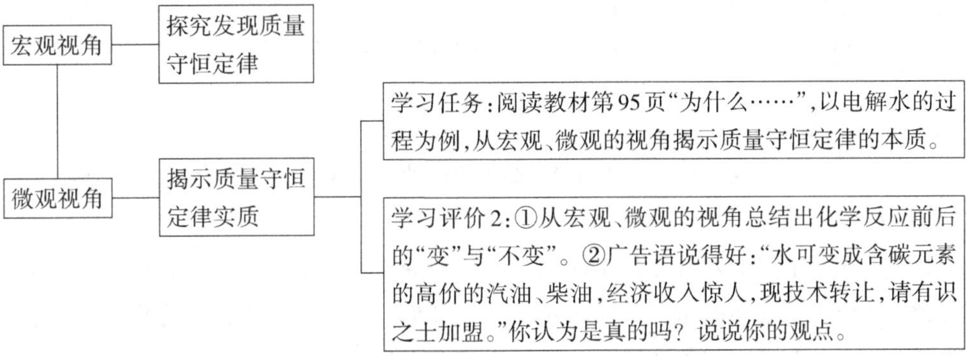

图2-7　"揭示质量守恒定律"实质教学流程

【设计意图】

通过对微粒示意图的阅读、理解、辨析，形成对质量守恒定律本质原因的探究。考虑到学生对水的电解实验和微观理解已有初步认识和经验，故选用自主学习、交流展示的方法，发挥学生自主学习的主观能动性，让学生学会从宏观、微观的角度认识化学反应、揭示化学反应质量守恒的实质，初步建立反应观、守恒观的学科思想，也使透过现象看本质的唯物主义认识观得到落实。通过学习评价广告语"水变油"的欺骗性，培养学生崇尚科学、实事求是的科学态度。

五、重视"学科发展史和社会热点事件"资源的整合利用，培育学生"科学态度与社会责任"

亚里士多德说："吾爱吾师，吾更爱真理。"科学的发现史蕴含着科学方法，承载着科学态度和科学精神素养的培育功能。教学设计时应从学科的历史背景和发展背景出发，让学生理解学科的发展过程，感悟科学家研究的过程和研究的方法，培养科学探究的精神，感悟科学家的高尚品格和人文精神，让“科学态度与社会责任”的核心素养得以落实。在教学中要积极挖掘与化学学科相关的社会热点资源，如与学习内容相关的能源、医药、环境、生命科学、技术等领域的热点事件，引导学生用化学的视角认识生活、认识社会、认识世界、认识自我，培育学生的社会责任感和担当意识。在选取化学发展史和社会热点资源时一定要突出素材的“真实性、相关性、实效性”，致力于学科思想、学科思维、学科精神的培育。例如，给学生分享“稻草变黄金”“用水驱动汽车”“水变油”等案例，让学生用化学的慧眼认识是非与问题，辩证地看待历史和社会热点。在教学设计中以时间轴为主线，呈现质量守恒定律的发现、发展过程中的重大化学事件，让学生在讨论交流中落实“科学态度与社会责任”的核心素养。

【化学史呈现】

1673年，波义耳敞口称量加热金属，发现反应前后质量增加	1756年，罗蒙索诺夫密闭称量加热金属，发现反应前后质量相等	1777年，拉瓦锡揭示、验证质量守恒规律	1912年，曼莱做了精密度极高的实验，确定了质量守恒定律	1916年，爱因斯坦提出质量和能量守恒定律

【思考交流】

质量守恒定律的发现史给予我们什么样的启迪？（小组合作讨论、展示交流）

【观点分享】

①质量守恒定律的发现让化学研究从定性研究进入定量研究；②化学实验是人类认识化学、发现化学规律的重要方法和途径；③任何一个真理的发现都需要一个漫长艰辛的过程，需要一个不断完善的过程；④科学家敢于质疑、敢于创新、严谨治学、实事求是的精神态度值得我们学习和借鉴；⑤……

【设计意图】

化学史给人以智慧，给人以启迪。教学中通过质量守恒定律发现过程中的历史重大事件，让学生畅谈自己的感悟和启示，得出结论：任何科学的发展都不是一蹴而就的，是需要创造力和想象力的，需要一个漫长的曲折过程。科学认识往往具有相对性，会因为所处的时代技术条件而受限制，也会因为新的证据出现而被更替，进一步体会质量守恒定律的发现对人类的贡献，凸显化学学科价值、社会价值，落实“科学态度与社会责任”的核心素养培育。

六、学习活动过程与结果的评价，突出一致性、系统性、过程性、激励性、全面性、增值性

“教、学、评”一体化是2017年版《普通高中化学课程标准》提出的实施“素养为本”教学的重要思想。评价任务设计时关注学习目标、学习过程、学习结果的一致性、系统性和有效性，要用学业要求和学业质量标准的要求诊断学生学科素养的发展水平；要把教学评价蕴含于教与学的过程中，在学习过程中运用提问、对话、讨论、实验等方式将学生的思维外显、学习过程外显，从而把握学习内容掌握程度和素养发展水平，并及时给出进一步深化和发展的指导性建议。评价的策略方面：

①要突出全面性。评价不仅要关注知识技能的纸笔测试，更要重视评价学习过程中学生学习的体验、方法的内化、思维的感悟、价值观的形成，要关注解决现实问题所表现出的思考力、判断力、表达力及人格品质；不仅要关注知识的总结提炼，还要关注知识的结构化处理，还要引导学生进行反思性学习，提炼反思认知方法、学科思想、学科观念，培育学生“能做什么”的科学素养，实现知识意义的真正增值。

②要突出激励性。评价用发展的眼光赏识学生的闪光点，发现学生的潜能，“适时、适切、适度”地运用激励性评价策略，激起学生持续的发展意识，调动学生学习的积极主动性，实现增值性评价。

③要实现评价主体、形式的多样化。通过学生“自我评价”，唤醒学生的自主学习意识；通过“小组协作式评价”，培育学生合作学习意识；通过“个体内差异评价”，激发学生持续发展意识；通过“表现性评价”，让学生全方位地展现自己；通过“成长记录”档案袋，留下学生闪光的足迹。

课堂教学评价任务的设计思路如图2-8所示。

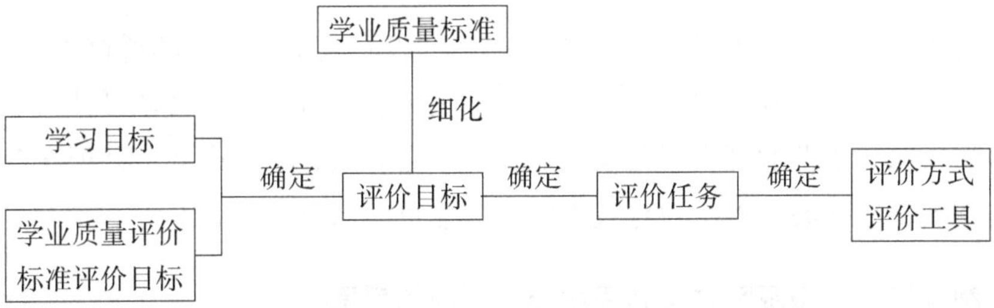

图2-8　课堂教学评价任务的设计思路

例如，“质量守恒定律”的教学评价设计思路如图2-9所示。

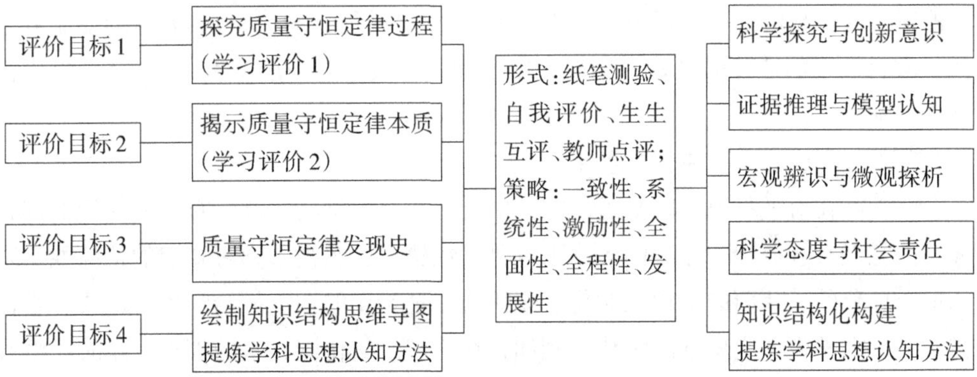

图2-9　“质量守恒定律”的教学评价设计思路

【设计意图】

教学评价设计要体现“教、学、评”的一致性、一体化，实现有活动、有任务就有评价，确保学习评价的及时性和可靠性。通过学生互评、教师评价、课堂练习等评价方式对学生学习过程、结果、素养的发展进行评价，不但发挥了学习评价的诊断功能和发展功能，而且还关注了学生自主学习能力、问题解决能力、实验操作能力、科学探究能力、与人沟通能力等隐性能力的评价，有效促进了学生关键能力和必备品质的培养。课后小结改变了过去重新梳理一遍知识的传统做法，强调了知识结构化、认知视角结构化的自我构建，学习过程、认知方法的反思提炼，有助于学科核心素养的提升。

教学实践表明，化学学科核心素养的落实是一项系统的工程，需要教师对学科素养内涵全面理解和准确把握，需要积极贯彻“目标设计—任务评价—活动设计”一体化教学设计思路，需要以知识技能为载体、以学习活动为中心、以任务驱动为路径，在学生积极参与活动的过程中，在思维与思维的碰撞、解决问题的过程中深度学习，理解学科本质，落实核心素养。

第三节　核心素养视域下课程资源的整合与利用

2017年版《普通高中化学课程标准》提出“以发展学生化学学科核心素养为主旨”的课程理念，提出“以开展素养为本”的课堂教学实施策略。在教学设计与实施过程中如何有效进行课程资源的开发、整合、利用，丰富课堂教学的内涵，开展素养为本的教学实践，落实学科核心素养是教育教学关注的焦点问题。

一、教师在课程资源整合与利用中存在问题的反思

1. 教材观念认知的缺失

多数教师总是认为课程资源的开发是课程专家的事，认为教材就是唯一的课程资源，自己的任务就是教教材，缺乏对教材的二次开发和整合的意识。在教材的使用上，紧紧停留在教教材的层面，过分强调教材的权威，“唯材施教”，成为教材的复制者、传播者，教材缺乏创造性的开发和个性化的使用，造成课堂“照本宣科”、毫无生机，学生学之无趣。

2. 文本解读缺乏科学性、严谨性

有些教师在对教材解读时缺乏研究，缺乏规范、科学的解读，对学科知识的理解力不够，往往对有些概念、原理的解读出现科学性错误，忽视了学习知识的特殊性、阶段性，把个性化的、片面的知识绝对化、规律化，把错误的知识教给学生，造成学生认知的错误，导致学生形成思维的定势。例如，在讲解二氧化碳、水的灭火问题时，没有从灭火的原理上、使用条件上分析讲解，过分强调水与二氧化碳灭火的功能，给学生造成遇到火灾就用水、二氧化碳灭火的认知观念，结果学生遇到火灾事件就用水、二氧化碳

灭火，有时会造成不可弥补的损失。

3.过分关注知识，素养功能弱化

教学过程中教师往往把知识教学窄化为具体知识的教学，退变为符号形式的教学，拘泥于知识本身的教学。过分关注教材中显性的知识，关注的是化学的概念、原理的背诵，实验现象、化学方程式的机械记忆，窄化了化学知识教学功能，忽视了蕴藏在知识背后的知识发生过程的学科思想、学科观念、学科方法，造成知识教学功能的素养化缺失，学科核心素养的内容得不到落实。

4.课程资源的匹配性不足，缺乏简约性、高效性

教师虽有积极开发利用课程资源的意识和愿望，但在开发利用时容易偏离教学主题、重复堆砌、过度使用，缺少精准性、简约性和实效性，效果不佳，缺乏教学资源利用的节约意识。特别是媒体资源的重复搬家，致使教学从“人灌”走向“电灌”。

二、课程资源开发和利用的思路及有效途径

1.挖掘教材中的德育素材，实现学科教学向学科教育的转变，落实立德树立人的育人价值

“立德树人”是全面贯彻落实党的教育方针的根本任务，化学学科教学不仅仅是学科知识的教学，更是实施课程思政育人的有效途径。教师实施学科教学时必须服务于立德树人的教学观念，实现由学科教学向学科育人的转变。在课程资源整合过程中要积极挖掘与教材相关的德育育人素材，如与化学学科知识密切相关的优秀传统文化，中外古今化学发展发现史，化学与国家安全、社会生态文明，我国在化学领域研发中取得的重大贡献和成果等教学资源中蕴含的德育育人素材，通过“看发展、看贡献、比差距”，有机培育和践行优秀传统文化和社会主义核心价值观，并贯穿到学生的日常生活中，使之成为他们成长的自觉，培育学生国家认同与国际视野、科学精神与社会责任等核心素养。例如，在学习“有机化合物研究方法”时，可以以我国诺贝尔奖获得者屠呦呦发现、研究、提取、应用青蒿素为素材，还原科学家研究过程，讨论怎样研究有机化合物，在引导学生形成研究有机物认知思路的同时，渗透民族自豪、爱国热情的教育，达到润物无声的效果。又如，在学习“煤、石油资源的综合利用”时，可向学生介绍我国古代《梦溪笔谈》《天工开物》中记载的煤炭、石油的应用历史，科学家李四光克服艰难险阻为我国探油、铁人王进喜为国采油等的感人事迹，对学生进行民族自豪感、国家荣誉感、崇尚科学、尊重劳动的教育；通过向学生介绍我国从“贫油国”到“石油大国”的发展历程，增强学生国家发展的道路自信；通过向学生介绍化石资源的不可再生性，合理利用、高效利用化石资源的课程资源，对学生进行树立科学发展观、绿色生态发展观的教育。

2.加强对化学学科的理解力，突出“知识建构、认识视角、认知思路”结构化，强化科学认知方法与思路的教学

化学学科知识是培育学生学科核心素养的重要载体，离开了学科知识，学科核心素养的培育就成了“无源之水、无本之木”。在课程资源的整合和利用中，教师要加强对《普通高中化学课程标准》中教学理念、化学学科观念、核心素养和学业质量标准的研究，加强对教材知识、编写意图、蕴含的学科思想及学科认知方法的研究。

（1）研究教材文本内容

正确理解教材知识多元化的教学价值，科学、严谨、规范地解读教材文本，把科学的知识传授给学生，切忌把错误的知识、不严谨的知识、信息传递学生，以免让学生形成错误的知识、思想、观念。教师在解读教材时要善于从学科的“知识价值—学科价值—社会价值”的视角研究教材学习内容的教学功能和教学价值，要有效挖掘教材中的化学知识、符号背后深层次的隐性资源，如知识的呈现形式，教材栏目设置的功能，教材中隐含的学科思想、基本观念、科学方法、情感素材等内容，让知识学习成为发展能力、形成素养的有效载体。

例如，在“电解质的电离”的教学中，对电解质概念的发展历史可按图2-10所示设计，引导学生构建基于证据推理的模型认知思想，让学生在概念认知发展的过程中体验科学方法、科学精神。

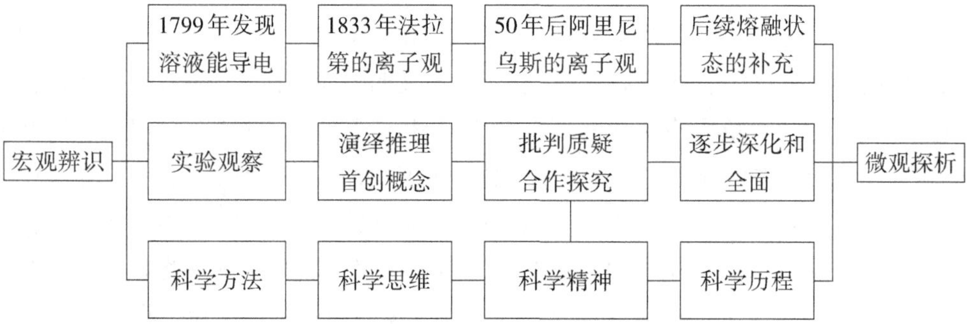

图2-10 电解质概念的发展历史

（2）重视“化学知识”结构化设计

教师要重视研究化学知识之间的相互联系，把碎片化、零散化的知识进行结构化处理，实现知识向整体化、结构化的转化，引导学生通过树状分类图、交叉分类图、思维导图、列表分析等手段，对化学知识进行有意义的自主建构，强化知识的关联性、网络化。

（3）重视“认知视角”结构化设计

利用课程资源进行教学设计，要善于从化学学科的本原性问题入手，研究化学知识宏观与微观相结合、定性与定量相结合、静态与动态相结合、多重表征的认知途径，有

目的、有计划地引导学生运用化学科学思维方式和方法学习化学知识，在化学知识结构化的自主建构过程中理解形成化学核心观念。

例如，在“乙醇”的教学中，对于乙醇与金属钠的反应认识上，不能仅仅停留在反应现象的描述、反应方程式的书写和记忆上，更重要的是要引导学生建立从“化学键变化、官能团变化、物质的类别、化学反应的类型”等视角构建有机化学反应的认知模型。

（4）研究“认识思路”的结构化设计

强化学生对物质及其变化的认知程序、路径和框架的认识，指导学生形成化学学科思维的认知方式，形成解决陌生环境下复杂问题的思维框架。

例如，“氧化还原反应”认知思路结构化的设计如图2–11所示。

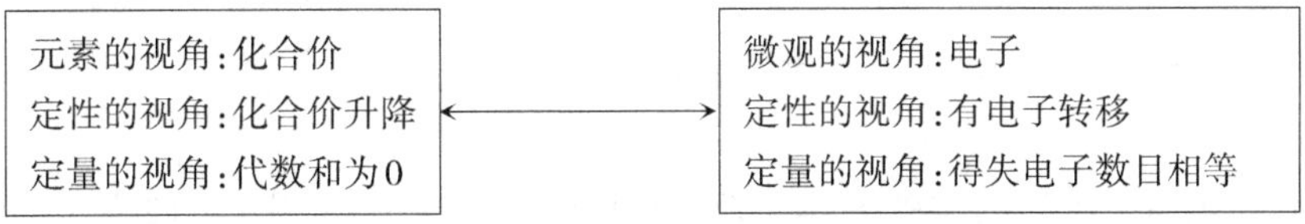

图2–11　“氧化还原反应”认知思路结构化的设计

引导学生从宏观与微观、定性与定量的视角认知氧化还原反应，形成外显的、显性的认知思路，进而促进“元素观、微粒观、守恒观”等化学核心观念的建立。

3.广泛吸收生活、生产、社区、社会、实验等“实境化”的课程资源，丰富课堂教学内涵

著名教育家陶行知倡导“教学即生活，教学即研究”的理念，2017年版《普通高中化学课程标准》倡导“化学内容生活化，学习有用化学”的课程理念，教师在课程资源的整合中要紧密联系生活、生产、社会，凸显认识化学科学的应用价值、社会价值、学科主流价值观，拓宽知识视野，让化学知识融趣味性、生活性、应用性、方法性、教育性为一体，体现“学以致用”的课程理念。要重视化学与其他学科的联系，加强化学与物理学、生物学、地理学、材料科学和环境科学等学科的联系，引导学生在更宽广的学科背景下认识物质及其变化的规律，帮助学生拓宽视野、开阔思路，综合运用化学和其他学科的知识分析解决有关问题，发展学生的核心素养。

例如，在“乙醇”的教学中，通过对学生讲述乙醇与酸性高锰酸钾、重铬酸钾的反应，酒驾的检测原理，借机讲述“珍爱生命、文明驾车”的素养，利用资料卡片内容“乙醇在人体内反应的过程”对学生进行“合理饮酒、生命健康”教育。又如，讲到石墨时，给学生拓展“石墨烯”发展史、“碳中和”热点社会议题的知识，增强学习内容的科普性，激发学生的兴趣，活跃氛围。

4.科学合理地二次开发教材，创设真实情境，培育学生分析解决问题的能力

教材是提升教学质量的基础性、工具性资源，是课程的核心和载体，不仅反映了国

家的意识形态，还承载着教材编制者的教育理念、学科思想与学科观念。教师在使用教材的过程中不但要尊重教材的权威性、示范性，引导学生用好教材，而且要依据学生的认知水平、教学实际，对教材进行二次开发，通过“替换、增加、删减、补充、调整”教材内容，开发、挖掘、升华等途径，创造性地使用教材，实现“继承与发展、呈现与发现、分散与整合、补充与舍弃”的有机结合，把教材内化成学习活动的预案，个性化地使用。

（1）学习内容板块化、任务化设计

成功的课堂教学必定有一条十分清晰的教学主线，教学设计思路的整合应有清晰的知识、活动的明线，更应有蕴含能力、素养发展的暗线，并贯穿课堂教学整个过程的发展脉络。教师在资源整合时，通过反复研读教材、教参，大量阅读相关教研文章，储备和收集相关媒体知识，积极构建主题、单元教学的主线，让知识的认知、思维的方法、素养的发展显性化，学习任务的实施、评价具体化，从而体现“教、学、评”的一体化设计。

例如，“难溶电解质的溶解平衡”教学板块化的设计思路如图2-12所示。

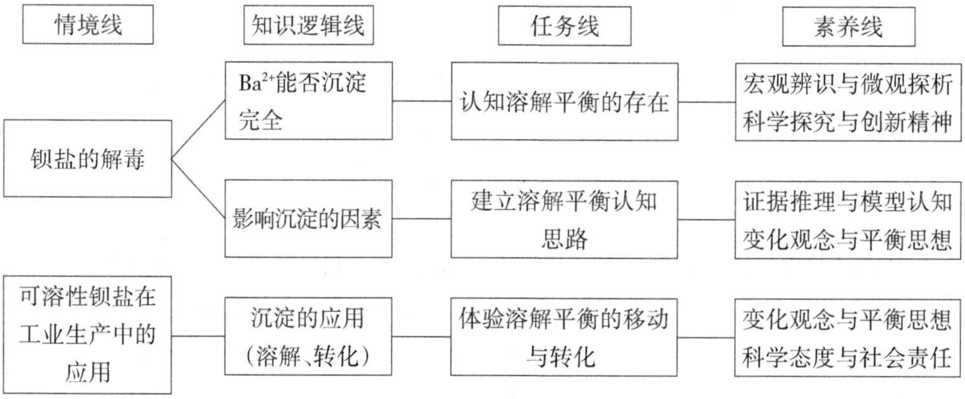

图2-12 “难溶电解质的溶解平衡”教学板块化的设计思路

上述教学流程的设计，将知识学习融入情境，融入问题解决过程，思路清晰，任务明确，具有较强可操作性、可评价性。

（2）知识情景化、问题化设计

学起于疑，行于思，学习过程就是在真实情境中发现问题、分析问题、解决问题的过程。学生在问题解决过程中获得知识、经验，形成解决类似问题的思路和认知模型。如何实现知识问题化处理是教师处理教材、整合知识的重要能力体现。情境的设计应遵循真实性、趣味性、问题性、情感性、适切性、全程性的原则，做到恰当、简约、适切、高效。问题设计应紧扣学习范围或主题，围绕具体教学目标，按照一定知识逻辑结构、认知思维逻辑结构精心设计。问题设计应突出情境的真实性、指向的明确性、思维的层次性、设问的开放性、回答的多元性、即时生成性等特征，以真实情境中问题的提出和解决为载体，促进学生有效地深度学习，培养学生的高阶思维能力。

例如，在“难溶电解质的溶解平衡”的教学中，可围绕如何实现含铜污水达标排放教学主题设计问题，如图2-13所示。

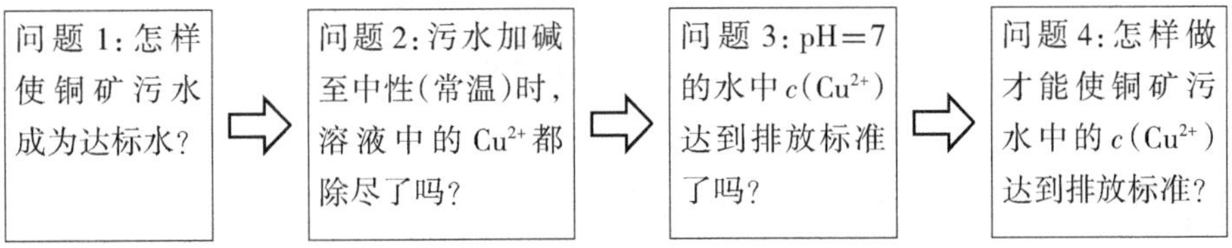

图2-13　“难溶电解质的溶解平衡”教学主题问题设计

通过上述问题的解决，落实“沉淀的生成→沉淀的溶解平衡→K_{sp}定量计算→沉淀的转化”知识的学习，在问题解决过程中落实学生“变化观念与平衡思想、科学态度与社会责任”核心素养的培养。

5.突出课内、课外资源整合，实施“研究性学习、社会实践、项目式多元化学习”活动，拓宽学习的时间和空间

《国务院办公厅关于新时代推进普通高中育人方式改革的指导意见》指出：深化课堂教学改革……积极探索基于情境、问题导向的互动式、启发式、探究式、体验式等课堂教学，注重课题研究、项目设计、研究性学习等跨学科综合性教学。新课程教学实施不能仅仅局限于课堂、教材、教室，应积极整合有效资源，开展“微课题、项目式学习、研究性学习、课外综合性实践活动”等形式的学习活动，培育学生综合能力和创新思维。通过引导学生关注人类面临的与化学有关的社会问题，讨论与化学密切相关的有争议的社会议题，促进学生辩证地看待问题，培养学生的社会责任感、参与意识、决策能力，引导学生有意识地运用知识或寻求相关证据参与社会议题的讨论。积极开展与地方科研院所、高校学科研究机构的深度合作，进行参观学习、学术交流，拓展学生的学习视野、学习动机和学习能力。

例如，在“氮及其化合物知识”的学习中，可以组织学生开展项目式议题教学——“汽车尾气的处理与尾号限行”，让学生运用化学知识和原理设计汽车尾气的处理途径，通过辩论赛讨论尾号限行的科学性与合理性，从而让“做中学、用中学、创中学”的课程理念得以落实。

6.加强信息技术与化学学科的融合，优化教学手段，实现信息资源利用的简约化和高效性

教育正处于一个信息化高速发展的时代，教师要在化学教学中深度融合现代教育技术，合理运用现代教育技术，改变传统教育教学理念、教学模式和教学方法，促进教育教学方式改革创新。要积极发挥“互联网+”“线上与线下融合教学”“虚拟实验室”在

教学中的作用，发挥现代信息技术和人工智能技术（AI）在化学教学中的作用，发挥数字传感技术在化学实验中的探究与表征功能，促进学习深度化发展。但在信息资源的应用中，要防止过度使用、重复堆砌、偏离教学主题、哗众取宠，防止缺乏简约性和实效性，让信息技术辅助教学的功能得到最优化、最大化的发挥。

第四节　核心素养视域下教学设计案例分析

【案例1】“乙酸的酯化反应”教学设计

乙酸乙酯的学习在烃的衍生物醇、醛的学习之后，了解这些烃的简单含氧生物的结构特点和性质，能为本节的学习奠定一定的基础。从简单的有机原料到酯类，这个过程是层层深入的，涉及一系列的有机合成反应，酯化反应就是其中重要的反应之一，本课的学习为后面选修模块的学习奠定了基础。本课时的探究重点是从酯类物质形成的微观视角，了解酯化反应本质的认识过程，构建有机反应的认识模型。

一、设计思路

以生活中常见的酯化现象为突破口，认识到自然环境下的酯化反应有“慢、可逆、产品不纯”的特点，根据影响化学反应速率的因素，进行方案设计，设计出“多、快、纯”的实验方案；随后利用同位素示踪法，探究酯化的微观本质，进一步认识酯化反应；最后，结合学过的有机反应，引导学生认识工业上利用乙烯制取乙酸乙酯的工艺过程。培养学生的创新和实践能力，以及正确地对待化学资源的态度。

二、教学与评价目标

1.教学目标

①通过实验探究日常生活中存在的酯化现象。

②通过酯化反应本质的认识过程，建立酯化反应的认知模型（微观视角）。

③通过设计工业上生产乙酸乙酯的活动方案，感受酯化反应的价值，从资源、环境、经济等方面考虑日常生产活动，发展创新能力。

2.评价目标

①通过针对酯化反应的“慢、可逆、产品不纯”的特点，讨论设计出“多、快、纯”的实验方案，诊断并发展学生的实验探究水平和创新意识。

②通过对乙酸乙酯合成反应的分析和探讨，诊断并发展学生对酯化反应本质的认识进阶（元素、微粒）和认识思路的结构化水平。

③通过对工业上生产乙酸乙酯的设计方案的谈论和点评，诊断并发展学生解决实际问题的能力水平及其对化学价值的认识水平。

三、教学评价与思路

教学评价与思路见图2-14。

宏观现象	微观本质	问题解决
·化学科学实践 ·科学探究与创新意识 ·设计、改进实验方案 ·诊断和发展实验探究水平和创新意识	·化学科学思维 ·证据推理与模型认知、宏观辨识与微观探析 ·梳理反应的本质特征 ·诊断并发展学生对化学概念的认知进阶和认识思路的结构化水平	·化学科学价值 ·科学探究与创新意识、科学态度与社会责任 ·实际问题的解决与处理方案 ·诊断并发展学生解决实际问题的能力水平及其对化学价值的认识水平

图2-14　教学评价与思路

四、教学流程

1.宏观现象

【学习任务1】探究我们常吃的糖醋排骨、糖醋鱼等食物的香味飘香十里的原因。

【评价任务1】初步诊断和发展学生的实验探究水平和创新意识（图2-15）。

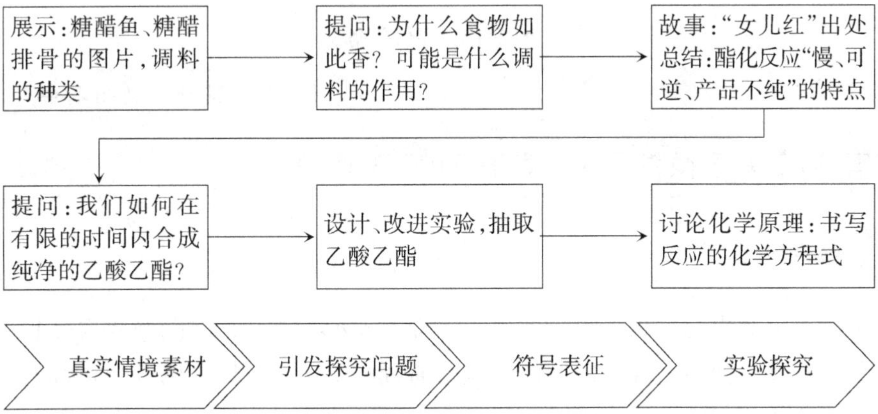

图2-15　评价任务1

2.微观本质

【学习任务2】揭示酯化反应的本质。

【评价任务2】诊断并发展学生对酯化反应本质的认识进阶（元素、微粒）和认识思路的结构化水平（证据推理与模型认知）；在任务解决过程中提高学生的实践和创新能力（图2-16）。

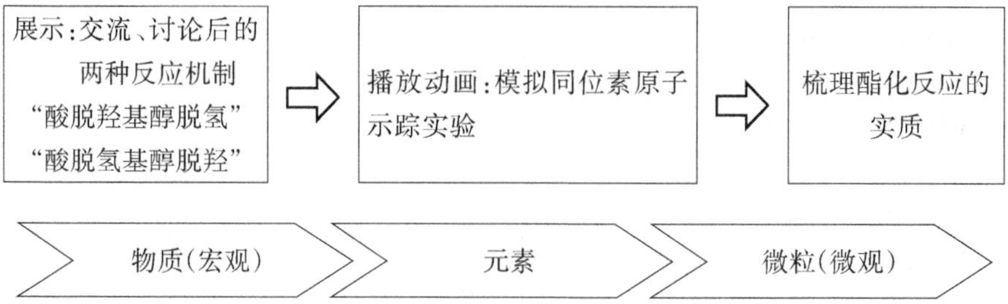

图2-16 评价任务2

3.问题解决

【学习任务3】运用酯化原理，设计工业上生产乙酸乙酯的活动方案。

【评价任务3】诊断并发展学生解决实际问题的能力水平及其对化学价值的认识水平（图2-17）。

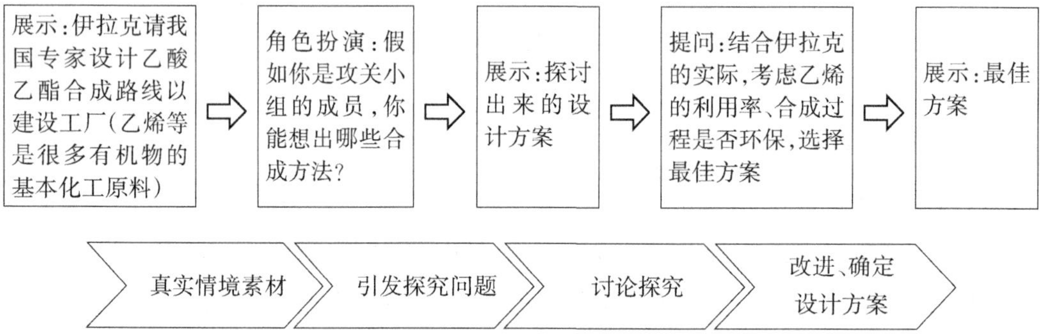

图2-17 评价任务3

（案例设计：兰州七中 李实迪）

【案例2】基于微粒观的“离子反应”教学设计

一、教学目标

①能够从宏观上理解离子反应及离子方程式表示的意义，并能够从微观上明确复分解反应的本质就是溶液中离子之间的反应。通过实验探究与理论思考建立离子观，能够从微观的角度来解释宏观的化学现象，进一步发展宏观现象与微观变化之间的联系。

②建立溶液中离子反应的认知模型，能够利用该模型分析电解质在溶液中发生离子反应的条件。

③通过实验探究、总结归纳、分析推理等一系列科学研究过程，了解科学研究的基本方法，体会离子反应的研究中体现出的科学方法。

二、教学重点

建立水溶液中离子反应的认知模型，并利用模型分析离子反应。

三、教学难点

认识离子反应及其发生的条件。

四、教学过程

1.教学环节1：创设真实问题情境，引入离子反应和离子反应方程式的概念

【情境导入】适量的Cu^{2+}可刺激动物生长，因此，$CuSO_4$常作为饲料添加剂。然而一些养殖户对添加剂过于迷信，在饲养过程中加入过量$CuSO_4$，导致猪对Cu^{2+}中毒。现需要一种化学试剂对猪进行洗胃，请大家从反应原理的角度寻找合适的试剂并写出化学方程式。

【思考】讨论，分析，找出不同的试剂，如$BaCl_2$、$Ba(OH)_2$、NaOH、$Ba(NO_3)_2$等。

【设计意图】化学学科核心素养的形成和发展需要在真实的情境中培养，因此选择生活中的社会热点作为背景，激发学生的学习兴趣，落实化学学科价值和社会价值，渗透社会责任素养的培养。

2.教学环节2：构建水溶液三维认知模型，突破离子反应方程式的书写难点

学习任务1：探究$BaCl_2$与$CuSO_4$在水溶液中的反应。

【学生】观看$CuSO_4$(aq)和$BaCl_2$(aq)反应的实验，思考以下几个问题：

（1）溶质在水溶液中以什么形式存在？

（2）哪些离子之间发生了相互作用？理由是什么？

（3）$BaCl_2$和$CuSO_4$在溶液中反应的实质是什么？

【设计意图】选取$BaCl_2$和$CuSO_4$作为实验材料，引导学生开展小组合作实验，借助宏观现象（如沉淀、Cu^{2+}的颜色等）帮助学生认识微观反应的过程——Ba^{2+}与SO_4^{2-}反应，Cu^{2+}与Cl^-没有参加反应。

【教师】如何从微观的角度分析该过程呢？

建立水溶液中离子反应的认知模型，如图2-18所示：

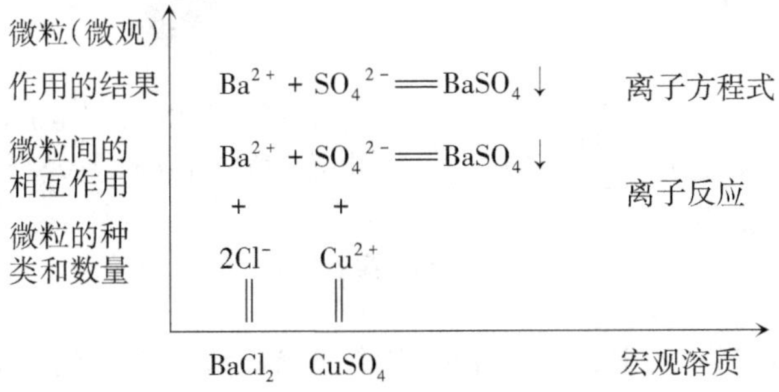

图2-18　水溶液中离子反应的认知模型图

【建立概念】

离子反应：电解质在溶液中的反应实质上是离子之间的反应，这样的反应属于离子反应。

离子方程式：用实际参加反应的离子符号来表示反应的式子叫作离子方程式。

【设计意图】引导学生建立“水溶液中离子反应认知模型图”，这是本节课的亮点和关键设计。“水溶液中离子反应认知模型图”突破原有的以知识为主的呈现方式，引导学生从宏观现象入手，顺利分析微粒变化过程（离子反应方程式），完成了“宏观—微观—符号”三重表征的认识和水溶液三维认知模型的构建。

3.教学环节3：利用多重表征手段，深入理解离子反应中存在的定量关系

学习任务2：探究稀硫酸和$Ba(OH)_2$溶液反应的实质。

活动1：理论分析稀硫酸和$Ba(OH)_2$溶液反应的实质。

【学生】利用“水溶液三维认知模型图”（图2-19）分析该反应。

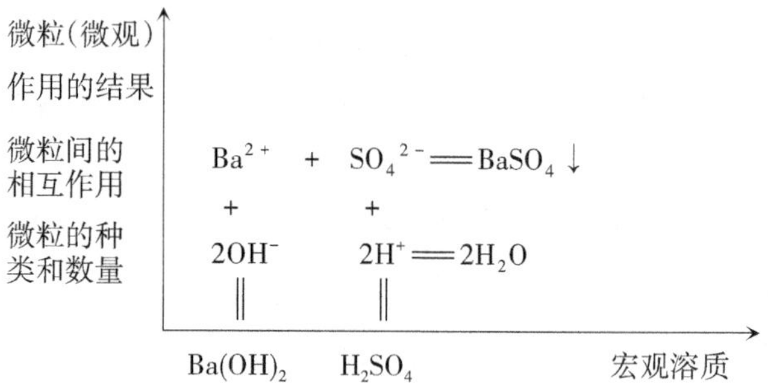

图2-19 水溶液三维认知模型图

活动2：设计实验，验证稀硫酸和$Ba(OH)_2$溶液混合前后微观粒子的变化。

【学生】设计实验方案，如图2-20所示。

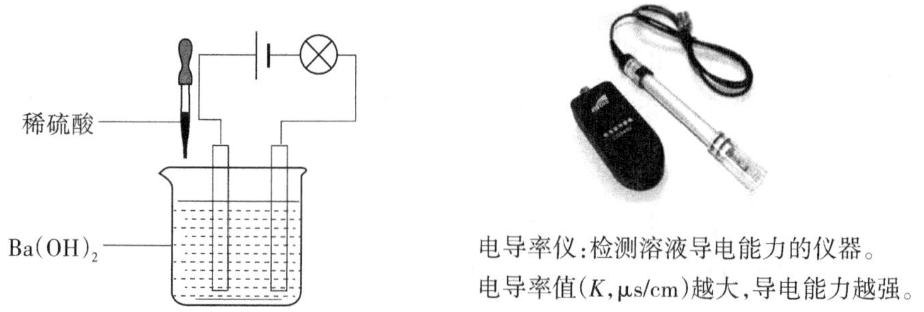

图2-20 实验方案

【教师】给出资料：在$Ba(OH)_2$溶液中滴加稀硫酸，溶液的电导率变化如图2-21所示。

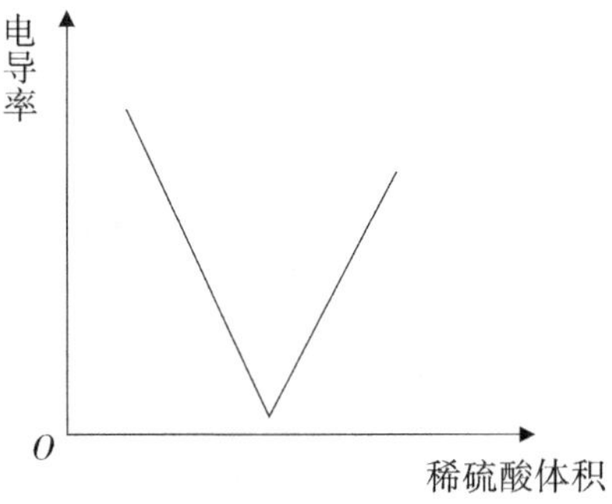

图2-21　溶液的电导率变化

引导学生结合实验现象分析图像的变化趋势。

【设计意图】在概念深化部分，选取$Ba(OH)_2$和稀硫酸这一典型反应进行实验，并引导学生自主完成水溶液三维认知模型图。

活动3：用离子方程式表示稀硫酸和$Ba(OH)_2$溶液的反应。

① $H^+ + SO_4^{2-} + Ba^{2+} + OH^- = BaSO_4\downarrow + H_2O$

② $SO_4^{2-} + Ba^{2+} = BaSO_4\downarrow$，$H^+ + OH^- = H_2O$

③ $2H^+ + SO_4^{2-} + Ba^{2+} + 2OH^- = BaSO_4\downarrow + 2H_2O$

哪一个离子反应方程式更合理呢?

【学生】各抒己见，说明理由。

【教师】通过实验可以发现，当电导率值达到最低点时，反应体系的pH值约为7，也就意味着Ba^{2+}、SO_4^{2-}、OH^-、H^+之间的反应同时达到终点。再结合水溶液三维认知模型进行分析，每生成1 mol $BaSO_4$的同时，一定会生成2 mol H_2O，所以离子方程式③是正确的。

【设计意图】利用实验技术，结合水溶液三维认知模型，可以轻易帮助学生理解并判断出三个离子反应方程式中哪一个是正确的，以及同一溶液中多种离子间存在着定量关系，加深学生对“书写离子反应方程式必须根据客观事实准确反映这种内在联系”的理解。可以看出，学生能判断出哪些离子参与了反应，但是对于量的关系理解不到位。教师抛出问题后先让学生各抒己见，再引导学生用实验来证明。

4.教学环节4：宏微结合，思考离子反应发生的条件及实质

教师通过电导率图像和上阶段的实验，引导学生思考离子反应的实质是离子浓度的减小。根据已有知识，学生认为离子浓度减小的方式为生成沉淀、水和气体。

【教师】播放《美丽化学》中$CaCO_3$、Na_2CO_3分别与盐酸反应的高清视频。

【学生】利用模型，分析反应。

学习任务3：总结离子反应发生的条件。

【知识结构化】离子反应的实质及发生条件的思维导图如图2-22所示。

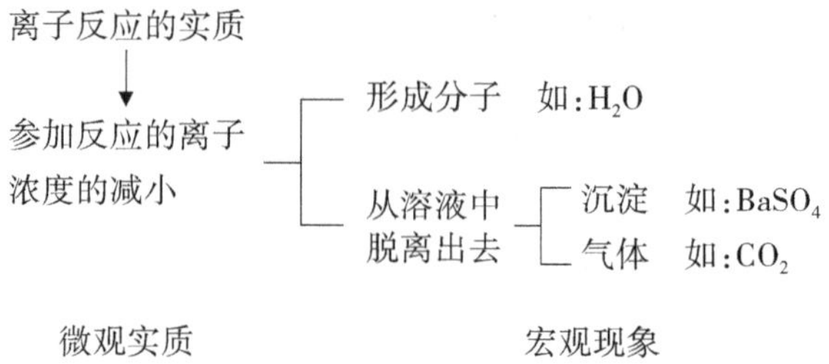

图2-22 思维导图

【设计意图】通过电导率图像，直观清晰地帮助学生理解离子反应的实质是反应朝着离子浓度减小的方向进行，引导学生结合宏观现象和微观实质总结出复分解型离子反应发生的条件。利用高清视频，真实地呈现出$CaCO_3$、Na_2CO_3和盐酸反应的现象，学生清晰地看到气泡是在溶液各处和贝壳表面生成的。一方面表明了生成气体是减小离子浓度的一种方式，另一方面让学生直观地感受到碳酸根在两个体系中存在的形式不同，因此书写离子反应方程式时应该按照其真实的存在形式来书写。

5.教学环节5：运用分类思想理解离子反应方程式的意义

学习任务4：探究哪种试剂最适合给猪洗胃。

活动4：请将先前提出的处理硫酸铜方案中的试剂进行分类，写出反应的离子方程式，并找出规律。

活动5：讨论哪种试剂最适合给猪洗胃。

【资料链接】猪中毒后，先使用0.2%～0.3%的亚铁氰化钾[$K_4Fe(CN)_6$]溶液洗胃，然后灌5～8个鸡蛋清，连用2～3天。反应原理为：

$$2Cu^{2+} + [Fe(CN)_6]^{4-} \longrightarrow Cu_2[Fe(CN)_6]\downarrow$$

【设计意图】运用分类的思想，将先前方案中的试剂进行分类，学生在书写完离子反应方程式后，会发现相同类型的反应离子方程式相同，从而得出离子反应的意义，以及学会以是否有离子参与反应为标准重新对化学反应进行分类。经过本节课的学习，各小组找到了最合适的洗胃试剂。最后，教师给出实际医疗中使用的洗胃试剂，既呼应了本节课的引入内容，又强化了离子反应知识的应用。

【小结】

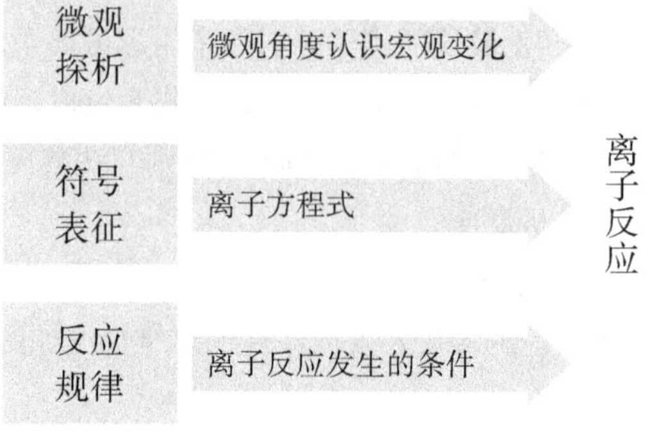

【学习评价】离子反应是非常重要的一类化学反应，在生产生活中有很多应用，请同学们课后完成下列思考问题：

（1）钙是人体必需的元素，在人体中通常以可溶性钙的形式被小肠吸收。市面上常用的钙补充剂的主要成分是碳酸钙，这种补钙剂有效吗？

（2）某造纸厂产生的废水经检测pH值为9～10，为使其达到排放标准（pH值为6～9），应采用哪些方法，依据是什么？

（案例设计：武威一中　马倩楠）

【案例3】“苯的结构与性质”的教学设计

一、设计理念

本节课在学科大概念“结构决定性质，性质决定用途”的统摄下，以甲烷、乙烯和苯为一单元进行设计。从物质角度、价键理论视角、结构与性质的关系三方面进行学习，以促进学生概念性知识的增长和迁移，同时落实学生的核心素养。与传统教学相比，本节课沿着历史的发展脉络精心设计了五个科学探究活动，让学生不断地走进苯的世界。将苯分子结构假说的提出和证实串联起来，按科学发现基本过程的顺序设计教学程序。通过苯分子结构发现的思维模型，以及出现了解决不了的问题后对此模型做的四次修正过程，获知了苯分子的结构模型和苯的性质，使学生在主体的、对话的、深度的学习活动中发现问题和解决问题，并在习得知识的同时，形成正确的价值观和关键能力。具体过程见图2-23。

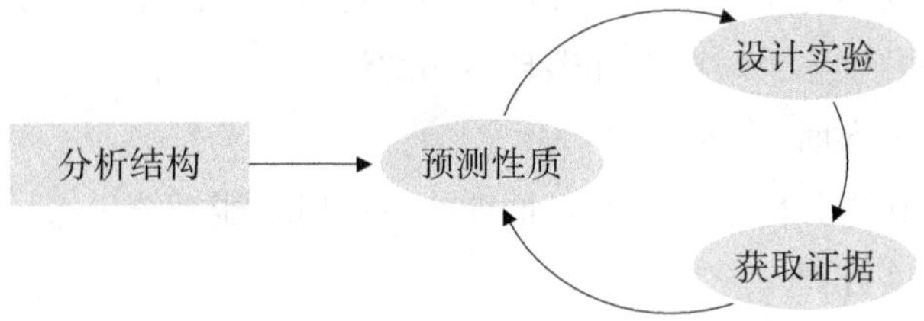

图2-23　教学设计的具体过程

二、学习内容的确定

1.知识本体分析

苯是一种重要的化工原料，又是芳香烃中最简单、最重要、最基本的物质，所以它在高中化学中占有很重要的地位，也是学习简单有机物烷烃、烯烃的延伸，苯的学习可以为以后选修教材中芳香烃的学习奠定基础，使学生对烃的知识的掌握更加全面和系统，起着承上启下的作用。

2.课程标准的分析

2017年版《普通高中化学课程标准》对“主题4：简单的有机化合物及其应用”的内容要求之一为知道有机化合物的结构特点，具体为“知道有机化合物分子是有空间结构的，以甲烷、乙烯、乙炔、苯为例认识碳原子的成键特点”。提倡采用观察实验现象、联系生产生活实际、归纳总结等策略，对典型的有机物结构、性质及应用进行教学。

2017年版《普通高中化学课程标准》对“简单的有机化合物及其应用”的评价标准为：①能辨识常见有机化合物分子中的碳骨架，能概括常见有机化合物中碳原子的成键类型；②能描述有机物的主要化学性质及相应性质实验的现象，能书写相关的反应式，能利用这些物质的主要性质进行鉴别。

3.教材分析

苯的相关知识出现在人教版高中化学必修2第三章第二节中，该节内容是为了让学生认识、了解基础的和常见的有机化合物，使学生初步认识有机物的基本结构和相关性质。在必修2的第一章中已经学习过共价键的相关知识，在上一节乙烯的学习中，对组成有机物的基本结构骨架（碳碳单键、碳碳双键等）以及不饱和度的计算也有了初步的了解，这些知识对本节所学的难点（苯的结构的学习）有所帮助。本节知识的作用，在于为将来选修5中学习芳香烃的结构和性质做好铺垫，以及让学生通过对本节内容的学习，初步掌握自然科学方法论中探索科学问题的基本过程和方法。

4.学情分析

（1）知识储备方面

通过对甲烷、烷烃以及乙烯的学习，学生已经能初步从组成和结构的角度认识有机物的性质，而苯的学习是对结构与性质关系的更深一步的学习，有利于学生对结构的深化理解，有利于学生完善对碳链和碳环结构的认识。

（2）能力水平方面

初步具备了观察分析、简单逻辑推理能力，但不能系统思考，缺乏思考的角度。

（3）情感态度方面

通过体验化学家发现苯环结构的科学研究过程，学习科学家艰苦探究、获得成功的精神，养成用科学观点看待事物的习惯；体会想象力、创造力在科学研究中的重要意义。

三、教学目标

1.学习目标

①通过演绎热拉尔实验确定苯的分子式，并通过分子式C_6H_6对苯结构进行预测，学会构建有机物中不饱和度的方法，落实宏观辨识与微观探析的素养。

②通过分析苯的结构中有无双键的探究过程，能基于实验目的设计实验，落实实验探究和创新意识的素养。

③通过苯结构与性质的发展史，学会不断完善苯分子模型的方法，逐渐培养证据推

理与模型认知的素养。

④通过创设真实问题情境，强化学生对“结构—性质”关系的认识，使学生初步形成研究有机物“结构决定性质，性质反映结构”的思路和方法。

2.评价目标

①通过猜测C_6H_6的可能的结构简式活动，诊断学生对常见有机物成键方式的辨识能力。

②通过利用实验检验苯结构中是否含双键的活动，诊断学生观察实验、发现问题的能力，以及基于有机物结构与性质的关系解释问题的能力。

③通过根据液溴与苯的实验现象书写化学反应方程式的活动，诊断学生根据实验现象进行推理、进行微观表征的能力。

四、教学方法

证据推理、模型认知，实验探究、合作交流。

五、教学过程设计

教学过程设计如表2-1所示。

表2-1　教学过程设计

教师活动	学生活动	设计意图
【引入】视频:苯的用途与危害 科学史话1:1825年,英国科学家法拉第首先发现了苯	【任务1】观察苯的色、态,并小心闻味,总结苯的物理性质	从生活体验出发,了解苯的“功”“过”,学会辩证地看待问题
科学史话2:数年之后,法国化学家热拉尔等人确定了苯的相对分子质量和分子式	【任务2】完成苯的燃烧实验,并确定苯的分子式	宏观感受苯的燃烧,并引导学生用化学式来表征此现象
【科学探究】试着写出分子式符合C_6H_6的可能的结构简式,并在小组内交流讨论	【任务3】你能根据当时的理论写出符合C_6H_6的可能的结构简式吗? 【猜想书写】苯的结构 $CH\equiv C-CH_2-CH_2-C\equiv CH$ $CH_3-C\equiv C-CH_2-C\equiv CH$ $CH\equiv C-CH=CH-CH=CH$ ……	体会结构与性质的辩证关系,培养逻辑推理能力、实践能力和科学素养
【学生实验】 实验1:向试管中加入少量高锰酸钾酸性溶液,再加入适量苯,振荡,观察现象。 实验2:向试管中加入少量溴的四氯化碳溶液,再加入适量苯,振荡,观察现象	【任务4】设计实验证实或证伪,若证伪,请修改假设或提出新的猜想。 【质疑】学生猜想1:苯分子的不饱和度不是由双键或三键造成的。 学生猜想2:需要提高溴的浓度和规格	培养学生实验探究和创新意识 采用科学假说——寻找证据(理论,数据,实验)证实或证伪——修改假说——发展认识原理

续表2-1

教师活动	学生活动	设计意图
科学史话3:1860年左右,科学家发现向液溴和纯苯的混合液中加入铁粉会发生反应 【投影】视频:苯与液溴的取代反应	【任务5】根据此反应现象试写出方程式,并判断该反应是取代反应还是加成反应。若为取代反应,请对苯的结构的假设进行修改或提出新的猜想。 学生猜想1:此实验有溴化氢生成,不是加成反应。 学生猜想2:会不会和其他物质发生了加成反应?	培养学生证据推理与模型认知的能力。 激发学生的兴趣,使学生的矛盾心理处于急于探索求新的高潮状态
科学史话4:1865年,凯库勒提出苯分子结构模型,即苯分子中的碳碳单键与碳碳双键不是固定的,而是以一定的频率快速交替出现的。 引导学生结合以上实验结果和信息,对可能的结构进行分析、排除,提出凯库勒的结构,总结苯的性质	学生猜想1:可以通过测定二溴苯的结构是不是只有一种,来判断苯中有没有双键。 认真体会和学习用自然科学方法论探索科学问题的基本过程,书写与苯的化学性质对应的方程式	应用思维模型,对苯的结构的假设进行修改,寻找证据。 通过化学史的教育,进行德育渗透,让学生体会"结构决定性质,性质反映结构"的关系,培养学生科学探究态度与社会责任感

【作业设计】了解生活中可能接触苯或含有苯环结构的物质的主要场所,查阅资料并与他人讨论这些物质对环境可能产生的影响,提出防护建议,写一篇科普文章

【板书设计】

第三章　第二节　苯

一、苯的物理性质

状态、颜色、气味、密度、毒性

二、苯的结构

分子式:C_6H_6

结构简式: 或 

三、苯的化学性质

1.苯的氧化反应(明亮火焰,有浓烟)

2.苯的取代反应

3.苯的加成反应

(案例设计:兰州51中　张莉军)

【案例4】“原子结构与元素周期表”的教学设计

一、教学内容及学情分析

本节课所使用的教材为2019年人教版普通高中化学必修1，内容为第四章（物质结构　元素周期律）第一节（原子结构与元素周期表），本节包括原子结构、元素周期表、元素性质等内容。教材中心配套的教师教学用书建议课时为四课时，第一课时为本节第一部分内容——原子结构。

2017年版《普通高中化学课程标准》中对“原子结构与元素周期律”的内容要求是：认识原子结构、元素性质与元素在元素周期表中位置的关系。知道元素、核素的含义，了解原子核外电子的排布。结合有关数据和实物事实认识原子结构、元素性质呈周期性变化的规律，建构元素周期律。知道元素周期表的结构，以第三周期的钠、镁、铝、硅、硫、氯，以及碱金属和卤族元素为例，了解同周期和主族元素性质的递变规律。体会元素周期律（表）在学习元素化合物知识与科学研究中的重要作用。

2017年版《普通高中化学课程标准》中对“物质结构基础与化学反应规律”的教学策略建议是：教学中应注重运用实验事实、数据等证据素材，帮助学生转变偏差认识；注重组织学生开展概括关联、比较说明、推论预测、设计论证等活动；发挥重要知识的功能价值，帮助学生发展认识化学反应的基本角度，形成基本观念。学业要求是：能画出1～20号元素的原子结构示意图，能用原子结构解释元素性质及其递变规律，并能结合实验及事实进行说明；能利用元素在元素周期表中的位置和原子结构，分析、预测、比较元素及其化合物的性质。

物质结构和元素周期律是中学化学的重要基础理论知识，也是中学化学教学的重要内容。原子结构奥秘的揭示，是元素周期表趋于完美的关键。所以，教材以原子结构知识为基础，先介绍原子结构（“构”）与元素周期表（“位”）的关系：从原子核外电子数不同的角度，介绍周期表的结构（“位”）；从原子核内中子数不同的角度，介绍核素（同位素）。在“构”“位”关系的基础上，通过元素周期表中两族元素的性质，建构出“构”“位”“性”的关系，使学生初步认识同类物质的共性及性质变化规律，形成“结构决定性质”的观念。

关于原子结构，通过初中学习，学生们已有了一定的知识储备，但都是结论性的，高中阶段的化学学习以化学史为线索，深入挖掘相关知识，使隐性知识显性化，以满足学生对原子结构的探索欲望，帮助学生提高化学学科核心素养。第一章“方法导引”介绍了科学方法模型，而本节呈现的“科学史话”中原子结构模型的演变，有利于学生进一步理解科学模型的含义，将学生置身于历史情境中，使他们体验原子结构模型的建立、修正、完善过程，体会到理论的暂时性，在现代原子结构模型演变的不同阶段，科学家提出的每个新的模型总是建立在证据推理的基础之上，每个模型都体现了当时科学家对原子的一种认识。因此，本节课的教学重点是通过对“构”的认识，使学生认识到科学理论并非是亘古不变的永恒真理，科学始终经历着推翻与革新。

本节的教学难点是打破已有认知，从证据出发解决问题。

二、教学目标与评价目标

1.教学目标

①通过介绍原子结构模型的演变历程，使学生认识到从宏观和微观结合的视角分析与解决实际问题的方法和重要性。

②通过介绍科学家构建模型的过程，使学生知道科学研究过程中常需要依据物质及其变化的信息建构模型，提高学生的模型认知能力。

③通过介绍每种模型的演变，培养学生崇尚科学真理、不迷信书本和权威的科学态度。

④在学习完原子结构的演变历程后，学生能够知道原子的结构、原子中各粒子间的关系，以及原子核外电子的排布规律。

2.评价目标

①通过对卢瑟福α粒子散射实验的现象解释，诊断并发展学生证据收集和分析的能力和水平。

②通过让学生寻找原子中各种粒子的关系，诊断学生获取和处理数据的能力。

③通过教材中的“思考与讨论”（寻找原子核外电子的排布规律），诊断学生基于数据构建模型的能力。

三、教学与评价思路

教学与评价思路见图2-24。

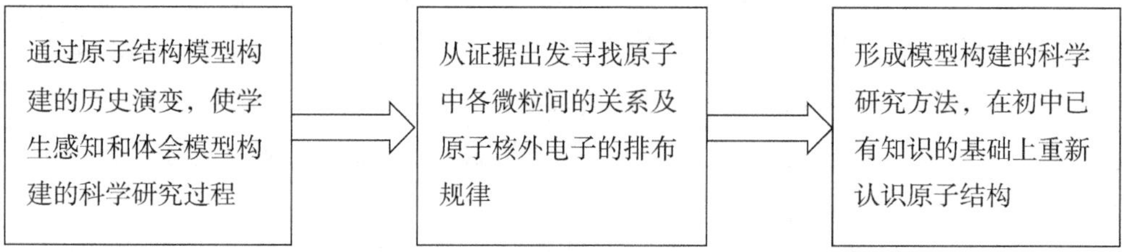

图2-24　教学与评价思路

四、教学流程

教学流程见图2-25。

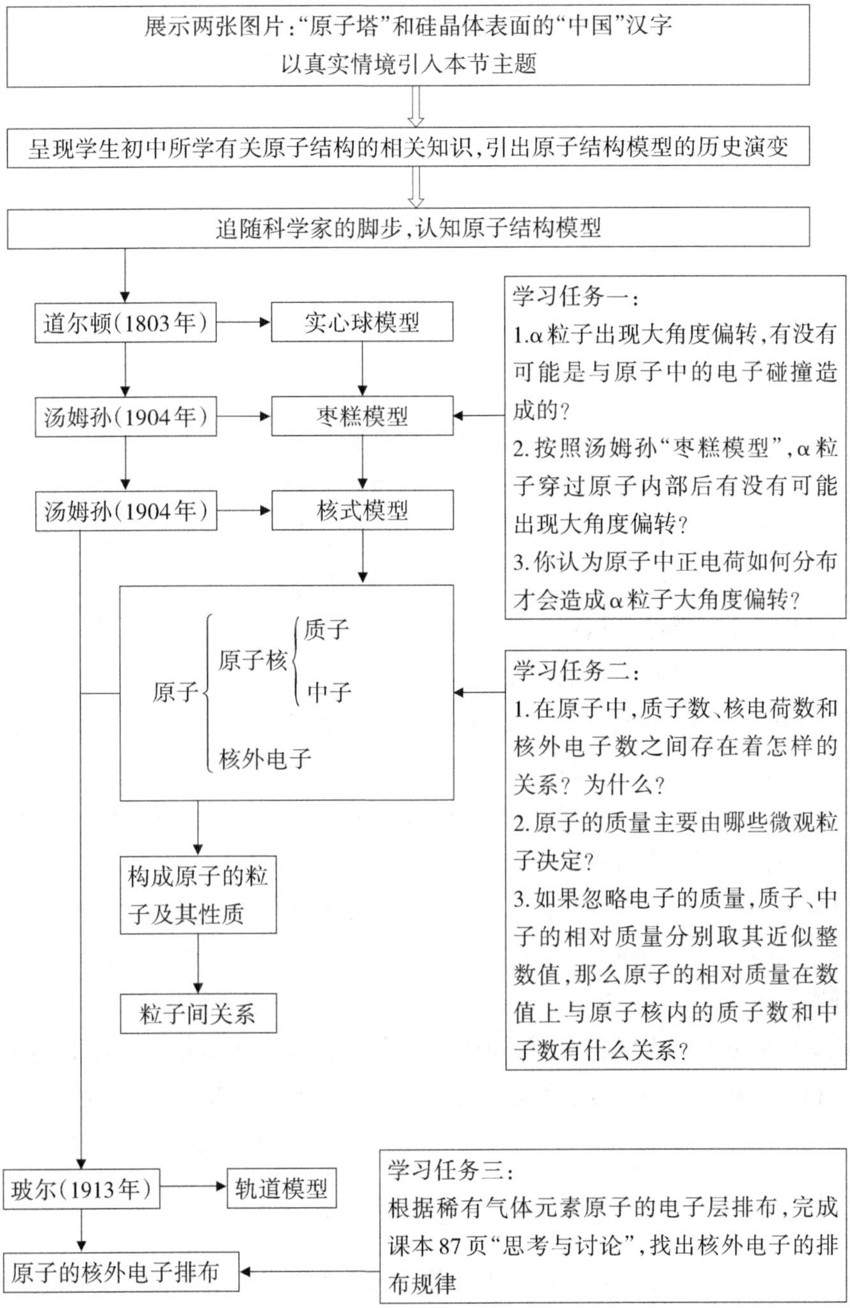

图2-25　教学流程

五、作业设计

①通过网络、书籍、杂志查阅有关原子结构模型演变的人和事，了解化学史，体会证据在模型建立中的重要作用；

②用生活中常见材料（如超轻黏土、水晶泥、泡沫板、瓜子仁、枣核等）制作原子

的枣糕模型、轨道模型，从宏观视角理解原子的微观构成；

③完成配套练习中的相关习题；

④预习元素周期表和核素。

六、教学反思

①本章内容总共三节，第一节“原子结构与元素周期表”教参建议四课时，按照课时建议，第一课时为“原子结构”，知识层面看起来很简单，似乎用不了多少时间就能解决，但新课改的最大特点就是对学生核心素养的培养和提升，所以这节课充分挖掘了教材中的科学史话，以原子结构模型的演变为主线，让学生在证据中认识原子结构模型的构建与修正，深刻体会证据推理和模型认知在化学学科中的重要价值。

②学生们似乎已经习惯了将结论性的知识拿来直接应用，而缺乏证据意识和推理能力。在本节课的课堂实践中，学生们有些不太适应，如对于质量数与质子数、中子数的关系，同学们张口就来，但不会用图表中的数据加以证明，在寻找原子核外电子排布规律时不知道用表中的哪些数据可以得出结论，因此学生核心素养的培养不可能是一朝一夕就能达到的，需要教师长期地研究并加以引导，这是一项艰辛而漫长的工作。

③教学中应突出知识的进阶，哪些是已有知识，哪些是新知识，知识之间如何衔接，教材上为什么要讲这些东西，备课时要认真研究这些问题。要以学定教，问题的设置要精准有效，这样才有助于学生思维的发展和提升，课堂上要确立学生的主体地位和教师的主导地位，使课堂有效、高效。

④要重视作业设计。作业是评价课堂教学的重要途径和手段，教师在今后的教学中要对作业形式和内容多研究，使学生在完成作业的过程中既能掌握知识，又能激发兴趣、提升素养。

⑤化学中的模型要有实物模型、理论模型等。在模型认知方面，部分教师还有一定的局限性和理论缺陷，需在今后的教育教学中不断学习、实践、总结、提升。

（案例设计：兰州28中　郭中恒）

【案例5】基于化学发展史的“化学键”教学设计

核心素养是学生在学习过程中，形成的适应个人终身发展和社会发展的必备品格和关键能力。基于化学发展史创设情境，让学生置身其中去感受和体验科学家创建理论的真实过程，将学科发展和学生成长两条路径自然地融合起来，水到渠成，不仅能够激发学生的学习兴趣，还能发展学生的核心素养。化学史教育有着积极正向的、不可替代的意义和价值，设计利用化学史发展核心素养的教学，也是提高教学质量的有效途径。

一、“化学键”教学内容的主题分析

“化学键”是物质结构主题的重要组成部分，是学习“结构决定性质”这一核心观

念不可或缺的核心知识，是“宏观辨识与微观探析”思维方式的具体表现形式。在分子、原子水平上研究物质的组成、结构、性质及其变化规律，是化学学科的一个根本性任务。作为体现物质结构的要素之一，化学键与物质的结构、宏观性质与变化有着必然的内在联系。化学键是体现物质内部结构和决定物质性质的重要因素，化学键的断裂与形成是化学变化的本质，是化学变化伴随能量变化的内在原因。化学键为深入认识物质内部结构、宏观性质及变化提供了一个新的视角与方法。从化学键类型的角度认识离子化合物和共价化合物，可以丰富对化合物分类的认识；利用化学键预测解释物质的某些性质，可以加深对物质的宏观性质源于其组成与结构的认识；从化学键的角度解释物质发生化学反应的本质，以及化学反应伴随能量变化的内在原因，可以增进对物质转化与化学反应的理解。化学键的学习，还可以为后续有机物结构与性质的学习奠定基础。综上所述，化学键概念性知识较多，知识点之间联系紧密，高中阶段以化学键为核心概念出发，重点学习共价键和离子键两个子概念，在此基础上进行延伸扩展，如共价键与离子键之间的联系、化合物分类的新标准等。在化学键概念理解清晰的前提下，再引入分子间作用力与氢键的概念，并与化学键进行对比理解，形成完整的逻辑框架。化学键概念框架图如图2-26所示。

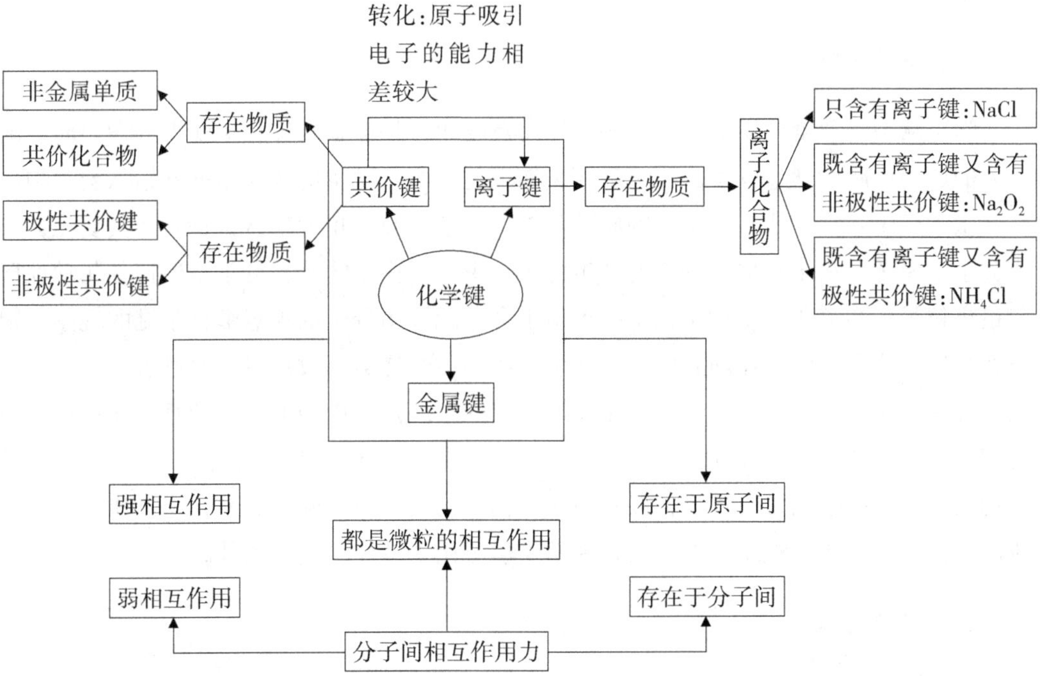

图2-26　化学键概念框架图

在必修阶段，只完成离子键和共价键相关知识的学习，后续知识在选择性必修中继续学习。从发展历程看，化学键概念主要经历“原子结合成分子的过程→离子键理论→

共价键理论→量子力学”几个阶段，各个阶段相互联系、层层深入。将化学键教学与化学键概念发展的历程结合起来，将有效达成概念教学的目标。

2017年版《普通高中化学课程标准》中对于学生学习“化学键”这一内容的具体要求是：认识构成物质的微粒之间存在相互作用，结合典型实例认识离子键和共价键的形成，建立化学键概念；知道分子存在一定的空间结构；认识化学键的断裂和形成是化学反应中物质变化的实质及能量变化的主要原因。而在教材中，化学键的内容编排在人教版第四章《物质结构　元素周期律》第三节，继原子结构与元素周期表、元素周期律的学习之后，在原子结构的基础上，从微观粒子间相互作用的视角，引导学生探究思考原子或离子是怎样结合形成分子的、物质在化学变化中原子重新组合的实质和原因是什么、化学变化中为什么会伴随能量变化等问题。从化学键的角度看物质及其化学变化，其认识角度需要从微粒拓展到微粒间的相互作用，从单一地认识物质结构或化学变化转向更为综合的认识。认识化学键与物质结构的关系、化学键与物质性质的关系以及化学键与化学反应的关系，由此探讨物质的宏观性质与变化的微观本质原因。与之相应的，在符号表达方面学生也要从化学式的学习转向电子式的学习。电子式可以直观帮助学生理解和区分离子键和共价键的本质，可以作为一项工具服务于学生对化学键的学习。

二、学情分析

学生从微观角度认识物质的结构、性质及变化，是伴随具体相关知识的学习而逐渐深入的。初中阶段通过分子、原子等相关知识的学习，学生的认识角度开始从宏观物质转向微观粒子。学生能够从构成物质的微粒、分子、原子角度来认识物质及其变化，知道分子、原子、离子是构成物质的基本粒子，由分子构成物质，分子是保持其化学性质的最小粒子；知道化学变化是原子的重新组合，能够用分子的观点解释常见的现象；知道物质发生化学反应时伴随有能量的变化，如物质燃烧会释放热量。通过氧化还原反应的学习，学生从微观角度认识了氧化还原反应的本质是反应中电子的转移，知道了原子之间的重新组合与原子核外最外层电子有关。在本章的前两节，学生进一步认识了原子的构成、核外电子的排布规律，以及原子结构和元素性质之间的关系，初步建立了“结构决定性质”的化学观念，上述内容为学生学习化学键知识奠定了基础。

三、教学目标

1.学习目标

①通过对NaCl形成过程的分析，学会从微观变化的角度分析Na与Cl之间作用力的实质，体会宏观的化学反应是微观粒子之间的相互作用，并能用电子式表征离子键的形成过程。

②通过对HCl形成过程的分析，学会从微观变化的角度分析H与Cl之间作用力的实

质，体会离子键模型存在的局限性；学会建构共价键模型，并能应用电子式表征共价键的形成过程。

③能通过事实提取证据，对构成宏观物质的微粒及其相互作用作出分析，能建立起“宏观物质—构成微粒—微粒间的相互作用”的认识模型，为后续丰富对化学变化的认识角度、提高对化学变化本质的认知奠定基础。

④通过了解离子键、共价键模型的来源和演变，体验科学家的严谨论证推理，培养学生敢于质疑权威的科学精神，引导学生体会“学史明理”的内在含义。

2.评价目标

①通过对NaCl离子键形成过程的分析，丰富并诊断、发展学生用符号表征宏观物质形成本质的能力水平。

②通过对构成宏观物质的微粒及其相互作用的分析，丰富并诊断学生对化学键的认知水平，以及从微观本质对物质性质作出预测、解释的能力。

四、教学过程

1.过程1

情境素材1：元素是怎样形成化合物的，这是早期化学家共同关心的问题。最早古希腊的自然哲学家恩培多克勒提出“爱与憎”的作用形成了物质。

设计意图：引导学生关注原子结合的方式，思考“爱与憎”学说的合理性与局限性，为进一步研究作用力做铺垫。

2.过程2

情境素材2：古希腊的德谟克利特最早提出原子论，认为原子自带“钩子”或者原子相遇后可以粘黏在一起。(模型演示)

设计意图：引导学生分析“钩子学说”合理性与局限性，为进一步研究作用力做铺垫。

3.过程3

情境素材3：1811年，瑞典科学家贝采里乌斯完成了他的电化二元学说。他认为各元素的原子带有正电荷或负电荷，原子由于带相反电荷而互相吸引，每个化合物都是由电性相反的两个部分组成的。

设计意图：引导学生辩证分析“电化二元说”理论，引导学生分析“电化二元说”中正确的部分，使学生能指出“如果带相反电荷，确实能相互吸引”，也能利用已有的关于原子结构的认识，质疑“原子带有正电荷或负电荷”的认识，理性分析，为进一步研究离子键奠定基础。

4.过程4

情境素材4：柯塞尔测定了许多代表性化合物的离子所带的电子数，结果是其与惰性气体的某一种元素的电子数相等。因此他提出，稳定离子的形成，是由于原子获得或失去电子，以便达到惰性气体原子的电子结构而形成阴阳离子，阴离子和阳离子之间由于有库仑力而相互吸引。随着阴阳离子的相互接近，离子的核外电子之间以及核与核之间所产生的排斥力也越来越强烈。当吸引力和排斥力达到平衡时，体系的能量达到最低值。这时阴阳离子间距离保持恒定，于是形成了稳定的化学键。这种靠阴阳离子的静电作用形成的化学键，叫作离子键。

设计意图：电子的发现为原子结构的研究打开了新世界的大门。引导学生在已有原子结构认知的基础上，理解建立离子键模型。

学生活动：在柯塞尔离子键理论的指导下，讨论完成学案上以下问题。

问题1：为什么原子会获得或失去电子?

问题2：钠离子和氯离子所带的电子数与哪种惰性气体的电子数相等?

问题3：钠离子和氯离子之间由于有库仑力而相互吸引，会不会完全重叠?

问题4：什么时候钠离子和氯离子间的距离会保持恒定?

设计意图：学生利用已有认识，可以分析钠原子和氯原子的原子结构示意图、离子结构示意图；学生能够探索体会原子变离子过程中作用力形成的本质，深度理解“离子键”的概念。

5.过程5

情境素材5：咬文嚼字，从汉字和英文单词的字面意思去理解“离子键”是一种形象化的比喻，比喻带相反电荷离子之间的相互作用。

设计意图：深化学生对于离子键的理解。

6.过程6

情境素材6：固体氯化钠不导电，熔融氯化钠导电。

设计意图：让学生从宏观现象出发，思考微观实质，进一步感知离子键的存在以及离子键对物质性质产生的影响。

学生活动：学习新的符号表征方式——电子式。

设计意图：电子式对于学生理解“元素原子的最外层电子影响其化学性质”、建构“结构决定性质，性质反映结构”的化学核心观念、提升推理思维具有很好的指导意义，也能为后续共价键、化学反应本质的学习奠定基础。

学生活动：结合氢原子和氯原子的原子结构特点，分析氯化氢的形成过程。

设计意图：引导学生发现离子键理论的局限性，明确共价键形成与离子键形成的本质差异。

7.过程7

情境素材7：1923年美国化学家路易斯发展了柯塞尔的理论，提出共价键的电子理论，即两个或者多个原子可以共有一对或多对电子，以便达到稀有气体原子的电子层结构，从而形成稳定的分子。例如，外层有一个电子的两个氢原子结合成氢分子，氢分子中的每个氢原子同时享有两个电子，它们的外层电子结构都达到了稳定的氦原子的电子构型。这种共价结合的原子趋向于形成稳定的稀有气体原子的电子构型的设想，通常叫作八隅律。

设计意图：介绍路易斯的共价键理论。

学生活动：应用共价键理论，分析H_2、Cl_2等物质中共价键的形成，并用电子式表示形成过程。

设计意图：应用共价键模型，促进学生理解符号表征，体会差异。

8.过程8

情境素材8：液体氯化氢不导电，熔融氯化氢导电。

设计意图：让学生透过宏观现象思考微观实质，进一步感知离子键和共价键的差异以及对物质性质产生的影响。

9.过程9

情境素材9：展示化学史发展的汇总图。

设计意图：引导学生体会科学研究的发展不是一蹴而就的，科学家总是在质疑、创新中推动着科学的发展。学习化学史不仅可以学习化学之理，还可以学习严谨、求实、创新的精神。

五、教学反思

该教学设计以化学键发展史为主线，从微观解释逐步深入，引导学生初步构建了化学键的知识体系，如图2-27所示。

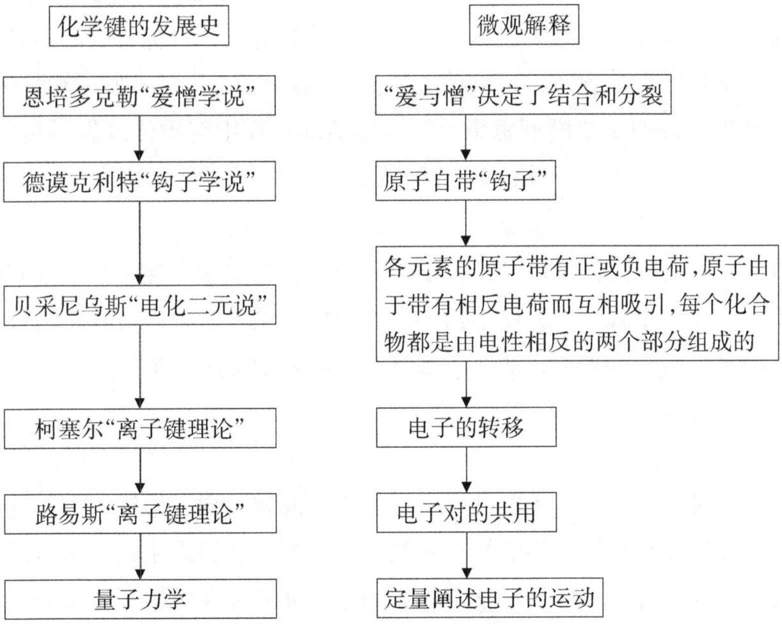

图2-27　化学键的知识体系

该教学设计能让学生深切感受到，化学键的发展史是人们锲而不舍探索微观世界的历程。傅鹰教授曾提出“化学给人以知识，化学史给人以智慧”，将化学史以情境素材的形式提供给学生，解决了理论和模型的建立存在局限性的问题，即新理论和新模型的构建呈现出科学知识总是在不断探索中完善、纠错、再修正的动态生成过程，展示了科学工作者伟大的科学成就和严谨求实的科学态度，承载了丰富的学科核心素养内涵。化学史的情境素材的呈现，不是一味地摆出所有相关历史文献，而是精心挑选，与教学目标直接相关，与学生已有认识相关联，能够渗透科学思维与探究方法，能与课程内容相辅相成。引导学生追本溯源关注“原子怎样结合在一起”这个问题，使学生明白过程中的演变，不仅能够激发学生的好奇心与兴趣，更能将证据推理与模型认知、科学探究与社会责任等素养落到实处。

（案例设计：兰大附中　马娜）

【案例6】“利用化学方程式的简单计算”教学设计

一、教学设计思想

本节课教学设计以高效课堂关注的四个视角为切入点，以践行化学学科核心素养为指导思想，突出落实“以学生为本，促进学生全面发展”的课程理念，以“寻找计算依据—构建计算认知模型—运用模式解决问题”为学习活动主线进行。

1.学习目标设计

凸显化学学科的核心素养。本节课学习目标设计以2017年版《普通高中化学课程标准》为准则，以教学内容为载体，以学生学情为起点，目标设计融入学习方式、学习内容，渗透学科思想（例如，化学反应的认知视角为宏观—微观—符号、定性—定量），构建基于证据推理的认知模型思想。在教学活动过程中突出体现教学目标导学、导思、导练、导评的功能，实现“教、学、评”的一致性。

2.课程资源整合

本节课主要内容为化学计算，教学资源单一，学生学习趣味性、参与性不足，教师在教学设计时在尊重教材、关注学情的基础，以我国神舟十一号发射过程视频为素材创设情境，激发学生学习兴趣，活跃学习氛围，激发学生求知欲望，让课堂教学内涵显得有趣、丰富、饱满。

3.学习活动设计

学习活动设计突出“任务驱动、知识载体、问题引导、思维核心”的设计理念，以板块化设计突出体现课堂教学的知识主线、活动主线、思维主线，学习活动设计以自主学习、合作探究学习等多样化的学习方式为主，充分体现学生主体参与、全员参与、全程参与、有效参与的思想，还课堂于学生，还学习主动权于学生，落实“以教促学”的教学原则，实现教师主导、学生主体的有效统一。

4.学习过程与结果评价

突出激励性评价，提升学生的学习内驱力和自信心，创建和谐的学习氛围；关注知识形成体系构建和认知思维模型的提炼，关注学用结合，凸显知识价值；关注化学学科思想的渗透与提炼，有效落实化学学科核心素养的培育。

二、教材分析

“利用化学方程式的简单计算”是化学计算的重要组成和基础，教学内容主要是学会利用化学方程式进行已知一种反应物或生成物的量的相关计算，重点形成根据化学方程式计算的步骤和方法认知思维模型，进一步从定量的角度深化学生对质量守恒定律的理解和应用，让学生体会定量研究在化学学习和研究中的作用，并能为后面有关含杂质化合物等的计算做好准备。教学中要把依据化学式的计算、质量守恒定律和化学方程式的书写及化学方程式的计算融合，引导学生以化学计算为主线构建新的知识网络，初步形成化学研究中定量研究的思想。

三、学情分析

学生已经学过了质量守恒定律的相关内容，具备了化学式的相关计算、化学方程式的书写等基本能力。本节内容虽是计算，但对数学知识的要求并不高，只要能正确列出比例式并求解就行。学生学习的学障点主要集中在：对有关化学方程式计算原理的理解和计算步骤思维认知模型的建立，规范表达计算过程。学生在学习中过多关注计算的结果而忽视计算过程的表述，使计算过程的表述成为本节课学习的薄弱点。

四、教学目标

①通过自主学习，理解化学反应中反应物、生成物质量比与化学方程式中各物质相对式量总和的比例关系，深化对质量守恒定律的理解和应用，体会定量研究在化学生活生产中的重要作用。

②通过小组合作，探究利用化学方程式计算的原理、解题过程，构建有关化学方程式计算的认知模型，形成规范的解题思路。

五、教学的重难点

1.重点

化学方程式计算的认知模型构建与实践运用。

2.难点

理解利用化学方程式进行简单计算的原理。

六、教学媒体

多媒体资源。

七、教学程序

1.学习任务1：认知与发现——自主学习，展示交流

【播放视频】播放神舟十三号发射视频，弘扬“两弹一星”精神和中国航天精神。

【问题1】神舟十三号飞向太空，使用的动力燃料是21世纪最理想的氢能源——氢气。请你思考：目前我们已学过的获取氢气的化学反应有哪些？如何表达？并从宏观与微观、定性与定量的视角表述所获取的信息。

【问题2】表2-2是某学生电解水的实验数据，请你补充完善。

表2-2 某学生电解水的实验数据

实验	电解水的质量(g)	生成氢气的质量(g)	生成氧气的质量(g)
实验1	18	2	
实验2		4	32
实验3	54	6	
……	……	……	……

【思考与交流】

①你补充上述数据的理由是什么？

②研究表中数据并结合水的电解的化学方程式定量关系分析，你发现了什么规律？

【结论】

①化学反应遵循质量守恒定律。

②化学反应中参加反应的反应物、生成物质量比等于化学方程式中反应物、生成物相对式量质量比。

2.学习任务2：思维与建模——合作探究，展示交流

【问题1】（数学思考）若线段a长度为4 cm，线段b长度为6 cm，则线段a、b长度比为多少？若线段a、b长度比不变，a长度为12 cm，则线段b的长度是多少？

【问题2】（迁移建模）请你结合对问题1的思考解决：假如你是一名火箭发射的设计师，要获得1000 kg氢气，至少要电解多少千克的水？能获得多少千克的氧气？

3.学习任务3：应用与固模——小组合作，讨论交流

【问题1】工业上用高温煅烧石灰石碳酸钙（$CaCO_3$）的方法制取生石灰（CaO）和二氧化碳，如果要制取5.6 t生石灰，需要多少吨石灰石？

理论依据：①质量守恒定律；②参加反应的反应物、生成物质量比等于化学方程式

中反应物、生成物相对式量质量比。

解题思维模型：

设——审题明确已知量和未知量，设出未知量。

写——正确书写相关反应的化学方程式。

标——①相关反应物、生成物的相对式量总和；

②相关反应物、生成物的已知量和未知量。

列——上下相比，列出比例等式。

求——计算求解，算出正确结果。

答——简明作答，确认答题结果。

【归纳建模】利用化学方程式的简单计算。

教学策略：教师讲解、示范，学生追踪学习，初步建立认知模型。

学习方式：学生自主练习、规范解答、相互评价、互查问题 。

【学习评价】氢气在氯气中燃烧可以生成氯化氢气体。燃烧100 g氢气可以生成多少克氯化氢气体？下面是某位同学尝试的解题过程和结果，检查后填空。

第1次	第2次	第3次	第4次
解：设生成氯化氢x g $H + Cl_2 \xlongequal{点燃} HCl_2$ 1　　1+35.5×2 100 g　　x $\frac{1}{100\ g}=\frac{72}{x}$ $x=\frac{72\times 100\ g}{1}$ =7200 g 答：需要氯气7200 g。	解：设生成氯化氢x g $H_2 + Cl_2 \xlongequal{点燃} HCl$ 2　　36.5 100 g　　x $\frac{2}{100\ g}=\frac{36.5}{x}$ $x=\frac{36.5\times 100\ g}{2}$ =1825 g 答：需要氯气1825 g。	解：设生成氯化氢x g $H_2 + Cl_2 \xlongequal{点燃} 2HCl$ 2　2×35.5　2×36.5 100 g　　x $\frac{2}{100\ g}=\frac{2\times 36.5}{x}$ $x=\frac{2\times 36.5\times 100\ g}{2}$ =3550 g 答：需要氯气3550 g。	解：设生成氯化氢x g $H_2 + Cl_2 \xlongequal{点燃} 2HCl$ 2　　2×36.5 100 g　　x $\frac{2}{100\ g}=\frac{2\times 36.5}{x}$ $x=\frac{2\times 36.5\times 100\ g}{2}$ =3650 g 答：需要氯气3650 g。
错误探析： 感悟启示：	错误探析： 感悟启示：	错误探析： 感悟启示：	错误探析： 感悟启示：

【归纳梳理】罗列注意事项。

①未知量不带单位；

②正确书写化学方程式（化学式正确、配平）；

③相对式量计算要准确，已知量及未知量写到对应化学式正下方；

④列式时，对应关系要正确（不能张冠李戴）；

⑤求解的结果要带单位。

4.学习任务4：内化与提炼

【知识梳理】

①建构利用化学方程式的计算认知模式；

②明确注意事项，注意解题的规范性。

【知识价值】增强生产的计划性，以利于合理利用资源。

【学科思维】认识化学反应的视角：

①宏观—微观—符号；

②定性—定量。

【作业布置】

①完善学案，梳理知识体系；

②完成课本102页第4、5、6题。

（案例设计：兰州教科所　苏永平）

【案例7】口罩中的“有机高分子材料”教学设计

一、指导思想与理论依据

本节课的教材内容是人教版新教材（2019年版）必修2第七章《有机化合物》的第二节《乙烯与有机高分子材料》中的“有机高分子材料”。知识内容有两大方面：一是结合聚乙烯的合成过程介绍加聚反应；二是介绍常见的有机高分子材料的重要用途（这部分主要介绍了传统的三大合成材料：塑料、合成纤维和合成橡胶）。学生将认识到合成材料无论是在人们的衣、食、住、行，还是在现代工农业生产，或是在某些尖端科学技术领域中，都发挥着越来越重要的作用，凸显了有机化学和合成材料的社会价值。两部分内容都强化了“结构决定性质，性质决定用途”的基本观念。

二、教学背景分析

1.教材分析

有机高分子材料与生活、生产实践联系密切。在化学知识层面以聚乙烯为例介绍链节、单体、聚合度等高分子化学的基本概念，有力诠释了“化学是在分子、原子层次上研究物质性质、组成、结构及其变化规律的科学”，便于学生初步认识加成反应与聚合反应的关系，理解聚合物的分子结构，深化对“结构决定性质”这一化学基本观念的理解，同时为接下来学习合成高分子与生物高分子的知识奠定基础。教学过程中结合大量实例介绍塑料的组成、类别与应用，突出有机化学的社会价值。让学生充分认识到，“有机”让物质世界更加丰富多彩，有机物在生命、环境、医药、材料等各个领域发挥着极其重要的作用，落实学科核心素养培育和新课程教学理念的实施。

2.课程标准分析

（1）内容要求

知道聚合反应类型；知道合成新物质是有机化学研究价值的重要体现；结合实例认识高分子等有机化合物在生产、生活中的重要应用。

（2）教学策略

引导学生建立官能团及有机物分类的初步认识；通过模型拼插等活动认识加聚反应的发生原理；采用观察实验现象、联系生产生活实际等策略对典型的有机化合物的结构、性质及应用进行教学。

（3）活动建议

①实验及探究活动：不同口罩的性能对比及医用口罩的真假检验。

②调查与交流讨论：高分子材料的应用与发展。

（4）学业要求

能辨识常见有机化合物分子中的碳骨架和官能团；能描述乙烯的分子结构特征，能描述乙烯的主要化学性质及相应性质实验的现象，能书写相关的反应式；能列举合成高分子材料在生产、生活中的重要应用，并能结合这些物质的主要性质进行简单说明；能对有关材料、环境等实际问题进行分析、讨论和评价。

3.学情分析

学生已经初步认识了有机物，学习了有机化合物中碳原子的成键特点，但是尚未完全掌握分析有机物结构特点的思路和方法，缺乏关注有机物之间的转化的意识，对生产生活中应用广泛的高分子材料的合成原理、性质等问题关注较少。对合成有机高分子材料（如辨认、结构与性能、用途等），高一学生有些陌生，所以教师从口罩这一近期极其贴近生活实际的材料入手，通过不同高分子材料的性能介绍，展示新材料、新工艺的使用和烯烃加聚反应，构成学习的递进关系，进一步强化“结构决定性质”的观念，有助于学生理解各种高分子的性能与用途，提高学生的社会责任感和使命感。

三、教学目标与评价目标

1.教学目标

①丰富学生认识化学问题的视角和观点，帮助学生将知识与自然、社会相关联，树立“绿色化学”思想，形成“化学—技术—环境—社会”和谐共生的价值观念。发展学生的科学态度与社会责任等学科核心素养。

②根据对有机高分子材料的分类，进一步建立有机化合物的分类观。

③通过对以聚乙烯为例的加聚反应原理的探究，引导学生正确书写所涉及的典型的加聚反应方程式；引导学生认识物质结构和性质之间的重要联系，建构有机化学核心观，建立分析有机化学反应的思路与方法。

④通过比对分析“聚乙烯、聚丙烯结构特点引起的性质稳定性决定了其耐腐蚀的特点”，深化学生对“结构决定性质，性质决定用途”这一核心观念的认识、理解。

2.评价目标

①通过对有机高分子材料的分类，诊断并发展学生对物质的认识水平（孤立水平、系统水平）。

②通过对口罩中的有机高分子材料的介绍，诊断并发展学生对化学价值的认识水平（学科价值视角、社会价值视角、学科和社会价值视角）。

四、教学重点

本节课的教学重点为：理解加聚反应的原理；进一步深化理解“结构决定性质，性质决定用途”的化学观念，感受化学学科价值；提高查阅文献学习知识的能力。

五、教学难点

本节课的教学难点为：加聚反应原理的探析。

六、学习活动设计

主题：围绕口罩的制备材料的合成原理、性质和应用展开讨论（图2-28）。

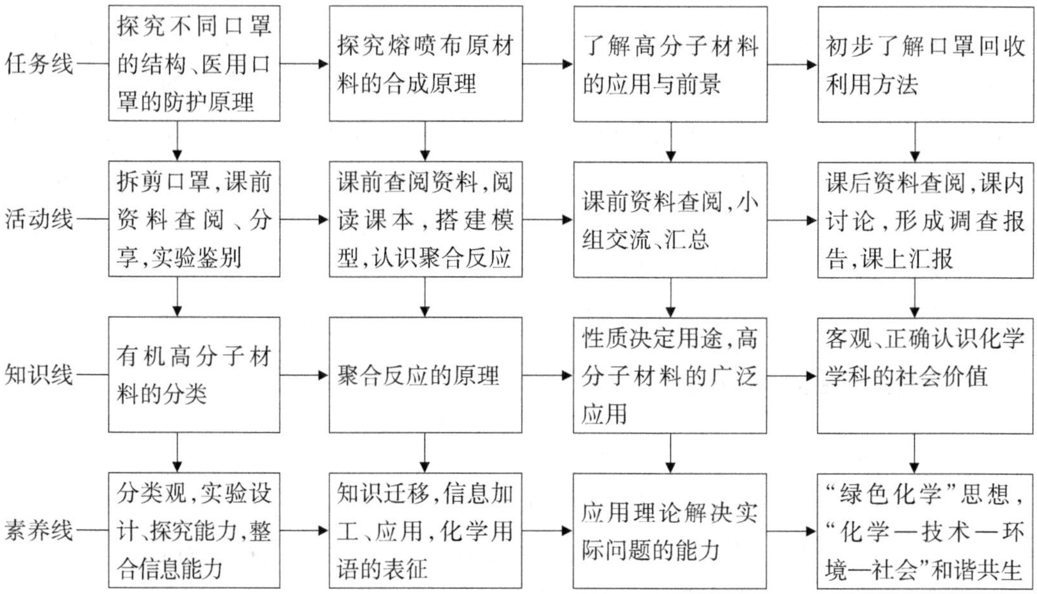

图2-28 学习活动设计

七、教学过程

【导入】图片导入，在疫情防控形势严峻复杂的时期，哪种阻隔病毒的方式更加符合要求、更有效？

【学生】戴口罩。

【引导】生活中口罩类型多种多样，为何建议大家佩戴医用外科口罩或更高级别的防护口罩？

任务一：初识口罩

【活动1】剪拆普通纱布口罩和医用外科口罩，进行性能对比，通过观察分析，解释建议使用医用外科口罩防疫的原因。

【活动2】通过课前的资料查阅，简单说明医用外科口罩每层的材料和作用。

【教师活动】引导学生对生活中常见材料进行分类。

【活动3】讨论熔喷层是否为口罩的“核心层”。

资料卡片1：熔喷布纤维直径比较，试分析熔喷层的阻隔原理。

资料卡片2：熔喷布加工过程中的驻极处理目的。

【活动4】设计实验，辨别医用口罩的真伪。

任务二：加聚反应原理的探析

【活动1】课前查阅资料，课上分享熔喷布的化学组成，并简单了解石油化工产品的生产加工过程，感受生活和化学的关系。

【活动2】自主阅读、自主讲解聚乙烯的合成原理。

【教师活动】分析常见加聚反应方程式的书写方法、基本概念。引入聚乙烯材料在生活中的应用，让学生知道有机高分子材料的加工条件、工艺等不同会导致结构上的差异，进而会对材料的性能产生一定的影响。同时加深学生对“化学反应是需要条件的”的理解。

【活动3】仿照聚乙烯的化学式书写聚丙烯的化学式，分析并用化学方程式表示聚丙烯的形成过程，加深学生对化学反应原理的理解。

【教师活动】引导学生通过聚乙烯、聚丙烯的分子结构，认识乙烯、丙烯通过加聚反应形成高分子后，分子内的双键全部打开，都以碳碳单键的形式连接。虽然叫聚某烯，但它已不具备烯的结构特征，而是变成了长长的链状烷烃，所以应具备和烷烃相似的性质，不与强酸、强碱以及像高锰酸钾一样的强氧化剂反应，所以性质稳定、耐腐蚀。

【展示】展示生活中常见的高分子材料的图片，感受高分子的社会价值。

任务三：高分子材料的应用与前景

【展示】展示疫情下的情形，感受高分子无处不在。

【教师活动】化学史渗透。

【交流展示】交流展示自己收集的生活中常见的高分子材料的实物、图片等素材，分享自己对高分子材料的认识。

【课后实践】

①查阅资料回答：口罩是否可以回收再利用？有哪些方法？

②关于白色污染，人类的努力方向是怎样的？

（案例设计：兰大附中　刘洁英）

第三章　核心素养视域下化学教学实践的反思与研究

第一节　素养化教学目标的设计

教学目标才是真实教学的出发点和归宿，对整堂化学课起着支配和调控的作用。一堂课的时间是有限的，然而化学学科核心素养的养成是一个不断发展、前进的过程。因此，教师应该充分挖掘每个学段、模块、主题和课时目标中的契合点，进行有机的整体规划和设计。

一、教学目标的功能

1.导向功能

教学目标能够引导教学的方向。其导向作用表现在以下几个方面：一是教学目标能够使教学活动不至于陷入盲目的状态，有助于教学活动自觉地进行；二是教学目标能够使教学活动集中在有意义的方向，而避开无意义或者不符合预定方向的事物，有助于有意义的结果的达成；三是教学目标能够提高教学活动的效率，使教学活动事半功倍。

2.激励功能

教学目标能够对师生产生激励作用。从学生的角度看，教学目标在激发学生学习动力方面的功能是十分明显的。首先，当教学目标与学生的内部需要相一致时，学生为了满足内部需要，就会为达到目标而努力；其次，当教学目标与学生的兴趣相一致时，这种教学目标就能够激发学生的学习兴趣，使学生为实现目标而努力学习；再次，当教学目标的难度适中时，这种教学目标能够较明显地起到激励学习活动的作用。从教师的角度看，由于教学目标是清晰而具体的，所以教师在每一次教学工作后，都能够及时地了解目标达成的情况，看到学生的发展变化和不断进步，这有助于教师及时地肯定自我，增强前进的信心。

3.标准功能

教学目标能够为教学评价提供标准。教学评价的对象是多方面的，涉及教师的教、学生的学等，因此教学评价的标准也是具体的、有针对性的。但教学评价的核心部分，主要就是看学生的发展变化是否符合预期的目标，由于教学目标的表述通常是围绕学生的发展变化来进行的，对教学效果的评价可以教学目标为依据，根据目标的达成度来判断教学效果的好坏、教学质量的高低，所以，教学目标具有标准的作用。

4.调控功能

教学目标能够对教学过程起到调节和控制的作用。教学目标是具体的，能够对预期结果的标准和要求作出描述，用教学目标可以检测教学的效果、及时发现问题、诊断问题的成因，并对教学过程进行有针对性的调控，从而保证教学活动顺利地开展，取得实际的成效。

二、教学目标设计存在的问题

1.教育理念滞后

没有树立“为学生发展而教”的教育理念，目标维度缺失，过分注重知识与技能目标，而忽视过程与方法、情感态度与价值观目标；过程与方法、情感态度、价值观目标过大、过空，缺乏有效载体的支撑，目标虚化，最终因无法落实而流于形式。

2.对课程标准的研究不够深入

学习目标内容的确定和目标层次的定位不够精准，以教辅资料、考试试题定位目标层次的现象时有存在；教学深广度把握不准，随意地拓宽，使教学陷入“题海战术”的死胡同，致使学生的学习负担沉重、学习效率低下。

3.忽视了“以学定教”原则

缺乏对学生已有知识积累、学习经验、学习能力等的研究，过分关注课程标准和考试大纲的要求，没有关注学生学情的层次性，教学目标刚性有余而弹性不足，教学刻板，过分关注预设而忽视生成，造成教无所依、学无所从、学后无法评价的局面。

4.教学目标表述不够规范

行为主体倒置、行为动词模糊、行为条件不明确、行为程度不具体，造成学习过程中操作性不强，使学习目标失去了导学、导思、导练的教学功能。

三、素养化教学目标的设计思路

教学目标的设计要遵循“落实化学学科核心素养、体现以学生为本、促进学生全面发展”的教育理念，以学生的学情（已有的知识、已有的经验、已有的学习能力）确定学习起点，以教材确定学习内容，以课程标准、学业质量评价标准为标尺把握学习内容的深广度，凸显化学学科的核心素养内涵、学业水平质量标准的基本要求，体现“教、学、评”一致性。设计教学目标时要将隐性的育人价值、学科思维、学科观念显性化，并以具体的学习内容、有效的学习活动为载体支撑，让核心素养的培育掷地有声、抓铁有痕。切忌目标设计生搬硬套化学学科核心素养的五个方面，防止教学目标的表面化、形式化。教学目标的表述要突出“行为主体、行为动词、行为程度、行为结果”四个要素，融知识、能力、素养为一体，实现核心素养的外显化。具体设计思路如图3-1所示。

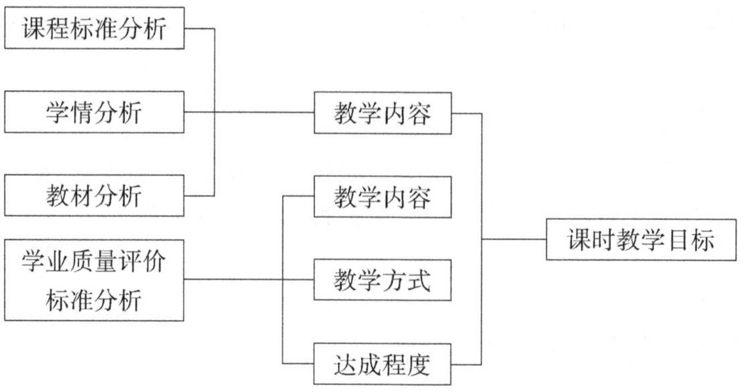

图3-1　教学目标的设计思路

四、解决策略

①重视对课程标准的研究，明确化学课程的总体目标、学段目标、单元目标、课时目标的具体内涵，在不同的层面进行具体化、细致化；目标设计突出三个维度，把“立德树人、社会主义核心价值观”教育融入到教学内容、教学活动中来，让学生在知、情、意、行等方面得到和谐发展，体现目标的全面性、整体性、阶段性和发展性，避免重知识技能，轻过程与方法、情感态度与价值观的倾向。

②在研究分析课程标准、教学内容、课程资源、学情的基础上，实现课程目标、模块目标、单元目标向课时目标的转化，准确定位学习内容、学习目标的层次，有效把握教学内容深广度。

③学习目标的设计突出主体性、渐进性、动态性、可测性、可操作性、具体性等原则，寓无形的过程与方法、情感态度、价值观目标于有形的知识与技能、学生的学习行为和学习活动中，形成有效的支撑载体，确保落实。

④学习目标的表述要规范科学，突出四个要素，即行为的主体、行为的动词、行为的条件、行为的程度。

a.行为的主体：根据新课程的有关理念，在编写教学目标时，无论是一般的行为目标还是具体的行为目标，表述时行为的主体是学生的学习行为而不是教师的教学行为，一般不用描述教师教学程序和活动安排的词语，如不用“使学生……”“让学生……”“提高学生……”“培养学生……”等词语描述，而用“能认出……”“能设计……”“能写出……”“对……评价”“根据……对……进行分析”“体验……”“感悟……”等词语描述。

b.行为的动词：传统应用的“了解”“掌握”“知道”“熟悉”等这几个笼统、含糊的，难以观察到的，仅表示内部心理过程的动词，往往难以测量、无法检验。根据《普通高中化学课程标准》的要求，教学具体目标应采用可观察、可操作、可检验的行为动词来描述。如“认出”“说出”“描述”“解释”“说明”“分析”“评价”“模仿”“参与”

“讨论”“交流”“认同”“拒绝”等词，这些词是意义明确、易于观察、便于检验的行为动词。《普通高中化学课程标准》中对于行为动词的描述如表3-1所示。

表3-1　《普通高中化学课程标准》中对于行为动词的描述

目标类型	描述动词
认知性学习目标的水平	知道、说出、识别、描述、举例、列举 了解、认识、能表示、辨认、区分、比较 理解、解释、说明、判断、预期、分类、归纳、概述 应用、设计、评价、优选、使用、解决、检验、证明
技能性学习目标的水平	初步学习、模仿 初步学会、独立操作、完成、测量 学会、掌握、迁移、灵活运用
体验性学习目标的水平	感受、经历、尝试、体验、参与、交流、讨论、合作、参观 认同、体会、认识、关注、遵守、赞赏、重视、珍惜 形成、养成、具有、树立、建立、保持、发展、增强

c.行为的条件：要具体，要表明学生在什么条件、什么范围完成指定的学习活动，如“用所给的材料探究……”“通过小组合作讨论，制定……”“通过设计……，体验……”等。

d.行为的程度：要指明达到的程度，如用“能准确地说出……”“详细地写出……”“客观正确地评价……”等限定目标的表现程度，以便检测落实。表现程度，指学生对目标所达到的表现水准，用以测量学生学习的结果所达到的程度，如“能准确无误地说出……”“详细地写出……”“客观正确地评价……”等表述中的状语部分，便是限定了目标水平的表现程度，以便检测。

⑤把学习目标贯彻课堂教学的整个过程，课前展示目标，让学生知道学什么、学到什么层次，增强学生学习的方向性和目的性；课中围绕学习目标组织、调控学习活动，让学习目标融入课堂的学习活动中，促进三维目标的达成；课后依据学习目标检测达标程度、存在的问题，及时反馈矫正，切实发挥学习目标的教学功能。

【案例1】“硫及其化合物”的教学目标设计

1.教学目标

①通过实验探究二氧化硫的主要化学性质，初步建立基于物质类别、元素价态和原子结构预测和检验物质性质的认知模型。

②通过含硫物质及相关化合物之间的转化关系的认识过程，建立物质性质与物质用途的关联。

③通过设计工业制取硫酸的主要步骤、提倡减少酸雨形成等活动，感受化学物质及

其变化的价值，同时辩证地认识化学物质，进一步增强合理使用化学物质的意识。

2.评价目标

①通过对课前布置资料的查阅和交流的信息数据分析，诊断学生探究物质性质的实验水平和认识物质的水平。

②通过对二氧化硫漂白的实质、溴水褪色和酸性高锰酸钾褪色等实验设计方案的讨论和点评，发展学生关于物质性质的实验探究水平。

③通过对含硫物质之间转化关系的交流与点评，诊断并发展学生对物质及其相互转化思路的认识水平。

④通过对工业上制造硫酸的设计方案、提倡减少酸雨形成等活动的讨论与点评，诊断并发展学生解决实际问题的能力水平及其对化学价值的认识水平。

【案例2】“铁及其化合物”的学习目标设计

1.学习目标

①基于元素的价态和物质的所属类别，完整有序地对含铁元素家族的物质以价-类二维图的形式整理归纳。

②以核心物质硫酸亚铁为载体，进行物质性质的研究学习。通过性质预测、预测依据、实验设计、实验验证、寻找证据的探究过程，认识硫酸亚铁的主要性质，建立从物质类别和元素价态两个角度研究物质性质的思路方法。

③通过在性质预测和实验设计两个环节中与学生进行的深刻对话，让学生懂得物质性质研究的一般思路和方法，并建立价-类二维的思维模型；通过实验及实验反思的两个环节，培养学生寻找实验证据和证据推理的能力。

2.评价目标

①通过课前作业的展示与交流，诊断学生认识物质的角度是否系统，发展学生认知价-类二维图的思维。

②通过预测硫酸亚铁性质与预测的依据，选择验证试剂与预测相关产物的两个活动，诊断并发展学生从价-类二维的视角对物质性质进行预测的能力，诊断学生对物质类别与氧化还原反应推理过程是否熟知，诊断并发展学生从选择验证试剂到预测相关产物的角度进一步证明硫酸亚铁性质的能力。

③通过寻求实际实验中的有效证据，诊断学生寻找有关有效证据去逆向推理硫酸亚铁性质的能力，发展学生完整表达推理路径的思维过程，同时发展学生对所出现问题的质疑分析能力。

【设计评价】通过上述案例可以看出，素养化学习目标应包括：学习目标的表述应以学生为主体，包含具体的素养维度、相应的学科知识内容、行为表现和水平以及行为发生的情境或条件，融知识、能力、素养于一体，体现“教、学、评”的一致性。化学学习评价目标的确定需要建立在学生化学学科核心素养的发展水平之上，在教学过程中强调过程性评价和结果性评价的有机结合，同时倡导学生自评、学生互评、教师点评等方式，充分发挥评价的激励和导向功能。

【案例3】“质量守恒定律”的教学目标设计

①通过实验探究认识化学反应前后物质之间的质量关系，理解质量守恒定律的内涵及微观本质，初步形成定量认识物质变化的质量视角和守恒意识。

②通过对化学方程式意义的探究，知道化学方程式可以表征化学反应中物质之间的转化关系和比例关系，初步形成定量认识物质变化的比例视角。

③能基于化学反应中物质之间的转化关系和定量关系，正确书写化学方程式，并进行有关化学方程式的简单计算；收集和梳理“拉瓦锡与质量守恒定律”的化学史实，体会定量实验研究和基于实验事实的科学推理对化学科学发展的重要性。

【设计评价】教学目标设计依据核心素养内涵、课程目标及内容要求、学业要求和学业质量标准，结合学生已有的经验和认知特点，系统规划教学目标，体现核心素养发展的全面性和进阶性，侧重发展学生的化学观念，培养学生的科学思维和科学态度。

第二节　化学课程资源的有效整合

教材的处理受到教师教材观的影响，不同的教材观有不同的教材处理策略和方式、不同的教学效果。以往我们总把教材看作学科知识体系的浓缩和再现，这种教材观的实质是“教材即知识”，与此相关的观点有：课本是课堂的根本，教材是教学的准绳，教师的教是依据教材内容传递教材信息的过程，而学生的学应围绕着感知、理解、记诵教材而展开。新课程标准强调教材不再是预先规定好等待学生去学习的教学内容，而是实现教学目标的一种学习资源；教师不再是教材的使用者，而是教材、课程资源的开发者。教师只有对课程资源的思想性、情景性、生活性、对话性进行有效的挖掘整合，才能实现对理解知识、突破教学的重难点、发展化学思维的教学功能。

一、存在的问题

①过分强调教材的权威性，“唯材施教”，不越雷池半步，缺乏个性化的开发和使用，成了教材的复制者、播放者；过分关注教材显性的知识，忽视了教材中隐性的学科思想、科学方法、科学观念、情感体验的载体价值的挖掘和使用，造成照本宣科，使过程与方法、情感态度、价值观的落实成为一纸空文。

②缺乏对社会、生活中课程资源的吸收与整合，使课堂教学内容单一，远离生活和实际，学之无味、学之无趣、学之无用；缺乏对课程资源的合理取舍，资源重复堆积，追求形式的华丽而忽视了实效，缺乏实效性和简约性。

③对媒体资源缺乏整合、精简，内容重复搬家，过多地使用视频、动画代替实验，

使实验失去了实证、探究功能，使学生失去了合作、动手参与的机会，影响三维目标的达成。

二、解决策略

1.重视对教材学习内容的研究

重视对教材学习内容的研究，确保学习内容传授表述的科学性、严谨性、规范性，切忌把错误的知识、不严谨的知识、信息传递给学生，以免使学生形成错误的知识、思想、观念，形成思维定式而难以纠错。

2.挖掘教材中的隐性资源

在挖掘教材中显性资源（明确知识脉络关系、地位作用、学习价值等）的基础上，有效挖掘教材中的隐性资源（知识的呈现形式，教材栏目设置的功能，教材中隐含的学科思想、基本观念、科学方法、情感素材等），通过隐性资源的挖掘与利用，为落实过程与方法、情感态度与价值观目标提供有效载体。

【案例分析1】“离子反应”教学内容的价值分析：

①知识价值：电解质和离子反应是对物质分类和化学分类的完善。离子方程式的书写丰富了学生的化学用语系统，提高了学生利用化学符号表示化学反应的能力。

②学科价值：初步形成微粒观，从微粒的角度认识物质在水溶液中的存在状态及行为，认识物质在水溶液中的反应，初步形成对宏观现象进行微观分析的习惯和思维。

③社会价值：污水处理的方法之一就是使离子之间发生复分解反应，因此本节学习内容在生产中有实际应用，可以让学生进一步体会化学对社会的贡献。

［点评］对教学内容的价值分析，不仅关注核心概念的分析与概念的识记，而且关注学习概念对学生认知发展的作用，并在教学中予以具体落实，体现了新课程标准所提倡的“从具体指示教学转移到以观念建构为核心的教学”的理念。同时将化学知识与生活、生产密切联系，使化学学科的社会价值得以体现。

【案例分析2】例如必修1第46页“交流与思考”栏目教学功能的认识：首先，要认识到它是初高中学习金属性质的衔接点，对新知识学习有承上启下的作用；其次，它是从物质分类角度认识金属性质、落实学习方法的生长点；最后，它还是探究金属性质、落实科学探究方法的探究点，不要把它的教学功能仅仅停留在化学方程式的书写与纠错上。在教学中可以利用教材中铜树、银树的图片引导学生观察、分析，并进行如下探究：

①铁置换出铜、铜置换出银揭示了什么化学反应原理？

②通过这两个反应，能比较金属铁、铜、银的金属性强弱吗？

③将少量的锌加入到硫酸亚铁、硫酸铜、硝酸银混合溶液中，会有什么化学现象？

④将足量的锌加入到硫酸亚铁、硫酸铜、硝酸银混合溶液中，又会有什么现象？

［点评］在这些问题的引导下，进行探究性思考，得出“一般情况下，活泼的金属

可以从不活泼的金属盐溶液中置换出来”的结论，既获得知识，又获得方法，从而使课堂教学内容显得鲜活而富有生命活力。

3.对教材进行二次开发

依据学生的认知水平、教学实际，对教材进行二次开发。在尊重教材、理清教学内容组织思路的前提下，通过替换、增加、删减、补充、调整学习内容，使之超越教材，通过开发、挖掘、升华创造性地使用教材，实现“继承与发展、呈现与发现、分散与整合、补充与舍弃”的有机结合。创造性地开发，把教材内化成学习活动的预案；个性化地使用，真正做到“使其言皆若出于吾之口，使其意皆若出于吾之手”。

【案例分析3】“化学能与电能”（高中必修2）教材分析与处理：

“化学能与电能”是重要的化学反应原理知识，也是深入认识和理解化学反应特点和进程的入门性知识，本节内容在社会生产、生活和科学研究中有广泛应用，对人类文明进步和现代化发展有重大价值，与我们每个人息息相关，知识的重要性决定了本节学习的重要性。本节内容主要分为三部分，内容清晰：火力发电、原电池实验探究（包括概念、工作原理、组成及创造性应用）和技术产品（各种化学电源的设计、工作原理和应用）。其中第二部分是重点也是难点，是本节内容的核心部分，应当重点介绍；第三部分中的燃料电池是生活中的新产品，可用于学生拓宽视野、提高分析解决问题能力的典型材料。

初中化学已经从燃料的角度初步介绍了“化学与能源”的一些知识，在选修模块“化学反应原理”中，将从科学概念的层面和定量的角度比较系统深入地介绍化学反应与能量。本节“化学能与电能”部分既是对初中化学相关内容的提升与拓展，又为选修中“化学反应原理”的学习奠定了必要的基础。由于学生之前没有电化学的基础，理解原电池原理有一定的难度，所以本节内容设置了大量的探究性素材，为了更好地实施探究教学，需对教学资源有效进行整合：

①变教材中的教师演示实验2～4为学生动手实验。这样学生不仅能观察到明显的现象，还能直接参与知识的获得过程，获得直接的体验。（自主、互动探究1）

②将教材中“组成原电池的条件”设置为“科学探究”，为学生提供充足的时间探究，让学生通过实验获得直接经验，再通过对比分析归纳出规律，最终得出组成原电池的必要条件。（自主、互动探究2）

③在完成上述内容后，再让学生了解原电池原理的应用及电池历史，不仅让学生体验到学习化学的乐趣，同时也拓展了学生的知识视野。（自主、互动探究3）

［点评］教师在分析学情、教情的前提下，在尊重教材、理清教学内容组织思路的前提下，通过替换、增加、删减、补充、调整学习内容，使之超越教材。创造性地开发，把教材内化成学习活动的预案；个性化地使用，这样对教学资源进行整合后，学生就可按“自主、合作、探究、发展”的方式进行学习，从而变被动学习为主动求知，为三维目标的达成奠定了基础。

4. 丰富课堂教学内涵

广泛吸收生活、生产、社区、社会、实验等“实境化”的课程资源，丰富课堂教学内涵，使学习内容融知识性、趣味性、情景性、生活性、应用性、方法性为一体，把课堂教学内容与研究性学习、社会综合实践课、青少年科技创新活动紧密结合，拓宽学习时空，满足学生个性化的学习。

【案例分析4】化学教学中可以把教材中的“实践活动”“实验探究”“科学视野”等栏目与学校的综合实践课、研究性学习、青少年科技创新等活动整合，让学生亲历科学探究的过程，体验科学探究的方法，达到激发兴趣、培养能力、提高素养的目的。笔者在进行“化学资源的开发和利用”教学时，根据塑料袋使用过多造成的“白色污染”问题和“限塑令”实施状况，成立研究性学习小组开展了“兰州市‘限塑令’实施状况的调查研究”综合实践活动，学生通过选择研究问题、设计活动方案、制定调查问卷、选择调查样本、实施调查研究、分析调查资料、撰写调查报告、汇报交流成果等环节的实践，既达到了课内知识与社会实践的结合、知识与科学方法的结合，又培养了社会责任意识和社会实践能力，激发了学习潜能。

【案例分析5】学习“海水资源的开发利用”时，将教材中有关碘的提取问题处理成从海带中提取碘单质的探究实验。

［质疑1］怎样使海带中的含碘物质溶于水？

［质疑2］海带中的碘元素以何种形式存在？如果以I^-形式存在，怎样使其转化为I_2？何种氧化剂比较合适？

［质疑3］如果海带中的碘元素以IO_3^-形式存在，怎样使其转化为I_2？何种还原剂比较合适？

［质疑4］怎样检验生成的I_2？

［质疑5］怎样将水中溶解的I_2提取出来？

［点评］遵循“从生活走进化学，从化学走向社会”的思路，不是只简单地罗列一些生活中与化学有关的物质或现象，而是精心选择那些学生熟悉的并蕴含多种知识生长点的物质或现象作为“生活原型”进行教材整合。这些问题来源于生活，又高于生活，极大地调动了学生的学习热情。学生围绕海带的“去污→灼烧→溶解→过滤→氧化→检验”等实验环节，相互交流，相互合作，教学效果令人满意。

5. 整合教学媒体资源

有效整合教学媒体资源，发挥其辅助教学功能。多媒体具有声情并茂、近距离效应、现场效应等优势，对优化课堂教学结构、突破教学的重难点、增加教学直观性、变静为动、由微观到宏观、提高教学的有效性有较大促进作用。目前教学中媒体使用存在以下问题：

（1）教学媒体的缺失

对于微观现象的分析，如蔗糖的溶解，如果教学媒体缺失，就会影响学生对实验现象的观察，进而影响实验结论的得出。教学媒体的缺失，有些时候是因为教师对知识进展顺序或学生认知现状把握不准，看不到其中的障碍和关节，更不会去寻找适当的教学媒体；有些时候是因为怕麻烦或技术水平达不到要求，看到了问题不愿意或没有能力解决，尤其是常态课更是如此。因此，直接影响了课堂教学质量。

（2）教学媒体的错位

化学是以实验为基础的科学，实验失败是实验的真实过程，有时候还是实验的魅力和价值，科学史上有很多这样的例子。为了说明问题的正确与方便，选择计算机模拟实验，虽然不可能有失误（除非机器故障），但是这种模拟的真实远离了科学的实质，无法带给学生真切的体验，这是媒体选择的错位。媒体选择的错位还常常表现在课件代替板书、课件代替当堂练习卷、图片代替模型等方面。

（3）教学媒体的越位

在提示学生其所书写的化学方程式中存在的错误，提醒学生化学方程式书写中的注意点时，有的教师会用一套带有实物投影的多媒体设备，其实大可不必。例如，随手选取一个书写错误的案例放在实物投影仪上展示（必要时还可放大），让一个学生在实物投影上标出书写中的错误并改正，其他学生观察后评价。在处理这个问题时，实物投影比多媒体课件要简单、操作便捷，而且互动效果更好。这种能用简单媒体就能解决的问题，反而选择了复杂媒体的现象，我们称之为教学媒体的越位。多媒体的选择要根据教学内容、学情和媒体的特点进行有效整合，避免重复堆砌、过分渲染、过分追求华丽而远离教学主题，要与教师的板书和讲解相互弥补，要用得恰当、科学、适时、实用、简约、高效，使其辅助功能得到最大化发挥。使用多媒体时务必注意以下几点：一是不能喧宾夺主，用课件代替教师的教和学生的学，阻碍师生的互动交流；二是不能用课件代替学生分组实验和教师演示实验；三是不能滥用视听手段；四是要合理选择课件内容，提高针对性和实效性。以下教学情况下比较适合使用课件：

①难以实现的化学实验的模拟。

②扩大演示实验的效果。现在多数学校班额过大，做演示实验时坐在教室后排的学生对产生的现象看不清，若利用摄像探头实地摄影，然后通过大屏幕播放，可见度会大大提高。

③深奥抽象、难理解的内容的模拟。

④微观物质结构及其运动的模拟。

⑤化学化工过程的模拟。

⑥增加课堂教学容量，提高课堂教学效果等。

第三节　真实化教学情境的创设

德国教育学家第斯多惠说："教学的艺术不在于传授本领，而在于激励、唤醒、鼓舞。"有效的教学情境的创设对于激发学生的好奇心和学习兴趣、引发学生认知冲突、激发学生的探究欲望和创新精神有着极其重要的作用。

2017年版《普通高中化学课程标准》指出：真实、具体的问题情境是学生化学学科核心素养形成和发展的重要平台，为学生化学学科核心素养提供了真实的表现机会。因此，教师在教学中应重视创设真实且富有价值的问题情境，促进学生化学学科核心素养的形成和发展。真实的STSE问题和化学史实等，都是有价值的情境素材，通过具体的问题解决任务，促使学生查阅文献、设计方案、实验探究等，正是在这样的问题解决过程中，学生的化学学科核心素养得到了提升，生态文明的意识得到了增强。

一、教学情境创设存在的问题

①忽视情境的适切性，偏离核心知识，为了情境而创设情境，过分追求形式，偏离教学主题，牵强附会，喧宾夺主；忽视情境的真实性，选择一些与教学内容不相关、脱离生活实际的假情境，不能让学生产生真实、积极的情感体验，不能提出有效的解决问题的方法，不能激发学生的求知欲望。

②只把教学情境的创设作为引入新课的一种手段，没有将教学情境的创设贯穿于整个学习过程，未能及时运用教学情境激发和推动学生的认知活动、情感活动和实践活动等，缺乏对教学情境的深化与回应，有头无尾、虎头蛇尾。

③过分渲染学科的负面影响，谈虎色变，不利于弘扬化学学科的主流价值，不利于传递化学学科正能量，不利于引导学生形成正确的情感态度、价值观。

二、教学情境创设遵循的原则

1.生活性原则

生活性原则就是指教学情境的创设要紧密联系生活、生产实际，重视从学生的原有知识基础出发找准学习的新起点，从学生的生活经验出发找准学习的兴趣点，从学生的新旧知识的联系出发找准新知识的生长点，从学生已有的知识结构出发找准学生学习的"最近发展区"，让学生用化学的视角分析生活中的问题，突出化学知识的实用价值。

2.真实性原则

建构主义学习理论强调创设真实情境，把创设情境看作"意义建构"的必要前提。学习情境越真实，学习主体建构的知识就越可靠，越容易在真实的情境中运用，从而越容易达到教学的预期目的。

（1）情境内容的真实性

许多学生在应用所学知识技能时感到困难，其根源在于学生学习知识技能时通常脱离了事物本来的真实情境。学习情境的性质决定了所学知识在其他情境中再应用的可能性。脱离情境并简化所学知识，往往只能达到刻板的、不完整的、肤浅的理解，如果要求能应用所学知识去解决真实世界中的问题，则必须要求学习和应用的情境具有真实性。学习情境越真实，学习主体建构的知识也就越可靠。

（2）诱发情感的真实性

诱发真实的情感，营造一种积极的情感氛围，与学生的情感、心理发生共鸣，让积极的情感活动统领整个教学过程，使学生在学会知识的同时形成健康丰富的精神世界。这样，可以使学生的认知与情感、逻辑思维与形象思维、动脑与动手等内容协调、平衡地发展。

（3）学生体验的真实性

要站在人的活动和环境和谐统一的高度来审视情境、创设情境。通过情境创设，为学生开辟一条生动活泼、主动发展的现实途径，将学生的主动参与、主动发展置于核心地位。通过创设符合学生发展需要的、优雅的、充满美感的环境氛围，使学生积极主动地参与到学习活动中来，促使学生在现实环境和主体活动交互作用的和谐统一中获得生动、活泼、主动的发展。

3.问题性原则

学源于疑，行于思。问题性原则是指教学情境的创设要激发学生产生提出问题、分析问题、解决问题的欲望，为学生学习提供有效的问题支持。

4.主题性原则

教师在设置问题时，要明确教学目的，要围绕教学目标有的放矢，即问题的内容要针对课堂教学目标，问题的指向必须是教学的重点与难点，问题的切入点应该针对学生学习的需要。这样才能使学生的精力集中在教师所提出的问题上，学生的回答也能紧扣主题，课堂的效率也能提高。

5.全程性原则

有些人误以为设置情境就是在讲解新知识以前，利用与新知识有关的实验、故事、问题等来调动起学生的积极性，激起学生的学习兴趣，引出新课。实际上，教学情境的设置功能并不是传统意义上的导入新课，情境不应只在讲解新知识前发生作用，它应该在整个学习过程中都能激发和推动学生的认知活动、情感活动和实践活动等。

6.发展性原则

情境作用的发展性是指设置的情境应该具有促进学生产生强烈继续学习愿望的功能，具有促进学生智力素质和非智力素质平衡发展的功能。一个良好的情境，不仅应该包含着促进学生智力发展的知识信息，这信息可以帮助学生构建起良好的认知结构，还应该蕴含着促进学生非智力素质发展的情感信息，能营造出促进学生发展的心理环境和群体环境。设置的情境不仅要针对学生发展的现有水平，更重要的是要针对学生发展的“最近发展区”。情境应该既能满足当前教学的需要，又能体现与当前有关的问题，让学生自己去回味、思考，营造一种意味深远、回味无穷的教学心理环境，让学生在课后继续积极主动地、目标明确地学习。

7.可接受性原则

情境的设置要考虑学生能不能接受，要设计好合适的“路径”和“台阶”，便于学生将学过的知识和技能迁移到情境中来解决问题。由于知识和技能的迁移总是受到个人能力及情境因素的影响，所以，教师提供的情境一定要经过精心的选择和设计，使之能适合于学生，能被学生理解和接受。学生在这样的情境中学习到的知识与技能，才有较大可能向生活与生产中化学问题的解决迁移，从而获得可迁移的知识和技能；学生获得了可迁移的知识和技能，才可能创造性地解决实际问题……如此日积月累，学生解决具体问题的经验和方法日趋丰富，在新情境中解决实际问题的能力就会逐步提高。

三、课堂教学情境的创设途径

1.利用科学家的故事创设教学情境

科学的发展史就是科学家探索世界的历史，每一个重大发现的过程都是一段科学家艰辛探索的历史，每一段艰辛的探索历程中都有许多精彩的故事，这些故事在新教材中介绍得很多，把这些历史和故事介绍给学生，可以唤起学生做科学家的童年梦想，激起学生追求科学的精神。在介绍科学家探索世界的过程中，让学生充当科学家，重走科学家的探索历程，掌握科学的探索方法。

【案例】“苯的分子结构和性质”教学时，把凯库勒等科学家探索苯分子结构的过程介绍给学生：1825年，法拉第首先发现了苯并确定了苯的最简式为CH；日拉尔等推测出苯的分子式为C_6H_6。苯分子中碳原子、氢原子是以怎样的化学键连接的呢？德国化学家凯库勒从1858年就开始思索这一问题了，他想如果是链状的（可请学生写出任一链状的结构简式），就可以使溴水褪色（学生实验：向苯溶液中滴加溴水，发现不褪色，只是萃取），实验证实不是链状的。凯库勒又陷入了苦思冥想，有一次他在书房打瞌睡，梦见碳原子的长链像蛇一样盘绕卷曲，忽见一个碳原子抓住自己的尾巴，首尾相连成环状，这幅画在他眼前嘲弄般地旋转不已，他凭着建筑师的特长和苦思冥想后的灵感，很快提出了苯分子是六元环状结构的学说，在有机化学史上画下了浓墨重彩的一笔。用这种方法创设的教学情境一定能使不同层次的学生感到有趣，也很有意义。

2.利用熟悉的生活场景创设更具生活化的教学情境

建构主义认为，把学生置于真实意义的问题情境中，贴近学生的日常生活和社会生活实际，注意从学生已有的经验出发，让他们在熟悉的生活背景中感受、体会、学习，这样才能使学习更为有效。从学生学习的角度看，建构主义学习观认为，学习是学生在与周围环境相互作用的过程中，逐步建立起关于外部世界的知识，从而使自身知识结构得到发展；知识不是通过教师传授得到的，而是学习者在一定的情境（即社会背景）下，借助他人（包括教师和学习伙伴）的帮助，利用必要的学习资料，通过建构意义的方式而获得的。

【案例】“生活中常见的有机物乙醇”教学时，播放PPT引入：这是一个发生在我们生活中的故事，主人公去参加同学聚会（画面上出现美酒、酒精炉），其间推杯换盏，其乐融融。酒席散后，他一边回味着刚才美酒的滋味，一边飘飘忽忽驾驶着自己加有乙醇汽油的小轿车……交警发现了，示意他靠边停车接受检查。酒精测试仪上的数字显示他属于醉酒驾车（画面上显示酒精测试仪），于是他的车被扣了，他沮丧极了。这时，天公不作美，下起了大雨，他踉踉跄跄在雨中蹒跚而行……（配有相应的画面）。走着走着他晕倒了，他被好心的路人紧急送往了医院！进入医院后，一股强烈的酒精气味扑鼻而来……（医院画面）护士在他的手臂上涂了碘酒，给他输液。同时因为他发烧了，医生用酒精为他擦拭身体进行人工降温。

［点评］本案例以生活中的真实情境引入，配上幻灯片中精美的动画、视频，深深吸引了学生，故事情节合理、紧凑，将乙醇在生活中的用途恰如其分地穿插其中，给学生留下了深刻印象。

3.利用社会热点或科技发展的前沿创设教学情境

创设情境驱动学生主动学习的方法，不仅要用兴趣把学生带入课堂，还要为学生设计一些有价值的问题，用化学知识解决能源、环境中的问题，使学生认识到化学知识能够推动科学技术的发展，赏识化学的魅力，强化持续学习的动力。

【案例】“金属钠的性质”教学时，问题情境的设计如下。据某报报道：在广州市珠江河段曾经出现过惊险神秘的“水雷”，6个装满金属钠的铁皮水桶浮在水面上，其中3个发生剧烈爆炸，另外3个被成功打捞。据现场的一位同志讲，早上10点多，河内突然冒起一股白烟，水面上漂浮的一个铁桶内窜出黄色火苗，紧接着一声巨响，蘑菇状的水柱冲天而起。群众议论说，“没想到水里的东西也能着火爆炸”。打捞上来的桶被打开盖子后，马上冒出白烟，有人因为好奇接触了桶内的物质，于是双手感到剧烈的疼痛……消防队员将打捞上来的铁桶用煤油浸泡。

根据上述材料分析，请你思考下列问题：

［问题1］为什么装满金属钠的铁桶不下沉？为什么“水里的东西也能着火爆炸”？

［问题2］为什么消防队员将打捞上来的铁桶用煤油浸泡？

［问题3］为什么打捞上来的桶被打开盖子后，马上冒出白烟，而且一旦人们接触了桶内的物质，双手就会感到剧烈的疼痛？

学生感受到了此情此景后，好奇、议论、猜测不禁出现，求知的迫切性得到强化，探究心理氛围已经形成。学生通过实验探究弄清了神秘“水雷”爆炸、燃烧的原因，在学习过程中得出了金属钠的有关性质。

4.利用学生的认知冲突创设教学情境

新旧知识的矛盾，日常概念与科学概念的矛盾，直觉、常识与客观事实的矛盾等，都可以引起学生的探究兴趣和学习愿望，使学生形成积极的认知氛围和情感氛围，因而都是用于设置教学情境的好素材。

【案例】在学习“苯的分子结构”时，先让学生根据已有的化学知识推断出苯可能有的结构，即苯分子中有碳碳双键或碳碳三键，然后让学生做验证实验，在苯中分别加入酸性高锰酸钾溶液或溴水，结果发现均不褪色。从而使实验现象与学生原有的认知发生矛盾、冲突，使学生意识到苯分子中没有碳碳双键和碳碳三键，并由此产生疑问：“苯分子结构中的化学键有何特殊性?”从而激发学生求知和探究的欲望，在教师的引导下，有关苯分子结构和性质的探究教学活动自然而然地展开。

5.利用多媒体资源创设教学情境

现代多媒体技术，主要包括幻灯、投影、录音、电视、电影、计算机等多媒体教学手段，能把生动的动画、图像、清晰的文字注解和优美的声音有机地集成并显示在屏幕上，能抛开某些表面的、次要的、非本质的因素，将内在的、重要的、本质的东西突现出来，在屏幕上实施微观放大、宏观缩小、动静结合。多媒体教学既能帮助学生理解抽象概念，想象难以观察清楚的现象，看到跨越时空的事物和不易实现的实验，还能激发学生的学习兴趣，培养学生的观察力和思维力，调动学生的积极性，优化教学过程，提高课堂效率，起到事半功倍的作用。

【案例】学习“二氧化碳的性质”时，情境的设计如下。奇怪的“死狗洞”与二氧化碳：在法国阿尔卑斯山下有个山洞。有一天，三个探险者带着几条狗进洞探险，走着走着，几条狗便瘫倒在地，四肢抽搐，相继死去，可奇怪的是人却安然无恙。消息传开后，许多好奇者蜂拥而来，屡次试验结果都相同。为此，人们称之为“魔洞”，认为洞内有“妖魔鬼怪”专门杀狗，而作为万物之灵的人受到上帝的保佑，所以它们不敢轻举妄动。难道真的有这么离奇古怪的事情吗？你想知道其中的奥秘吗？让我们一起讨论今天的学习内容——二氧化碳。教师对这一探险故事的播放及富有感染的讲解，顿时使学生产生了浓厚的兴趣，激发了学生的学习兴趣，学生迫切地想知道其中的奥秘，求知欲大大增加。

6.利用传统文化中的相关内容创设教学情境

我国已有五千年以上的文明史，它以源远流长、连绵不断及光辉灿烂为显著特征，著称于世界民族之林。在繁花似锦的中国文明史中，科学技术的成就则以其特有的光芒熠熠生辉，把这些素材挖掘出来，以此作为创设教学情境的素材，不但能以美的语言激发学生的学习兴趣，还能增强学生的爱国情感。

【案例】学习“焰色反应”时，情境的设计如下。陶弘景在《本草经集注》中写到：“先时有得一种物，其色理与朴消（注：朴消指的是硫酸钠）大同小异，朏朏如握雪不冰，强烧之，紫青烟起，云是真消石（注：消石指的是硝酸钾）也。”将此介绍给学生，说明“紫青烟起”就是指火焰呈紫色，所以说陶弘景是最早运用焰色反应的人，德国化学家是在1854年才发现焰色反应的，比陶弘景的发现晚1000多年。

7.利用实验创设教学情境

以实验为基础是化学科学的重要特征之一。化学实验对全面提高学生的科学素养有着极为重要的作用。利用化学实验不仅可以进行一些验证性或探究性学习，有助于激发学生学习化学的兴趣，帮助学生理解和掌握化学知识与技能，启迪学生的科学思维，培养学生的科学态度和价值观，而且可以创设直观形象的教学情境，引发学生联想质疑、提出问题，在问题驱动下展开进一步的深入探究活动。

【案例】学习“Cu与稀硝酸的反应”时，创设过这样一个情境：演示教科书第16页图1-18“Cu与稀硝酸反应实验”，引导学生注意观察实验现象。演示此实验的目的既非验证，亦非探究，而是为了创设一个真实的实验情境；通过对比在演示实验中所观察到的实验现象与教科书第16页所描述的有关实验现象，使学生发生认知矛盾，引发学生质疑没有观察到“气体无色，当空气进入试管后，气体变成红棕色”这一过程，从而驱动对教科书第16页图1-18“Cu与稀硝酸反应实验”的探究。学生根据以上情境自主提出问题：①不能观察到“这一过程”的关键原因在哪里？②如何改进才能观察到“这一过程”？进行讨论探究后得出：①关键原因：试管上部事先已有空气（O_2）存在，即$2NO+2O_2=\!=\!=2NO_2$反应提前发生。②改进方向：如何在反应前除去试管上部空气（O_2），即避免$2NO+O_2=\!=\!=2NO_2$反应提前发生。然后，学生自主设计新的实验方案，教师指导、评价学生设计的新实验方案，并选取其中的典型方案进行演示；学生通过观察思考实验现象，写出Cu与稀硝酸反应的方程式：$3Cu+8HNO_3(稀)=\!=\!=3Cu(NO_3)_2+2NO\uparrow+4H_2O$，并分析得出“稀硝酸具有强氧化性”的结论。这样不仅使学生掌握了有关的化学知识和实验技能，而且使学生形成了实事求是、严谨细致的科学态度，形成了一定的批判精神和创新意识，更好地发挥了化学实验的教育功能。

8.利用重大新闻事件创设教学情境

在化学课堂教学中，我们要注重与社会生活实际相结合，关注学生的社会生活世界，打通学生的书本世界与社会生活世界之间的界限，培养学生的实践能力和社会责任感，新闻无疑是书本世界和社会生活世界之间的一座“桥梁”。在化学课堂教学中，利用社会生活实际中一些化学品的生产、运输、使用过程中发生的事件，利用化学品来欺骗消费者的食品安全问题，以及医药、环境污染等问题的新闻事件来创设情境，由于新闻本身就具有影像形象、语言精练、情境真实等特点，再加上运用多媒体进行播放，学生如身临其境，可大大激发学生学习和探究的兴趣，从而带来意想不到的教学效果。

【案例】学习“氯气”时，创设过这样一个情境：用多媒体播放2005年3月29日发生在江苏淮安的液氯泄漏事故的有关报道（CCTV-2生活：危机现场——致命12时），包括泄漏的液氯使人畜中毒甚至死亡，使麦地枯黄、油菜变白，以及工作人员用浸有稀石灰水的毛巾或口罩捂住口鼻进行救援或疏散等影视资料。以这样社会上发生的真实事故为背景，用多媒体展示惨烈的镜头为情境，立即引起了学生强烈的求知欲，他们迫切想知道给人民生命和财产造成巨大损失的氯气究竟有怎样的化学性质，然后，教师提出问题并请学生根据以上情境及学生桌面上放置的实验用品探究氯气的化学性质。同学们或独自沉思，或与同伴交流，根据多媒体提供的麦地枯黄、油菜变白的情境，大部分学生都能够推测出氯气能漂白；当他们把干燥的红纸条放入氯气，发现红纸条不褪色时，他们又会联想到氯气能使油菜变白，可能是植物中有水分的缘故，于是他们又把红纸条用水浸湿后放入氯气中，红纸条果然迅速褪色，最终他们得出氯气与水反应的产物次氯酸才具有漂白性的正确结论；根据情境中在场的工作人员用浸有稀石灰水的毛巾或口罩捂住口鼻进行救援或疏散的镜头，他们推测氯气能与碱反应，并通过实验加以探究……最后，师生共同总结，得出了比较完整的氯气的化学性质，同时教师依据有关情境对教学内容进行了有机整合，这样更加符合学生的认知规律。通过以上情境的创设，学生不仅感受到了科学探究的过程，初步掌握了科学探究的方法，还通过观察液氯泄漏事故给人们带来的生命和财产损失的镜头，增加了社会责任感和使命感。

实践证明，在化学课堂教学中运用一些与教材相关的新闻事件中的化学问题来创设情境，可以打通学生的书本世界和社会生活世界之间的联系，使学生更直接地了解化学与社会生活实际的关系，不仅利于化学教学、开阔学生视野，还可以培养学生的社会责任感和实践能力。但要注意，在课堂中引入新闻中的化学问题时，要正确归因。由于新闻自身的特点，新闻中反映的化学问题往往是化学的负面作用居多，如果教师不加以处理直接引用，过多地谈论化学的副作用，会导致学生对化学充满戒心，降低对化学的学习兴趣，甚至逃避化学。

9.利用化学文献资料创设教学情境

由于文献资料具有科学、真实、可靠的特点，因此利用有关的文献资料来创设教学情境同样会给学生科学、真实、可靠的体验。

【案例】学习“王水”时，创设过这样一个情境：播放“玻尔与玻尔的诺贝尔金质奖章”的文献资料。学生通过自主学习，不仅建构了王水的组成和特性等知识，而且领悟了玻尔的科学智慧和爱国情感，同时引发联想质疑：玻尔为何使用王水，浓硝酸不能溶解金吗？再进行实验探究：浓硝酸与金或铂（烟色反应实验用品）作用实验。最后，观察思考、交流研讨得出结论：浓硝酸的强氧化性也是有限度的，它能与很多金属发生氧化还原反应而使这些金属溶解，但不能使金、铂等少数金属溶解。通过以上学习，学生辩证地理解了浓硝酸的强氧化性，形成了辩证唯物主义世界观，同时增强了学习兴趣和爱国情感。

第四节　学习问题的提出与生成

一、学习问题设计存在的问题

1. 问题过于简单

不考虑学生的思维水平，所提问题班上百分之九十的同学都知道，这样的问题极易导致学生思维松散，长此以往，学生会对课堂失去兴趣。

2. 问题过于难

教师所提问题如果班里只有一两名同学经过提示才能回答上来，那么这种问题也是无效的。经常提出这种问题会大大挫伤学生的学习积极性，导致学生对该学科的学习失去信心。

3. 问题针对性不强

教师所提问题过于笼统，使学生把握不准思考、回答的方向，导致学生的答案五花八门，甚至答非所问，难以对教学起到有效的引导。

4. 问题枯燥乏味

教师所提问题不能联系学生生活实际和思维水平，都是纯理论型的，难以调动学生思考的积极性，导致学生对学习失去兴趣。

5. 问题缺乏前瞻性

教师的教学应该是有计划的、有规律的，每个学期、每个选修科目要教授的知识，教师在开始授课前应该有系统的了解，并做好了统筹的安排。

二、课堂教学问题设计的基本策略

问题的设计是课堂教学中的一个核心要素，高效的课堂需要有效的问题来支撑，问题的设计可因教学功能的不同而不同。现代心理学的研究表明，一个问题包括三个基本成分：给定，一组已知的关于问题条件的描述，即问题的起始状态；目标，关于构成问题结论的描述，即问题要求的答案或目标状态；障碍，正确的解决方法不是显而易见的，必须间接通过一定的思维活动才能找到答案、达到目标状态。这样，问题就是给定信息和目标之间某些需要被克服的障碍，问题解决就可以理解为克服问题的起始状态和目标状态之间的障碍，填补其间的空隙，使问题状态转变为目标状态的过程。具体策略如下：

1. 设置引入性问题

引入性问题是教师以引入课题、使课内课题间平滑转接、为后续教学埋下伏笔，或为唤起学生的注意、使学生产生强烈的求知欲等为主要目的而精心设置的问题链。要让全体学生亲身体验概念原理和规律的提出过程，就必须让他们回到原有认知结构的图式中去，熟悉和新课相关的旧知识，掌握它的内涵和外延，使知识成为一个容易以旧知识进入的“临近发展区”，并引导学生用类比、演绎、归纳等方法揭示新旧知识的联系。设置引入性问题链的目的就是为导入新课扫障铺路、牵线搭桥。

【案例】在讲解“二氧化碳气体的实验室制法”时，导入可做如下设计：先复习氧气的实验室制法，然后和学生一起总结出气体的实验室制法的一般思路和方法。

①要研究实验室制法的化学反应原理，就是要研究在实验室条件下，可用什么药品(强调状态)、通过什么反应来制取这种气体。

②需要研究制取这种气体所采用的发生装置与收集装置。

③需要研究如何验证制得的气体就是所要制取的气体。

如此，就可运用上面所总结的学习思路和方法共同研讨二氧化碳的实验室制法。

2.设置差异性问题

差异性问题是指相似的一类问题，其结果出乎人的意料，与学生学习的前概念或常识相违背。这些问题与学生学习化学的前概念发生矛盾，能引发学生强烈的认知冲突。正是这些认知矛盾激发了学生要去探索这些差异的欲望，引起了学生的探究兴趣和学习愿望，使学生形成了积极的认知情感。同时，由于差异性问题链没有出现学生预期的结论，与学生的猜想与假说相矛盾，起到了证伪的作用，所以不仅有利于学生对相关知识的同化，也有利于学生对新知识的理解和记忆。

【案例】在给学生讲解“元素的化学性质主要取决于原子的最外层电子数”，当第一次问学生镁原子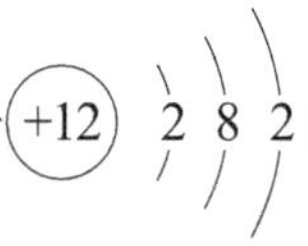

的化学性质与下图中哪种粒子的化学性质相似时，学生几乎一定会把第2号元素氦的原子结构示意图和第4号元素铍的原子结构示意图都选中，当告诉学生选铍是对的，但选氦错了时，导致学生产生了一个比较强烈的认知冲突，与之前学过的概念相悖，这时需要引导学生去辨析这种原理中的例外，以利于学生对知识的理解。

3.设置诊断性问题链

研究表明，教学中只向学生介绍成功的方法和途径，会破坏学生对学科思维的神秘感和好奇心。事实上，允许学生犯错误也是对其求异思维的保护和创新思维的培养。通过对失败原因的探讨及错误思维过程的反思，学生可提高思维的自我监控能力。诊断性问题链是围绕教学内容中的“三点一处”（即重点、难点、疑点和易错处）精心设计的一些具有针对性的问题链。诱使学生充分暴露错误和薄弱环节，然后教师据症分析，进行教学会诊，使学生在出错、指错、纠错中获得真知和技能，这是诊断性问题链设计的基本策略。

【案例】在讲解“固体物质溶解度”时，让学生计算在室温条件下，20 g NaCl充分溶解在50 g水中所得溶液的质量。学生第一次很容易回答是70 g，当告诉学生答错了（原因：在室温条件下，NaCl的溶解度为36 g，因此，上述所得溶液质量为68 g，2 g NaCl剩余没有溶解），下面学习固体物质溶解度时，学生对需要注意的要素就印象更深刻，更容易在今后考虑溶解度问题时加以注意。又如，在讲解分子之间存在间隙时，设问1+1等于多少，学生肯定回答是2，然后告诉学生答错了（原因：用1体积水和1体积酒精混合后总体积会小于2体积）。接下来，教师通过实验和讲解展开教学活动，学生思维积极，注意力集中，有利于提高思维的自我监控能力。

【案例】在教学“二氧化碳性质”时，我们通过熄灭燃烧蜡烛的实验知道，二氧化碳的重要性质是密度比空气大，不燃烧也不支持燃烧。为了进一步认识二氧化碳，我们可以创设这样的情境：将两支长短不同且燃着的蜡烛放在桌上，用一个大的烧杯将其罩住。实验出现了与教学时相反的现象，于是给学生创造了一个与原认知相矛盾的冲突，学生就有了想弄清楚这个冲突的求知欲，我们再通过引导学生分析原因，积极地进行思维、探究、讨论，学生就会得出原来“温度可以改变气体物质密度”的重要结论，从而加深了对化学知识的认识。

4.设置探究性问题

探究性问题，是教师为了让学生自主、独立地发现问题，培养学生的探索精神和创新能力，而设计的富有思考性的问题链、新奇的问题链，能激励学生积极思索、大胆设想，达到锻炼思维、发展智力、促进不断构建自身知识结构的目的。探究性问题链被视为“有效教学的核心”，它是培养学生科学探究能力的有效途径。

【案例】在教学“实验室制取并收集氧气或二氧化碳气体”时，可将收集方法进行改进，在集气瓶口加上一个双孔胶塞，双孔分别插入长短不同的导气管。提出问题：若集气瓶中装满了水，要用排水法收集气体，应当从哪一根导管中通入气体？抽两名学生用吹气的方式代替生成气体来收集，结果，学生在成功与失败的实验中体验到了实验的奇妙，充分调动了学习化学的积极性。这时提出第二个问题：若用排空法收集气体，应当从哪一根导管通入气体？对于这个问题，学生有了上个实验的探究基础，也能比较容易找到它的收集方法，并能懂得其收集原理。

5.设置迁移性问题

问题设计时还应考虑问题的可迁移性，一个具有迁移性的问题能够从横向或纵向孕育其他重要问题的解决方案。问题链中一个问题的提出，应不局限于教材中单一的知识，需进行有关知识的探讨、旁征博引，设计问题时要从日常生活、最新科技动态及其他学科领域中寻找素材，尤其要善于将日常生活中与所学知识有关的内容加以提炼，设计成有趣的、具有可迁移性的问题链。这种问题链以提高学生在不同情境中应用概念、原理、方法和原则的能力为主要目的，使学生亲身体会到所学知识的广泛应用性。给学生创设多种不同的情境，有助于学生智力技能的应用。

【案例】教学“燃烧和灭火”时，在做完演示实验“燃烧的条件”后，学生通过观察、分析，总结出燃烧的三个条件。接着教师又分别点燃两根火柴，学生观察到一根竖直向上的火柴火焰很快熄灭，而另一根平放（或向下）的火柴火焰却不会熄灭，如此反复数次，结果都一样。教师及时提出问题：这是为什么？分析上述现象，唤起学生心灵深处的探索欲望，经仔细逐步引导，学生共同分析、讨论，最终得出正确的结论。注意：对灭火原理的学习不应仅局限于教材，也要从日常生活中提炼。

6.设置开放式问题

教育改革的一个目的就是培养开放型人才，培养适应不断变革的时代的人才。设置一些具有开放式答案的问题，能使学生认识到事物的多样性和复杂性，使学生的头脑不呆板、不僵化，具有探索新的结论、新的思想的意识，能突破思维的封闭性。提倡解答一个问题，要力求寻找多种途径，因为本质相同，实现途径可以是多样的，问题的答案是多样的、开放的。

【案例】在进行阶段复习时，为了检测学生是否准确掌握了SO_4^{2-}的检验方法，教师可以根据学生容易出现的几种错误，设计一个这样的问题链，对学生的掌握情况进行检测：

①根据下述三个实验方案（图3-2）及观察到的现象，能确定试液中一定有SO_4^{2-}吗？为什么？

方案甲：试液 $\xrightarrow{BaCl_2\text{溶液}}$ 白色沉淀 $\xrightarrow{\text{足量稀}HCl}$ 沉淀不溶解

方案乙：试液 $\xrightarrow{\text{足量稀}HNO_3}$ 无沉淀 $\xrightarrow{Ba(NO_3)_2}$ 白色沉淀

方案丙：试液 $\xrightarrow{\text{足量稀}HCl}$ 无沉淀 $\xrightarrow{Ba(NO_3)_2}$ 白色沉淀

图3-2　实验方案

②你能设计一个新的实验方案证明某试液中一定存在SO_4^{2-}吗？

在教学中，教师要让学生在开放的氛围中展开思考，要引导学生敢于追求以往不曾有的观点，有时要借助反方角色扮演来激发学生的智慧与勇气。在解答上述问题时，有的学生提出，“若溶液中有Ag^+而无SO_4^{2-}，也会出现方案甲的现象，故方案甲不正确”；也有的学生认为，“若溶液中有SO_3^{2-}而无SO_4^{2-}，用稀HNO_3酸化时会把SO_3^{2-}氧化为SO_4^{2-}，也会出现方案乙的现象，方案乙也不科学”；还有一部分学生认为，“方案丙也不严谨，若原试液中有SO_3^{2-}而无SO_4^{2-}，加入HCl时，溶液中溶解有一部分SO_2(或H_2SO_3)，加入$Ba(NO_3)_2$溶液后，HNO_3会将SO_2(或H_2SO_3)氧化为SO_4^{2-}，同样会生成不溶于酸的白色沉淀”。最后学生在讨论、总结和反思的基础上，形成检验SO_4^{2-}的方案：

试液 $\xrightarrow{\text{足量稀HCl}}$ 无沉淀 $\xrightarrow{BaCl_2\text{溶液}}$ 白色沉淀。在此基础上，教师就学生的质疑进行总结："若原溶液中含有 SO_3^{2-}，用稀 HNO_3 酸化时会把 SO_3^{2-} 氧化为 SO_4^{2-}，故检验不出原溶液中是否含有 SO_4^{2-}。"通过这样的讨论，学生对 SO_4^{2-} 检验的认识更正确、更完善了。

这个问题链抓住了知识的发生、发展、引申的过程，以及它与其他知识的联系、区别。其中，问题①是问题②的基础和铺垫，问题②是问题①的引申和结论。一方面，学生可以这个问题链为线索走进教材、理解教材；另一方面，学生通过阅读教材，又可以按这个问题链对教材的内容进行归纳、整理，走进教材。通过反向思考及诊断，有利于弄清楚结论成立的前提，还能提高分析问题、解决问题的能力。

7.设置递进式问题链

递进式问题链，是根据事物之间的必然联系，利用正向或逆向的思维方式提出的一连串由浅入深的问题组。对于有一定深度和难度的问题，教师应该采用分层次由浅入深的提问方式，通过一环扣一环、一层进一层的提问，引导学生的思维向知识的深度和广度发展，避免学生思维"卡壳"。

【案例】复习"酸和碱的性质"时，利用学生熟悉的"食品干燥剂——生石灰"形成"递进式问题"的教学：

[创设问题情境] 请每位学生拿出课前自己找到的食品干燥剂——生石灰，仔细阅读包装袋上的说明，根据说明，你能发现其中包含哪些化学问题吗？如何用你所学的知识去解决呢？

[发现问题] ①为什么生石灰可以做干燥剂呢？怎样用反应方程式表达？

②为什么干燥剂不能食用呢？

③这包干燥剂是否有效？如何设计实验证明？

④经实验验证该包"干燥剂"已经失效，你认为此时固体的成分可能是什么？如何设计实验进行成分确认？

[寻求解决方法] 分组设计实验，学生分组讨论，选代表进行展示，全班评价后，确定最佳的实验方案。该过程中学生复习巩固了碱的检验方法及性质、碳酸盐的检验方法及仪器的选择、实验中干扰因素的排除方法。

三、问题解决的教学策略

解决任何问题必需的信息（内容）和推导（过程）是非常重要的两个因素。阿什莫等人将化学问题解决过程分为四个阶段：明确问题，选择适当的信息，组合零散的信息，评价。成功地解决化学问题需要扎实的化学知识基础、问题解决的有关策略、自信心这三个方面的有机结合。化学知识的学习总是从问题开始，对知识的掌握也是以问题的存在为开始，问题总是与学习伴行。

"问题解决"是化学课堂教学的核心目标，是课堂教学的重点。"以问题解决为核心”的化学课堂教学促使学生积极思考和探索解决问题的方法和途径，培养学生提出问题、分析问题、解决问题的思维能力和意识习惯。当我们设计的教学流程是将教科书中的知识转换成层次鲜明、具有系统性的“教学问题”，并使之成为符合学生探究心理的“问题链”时，教学流程便能有效地引领学生沿着问题情境去思考和探究，也就给了学生一条经过努力就可以攀登的递进性知识阶梯和问题阶梯。

1.引导学生自发地提出问题，诱发学生设问思考的主动性

教师创设多种教学情境，激发学生强烈的好奇心和探索愿望，这样学生才有可能自发地提出各种各样的问题。教师应做到创设情境要新颖，要有强烈的对比度，容易观察，容易参与，有强烈的吸引力，这样学生的注意力就容易被吸引，感觉就会更敏锐、强烈，好奇心就更容易被诱发，从而产生强烈的探索愿望。

【案例】在讲授“二氧化碳的性质”时，教师往事先收集满二氧化碳的矿泉水瓶里加入一些水，然后振荡，发现瓶子迅速变瘪了，教师又往另一个没有收集二氧化碳的矿泉水瓶里加水，瓶子却没有变化。对比两次实验，学生提出了各种各样的猜测和问题，从而产生了探索问题、解决问题的强烈愿望。在这一环节中，关键是让学生产生问题，它不同于课堂提问，它是让学生知道问题是从哪儿来的，让学生自己提出问题，使学生处于学习的主体地位。

2.培养学生提出高质量的问题

高质量的问题有利于课程的讲授，有利于概念、规律的形成和探究，有利于答案的推断审查。在此环节，教师和学生首先要了解问题的基本分类，其次是针对化学与生活、化学现象、化学变化提出问题。问题可分为探究性问题和评论性问题，探究性问题是在寻找未知和未见的，评论性问题是对已知的真伪的审查。化学课堂教学的问题属于探究性问题，它可分为常规性问题和非常规性问题、显然的问题和非显然的问题。条件充分、结论确定的问题是常规性问题，相反是非常规性问题；根据已知可以推断出的问题是显然问题，而非显然问题是根据已知极难甚至无法推断出的问题。常规性问题有助于学生认识基本原理，非常规性问题有助于学生加深理解，并学会灵活运用。

教师和学生了解这些问题的分类是有益的，有利于提出高质量的问题。教师可以自觉地针对化学与生活、化学现象、化学变化创设不同的情境，诱发并控制学生提问，学生可以根据不同的情境自觉地提出不同难度的探究性问题。

3.设置开放式问题，提高问题解决的策略

教育改革的一个目的就是培养开放型人才，培养适应不断变革的时代的人才。设置一些具有开放式答案的问题，从而使学生认识事物的多样性和复杂性，使学生的头脑不呆板、不僵化，具有探索新的结论、新的思想的意识，突破思维的封闭性。提倡解答一个问题，要力求寻找多种途径，因为本质相同，实现途径可以是多样的，问题的答案可以是多样的、开放的。

【案例】下面的教学设计通过学生已有经验，设计或提出学生有能力解决的化学问

题链，再通过以化学实验探究为主的活动，逐步解决问题，使学生在科学探究的过程中解决问题，强化了学生探究的意识，促进了学生解决问题能力的发展。

[演示] 老师手中有一个白颜色的小五星，现在老师将一种无色透明的液体滴加到小五星上。请同学们观察小五星有什么变化。

这里通过一个酚酞试液遇碱变红的小实验，创设了问题情境，启发学生思考为什么小五星变红了。这个问题属于C类问题，学生无法解决，但有趣的C类问题出现在课堂伊始，有助于激发学生兴趣。

[讲述] 要想知道其中的奥秘，请同学们通过这节课的学习自己找到答案。

[投影] 这节课我们就来学习第五单元第一节《生活中的酸和碱》，首先请同学们完成自学卡。

[自学卡] ①哪些物质中含酸？哪些物质中含碱？②什么叫作酸碱指示剂？③本节课中介绍的酸碱指示剂有哪些？④石蕊试液是我们已经接触过的一种酸碱指示剂，它本身是什么颜色？遇酸后变成什么颜色？

这些问题属于A类问题。学生可以通过阅读课本和回顾以往学过的知识自主解决。

[自学卡] ⑤石蕊试液遇碱后显什么颜色？⑥怎样用酚酞试液区别酸和碱？⑦如何用石蕊试纸区分酸和碱？

这些问题属于B类问题，学生可以通过小组合作探究实验解决问题。

[学生实验] 分别用石蕊试液、酚酞试液、石蕊试纸区分酸和碱。

[学生提问] 酚酞试液遇酸性和中性物质都不变色，它是酸碱指示剂吗？

学生自主提出D类问题，师生共同解决。

经过实验发现，所有的酸都能使紫色石蕊试液变红。

[问题] 为什么酸都能使紫色石蕊试液变红？请同学们以盐酸为例，考虑并尝试设计实验验证是哪种成分使石蕊试液变红的。

这是C类问题。通过该问题引发学生进一步思考，揭示H^+是酸性溶液共有的。

[学生] 设计实验证明：氯化钠溶液不能使石蕊试液变红，所以是H^+的作用。

[投影] 那么碱为什么都能使石蕊试液变蓝，使酚酞试液变红呢？

这是C类问题。通过该问题引发学生进一步思考，揭示OH^-是碱性溶液共有的。

[投影] 酸中H^+使石蕊试液变红。碱中OH^-使石蕊试液变蓝，使酚酞试液变红。酸、碱等物质在溶于水时可以产生自由移动的离子，这一过程被称为电离。

在电离时产生的阳离子全都是氢离子的化合物称为酸，在电离时产生的阴离子全都是氢氧根离子的化合物称为碱。

[老师] 你们学到了什么？

[学生] 回顾自己学到的知识、获得的能力、得到的体会。

[教学评价] 通过让学生谈收获和做随堂检测，帮助学生自我反馈问题解决的情况。

“以问题解决为核心”的化学课堂教学是开放性与启发性的教学，“问题解决”方法的实施，一定程度上取决于教育者的教育理念和教学水平。教师是开放型、创新型人才培养的实施者，而每个学生身上都有巨大的创造潜能，要将这种潜能发掘出来，变成现实的创造力，需要教师的艰辛劳动和积极探究。教师应该是创造性的模范，其自身应具备创新精神及创新能力，能够随机应变地开展各种教学教育活动，能够富有创意，能够鼓励和引导学生努力钻研、勇于探索，这样才能培养出创新型的人才。为了培养创新型人才，要求教师必须树立"人人都有创造力"的观念，教师要留给学生思考的空间，应鼓励学生多提问题、共同探讨，对提出问题的学生加以表扬，让学生有成就感，增强学习的积极性和主动性。总之，只要积极主动地参与探究和实践，就一定有收获和提高。

第五节　学习活动的设计与实施

新课程标准倡导"自主、合作、探究"的学习方式，教学中学习活动的设计和学习方式的选择是课堂教学高效性的核心。心理学家皮亚杰认为：教育的宗旨不在于把尽可能多的东西教给学生，取得尽可能大的效果，而在于教给学生怎样学习、创新、发展自己的学习方法。新课程标准倡导"自主、合作、探究"的学习方式，目的是催生一种"从学出发、以学为本、向学回归"的生本式教学理论，推进"教学论"向"学本论"的转变。学习活动的设计与学习方式的选择是影响课堂教学高效性的核心因素。

一、学习活动设计存在的问题

1.教学理念滞后

"穿新鞋走老路"的问题依然存在，"以教师为中心、以教材为中心、以教室为中心"的教学思想依旧存在，过分强调教师的主导作用而忽视学生学习的能动作用，不敢放权于学生，越俎代庖，高投入、低产出。

2.过分强调"学本"

从过分关注"师本"转向另一个极端——过分强调"学本"，即过分强调学生的主体作用，对教师的主导作用关注不够；在学习方式的选择上不考虑学科知识的特点和学生的学习能力，过分追求自主、合作、探究学习，而彻底否定传统的讲授式、启发式、演绎归纳式等方式的优势，看起来表面热热闹闹，其实无实效。

3.缺乏内涵

学习活动的设计缺乏有效的问题、有效的策略、有效的评价手段支撑，仅仅停留在表面而缺乏实质性内涵。自主学习缺乏学习的任务、解决的手段、反馈评价的措施，认为让学生读读课文、看看书就是自主学习；合作学习小组组建随意，缺乏实质合作，学生参与度不均衡，评价过于关注整体学习结果而缺乏个体差异性评价；探究性学习被标签化，缺乏值得探究的有效问题，缺乏科学的探究方法和手段，缺乏探究过程的体验。

二、解决策略

1.树立“为学而教”的教育理念

树立民主平等、教学相长的师生关系，建立以学生为中心的学习模式，倡导对话教学法、融合教学法、故事教学法、交往教学法、合作教学法等教学策略，加强教师与学生之间、学生与学生之间的平等、多向、活动的教学对话，变少数学生被动的参与为全体学生的共同发展；要切实落实“双主”（主导、主体）的教学策略，让教学成为引起学生能动学习和有效学习的条件和手段，而不是教学过程的目的或本体的过程；正确地处理好讲与不讲、多讲与少讲、精讲与精练的关系，逐步减少学习活动的外部控制，增加学生学习的自我控制过程。

2.学习方式的选择要突出实效性，避免形式化

学习方式的选择要紧扣学习内容，考虑学生的学习能力状况，实现自主学习、合作学习、探究性学习、接受式学习、研究性学习、参与式学习、实践性学习等学习方式的有效整合。

（1）自主学习的选择

自主学习的选择要突出学习的主体参与性、独立性、能动性、自控性，可以按下列三个阶段构建：计划任务（自我动机、任务分析）—行为调控（自我观察、过程控制）—自我反思（自我判断、结果反应）。要围绕“学什么—为什么学—如何学—何时学—在哪儿学—学得怎么样”这样一条暗线设计并组织实施。在学习场域中把学生的学习时间权、主动权、体验权、话语权、评价权还于学生，让学生在自主整理、分析加工信息的过程中获得知识、提升能力。

（2）合作学习的选择

合作学习的选择要突出问题性、过程性、开放性、交往性、互动性、分享性，通过“问题同向、多维互动”，让学生个体与个体之间、个体与小组之间、小组与小组之间的不同观点、见解、方法、分工在问题解决或任务完成过程中相互融合，让学生之间构成一种尊重差异、自由表达、相互沟通、共同发展的学习共同体，让学生在思维激荡、智慧分享、讨论协商中形成团队协作意识。

（3）探究性学习活动的设计

让学生亲历科学的探究过程，体验科学的探究过程与方法，使学生在知识与技能、过程与方法、情感态度与价值观等方面都得到发展和提升。探究性学习活动的设计要突出以下四个要素：

①要提出有探究价值的问题。探究点的选取要紧紧围绕教学目标、紧扣教学的重难点，要控制好探究内容与方法的深广度，要体现探究性、生活性、情境性、启发性、开放性、自主性、量力性等特征。

②要突出“提出问题—猜想与假设—制订计划—实践探究—收集证据—形成结论—

反思评价”的科学探究过程，渗透科学的探究方法。

③要做好探究方案的预设，给学生提供解决问题的有效支架，提供科学探究的策略、方法、手段，为探究活动的实施做好铺垫。

④要有可靠的探究结论，做好探究后的反思、交流与评价，让学生能够反思探究过程、提炼探究方法。探究性学习活动的形式主要有以教师指导为主的探究活动、以合作探究为主的探究活动和以自主实践探究为主的探究活动，可根据学情的需要有机地选择。

【案例】在必修2“钠的重要化合物”的学习中，教师可以“滴水穿石”中所蕴含的哲学原理和化学原理为切入点创设教学情境，以已有的学习经验（碳酸钙和碳酸氢钙的学习）为生长点，从物质分类的角度预测碳酸钠和碳酸氢钠的化学性质，设计实验方案，让学生进行小组讨论交流，优化精选出以下三个问题进行实验探究：相同质量的碳酸钠和碳酸氢钠与足量的稀盐酸反应，谁放出的气体多？向相同物质的量浓度的碳酸钠和碳酸氢钠溶液中加入相同浓度的稀盐酸，谁的反应快？为什么？设计实验探究碳酸钠和碳酸氢钠的稳定性。教师可根据学生交流讨论的结果选择最优的实验方案，提供实验探究的支架——必需的实验探究仪器、试剂，让学生小组合作探究，观察现象，得出结论，展示交流。然后在小组合作讨论中，通过“如何鉴别碳酸钠溶液和碳酸氢钠溶液？如何除去碳酸氢钠溶液中的碳酸钠？如何除去碳酸钠溶液中的碳酸氢钠?”这三个问题总结碳酸钠和碳酸氢钠的转化关系。再通过化学史料呈现“侯氏制碱法”的艰辛历程、应用价值和蕴含的人文精神。这样的教学设计不但通过小组合作学习探究了碳酸钠和碳酸氢钠的核心性质和转化关系，而且通过“提出问题——设计实验方案——实验探究——收集处理信息——得出结论——反思交流”过程落实了科学探究的方法，给学生提供了合作、交流、体验、分享的机会，落实了学习方式的转变。化学史料的利用对立德树人、社会主义核心价值观的教育起到了很好的促进，使学生在知、情、意、行等方面和谐发展，有效地落实了三维目标，实现了高效学习。

3.利用多媒体、互联网资源教学

利用多媒体、互联网的浏览功能、检索功能、阅读功能、共享功能，使多媒体学习、网上自主学习成为学习的主流和发展方向，拓宽学生学习的时间和空间。

4.正确把握教师和学生的角色，体现主导与主体作用的和谐统一

课堂教学中，教师要做学生学习兴趣和求知欲的激发者，学习活动的组织者、参与者、合作者，学生思维发展的引导者、思维障碍的点拨者，学习活动和结果的评价者，要让学生敢于提出问题，能够积极地思考和探究、积极地交流表达和反思，愉悦地在读中学、玩中学、做中学、听中学、思中学、合中学，从而促进学生科学素养全面、和谐地发展。

三、教学方式与学习方式的设计策略

1.讲授式教学活动的设计

讲授式教学主要适用于封闭型课程（即学科课程）的课堂教学，适用于系统知识和技能的传授、学习，要求在一定的教学时间范围内向学生传授大容量的知识和技能。我国曾经流行的、现在仍在不少学校实践着的讲授式课堂过程组织以苏联教育家凯洛夫《教育学》中的教学论思想为基础，讲授式教学过程分为组织上课、检查复习、讲授新教材、巩固新教材和布置课外作业五个步骤。随着认知科学，特别是信息加工心理学的革命性发展，加涅建构了学习的信息加工模型，皮连生提出了“六步三段两分支”的课堂教学过程模式，讲授式课堂过程组织设计如图3-3所示。

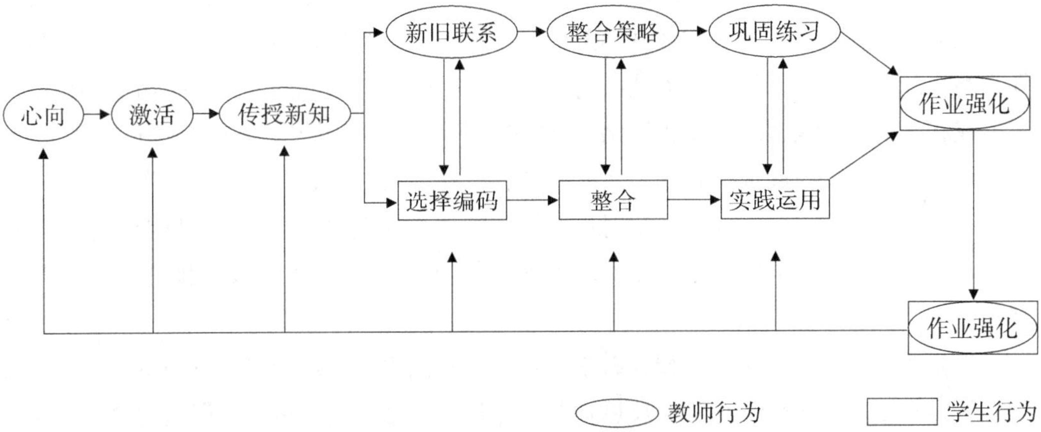

图3-3　讲授式教学课堂流程

2.讲授式课堂过程的组织策略

①教师必须采取合适的方法、手段引起学生的注意，激发学生学习的动机与兴趣，告知学生学习目标，引发学生对学习的预期与心向。利用多媒体或实物、真实事件给学生以生动、形象、新鲜的刺激，利用先行组织者使学生初步了解新旧知识之间的联系，联系学生生活实践造成学生的认知冲突与失调，是这一阶段通常采用的做法。

②引发学生一定的学习心向后，教师必须从学习目标出发，依逻辑关系一步步推导出达成新的学习目标所必需的前提性知识。由此，激活学生头脑中已有的知识，对掌握前提性知识的情况进行检查、复习、诊断，如果学生已理解、掌握并能有效地运用原有知识，那么教师可引导学生进入新知识的学习；反之，则必须及时对学习新知识所必需的前提性知识进行必要的补救性教学。

③在顺利激活学生头脑中已有知识的基础上，教师要及时引导学生进入新知识的学习。在传授新知识时，教师既不能照本宣科，也不能离题万里，而是要将学习的内容、

任务整合成易于被学生所理解的、有组织的知识结构，把这些知识与学生生活实际、现代社会和高科技发展等紧密结合，并根据具体情况选择恰当的教学方法，以适当的方式呈现、讲授给学生。教师讲授是这一阶段的核心，但为了提高教学有效性，讲授常常辅以必要的知识呈现方式、及时练习或学生的阅读理解活动。

④新知识传授完毕后，教师的讲授和学生的接受进入并存共进的学与教互动的阶段。对于教师来说，这一阶段的任务是：把新知识与学生头脑中的已有知识进行更深入的比较，阐明新旧知识的联系，促进学生对新知识的选择编码，从而促成学生对新知识的理解；教给学生必要的知识整合技能、学习策略，使学生在感知、理解教材新知识与原有知识联系的基础上，整合新旧知识，建构起新的知识网络或完善原有的知识网络；通过一定量高质量的多种变式的巩固练习，对学生头脑中重组或完善过的知识结构进行强化、检验，促使学生能把学习到的知识迁移应用到新情境中去；通过反馈，及时纠正、调节学生编码、整合方式或认知上的错误或偏向。当然，不同的知识类型，其新旧知识整合的途径、巩固练习的方式会有所不同。如陈述性知识的整合可按新旧知识本质相似或相异的程度构建新的知识网络，通过复述、列表、画图等方式进行巩固练习；而程序性知识则可按时间或动作的先后顺序整合、建构新的知识网络，通过操作性练习进行知识巩固。为了进一步加深学生对所学知识和技能的理解，使知识和技能的掌握能在学生心理上产生更持续巩固的后效，教师必须以一定的作业形式安排学生课外学习活动。

⑤作业布置并不意味着讲授式教学的结束，新课程标准理念指导下的讲授式教学必须有教师和学生的评价、总结、反思环节。评价、总结、反思可以在课堂内进行，也可以在课后进行。学生需要反思的可以是：这节课我学到了什么？还有哪些不够清楚？我头脑中的知识结构图是怎样的？我的学习策略运用得怎样，还可以有哪些改进？老师的教学还可以怎样改进？教师需要反思的可以有：这节课是否有效达成了教学目标？学生通过学习学到了什么？哪些做得较好，哪些做得不够？教学策略应用得是否恰当？对学生学习策略的点拨做得是否成功？怎样可以使教学更好？评价、总结、反思，可以为新一轮的讲授提供有益的借鉴和启迪。除了讲授过程暂告一段后的评价、总结、反思，教师还要把评价、总结、反思应用到整个讲授式教学过程中，即对讲授式教学进行过程评价，根据评价结果及时调整讲授式教学进度。

⑥讲授式教学要求教师做到：讲授内容具有科学性、思想性，观点正确，概念准确，融科学精神与人文素养教育于一体；讲授有系统性，条理清楚，层次分明，重点突出，遵循学生认知规律；语言清晰、鲜明、简练、准确、生动，尽量做到深入浅出、语速适度；合理安排教与学的时间，适时调节教学进度；防止“满堂灌”的注入式教学，提高提问的引导艺术，不断激发学生思维；搞好课堂监控与管理，为教学顺利进行提供保证。

讲授式教学的教学逻辑的优点在于，可以在较短时间内提供给学生较大的知识信息量，课堂容易掌握，学生不需要大量背景知识与科学思维方式的准备，知识组织系统性较好，教师容易将学习热情传递给学生，学生更容易理解理论与研究结果是怎样同实际问题联系起来的。因此，对于一些认知层次不高、结构清楚、教师容易表达的陈述性知识，教师不需要花费过多时间进行探究，好的讲授式教学也能产生高的教学效率。

【案例】在盐的讲授教学中，以烧开水的壶和家里的水瓶用久了都会在瓶内壁出现白色的厚厚的水垢为教学情境，在情境问题解决中达到对知识目标的掌握。

［问题1］这些水垢的成分是什么？为什么会产生这些水垢呢？

［问题2］要怎么来清除这些水垢？从化学的角度思考解决的办法。

［问题3］如果让你从厨房现有的东西中来寻找，你觉得什么可以用来清除水垢呢？这个方法还可以用在家庭生活中的哪个方面呢？

首先通过问题启发学生思考水垢的产生原因和水垢的成分，然后引导学生思考化学的解决办法，最后让学生从厨房用品中寻找解决办法，并将这个方法加以推广。

【案例评析】教师通过创设实际的问题情境，将情境作为讲授的线索，把主要的知识内容渗透于情境之中，引导启发学生沿着问题线索进行质疑思索，激发学生的认知冲突，达到激活课堂气氛、激发学生兴趣、建立知识学习的意义与价值、调动学习的内驱力等作用。

3.自主学习活动的设计

自主学习是指在整个学习活动中，学习者充分发挥主体能动性，相对独立地积极建构知识，并不断调控自己的学习进程和学习状态的一种学习方式。它包括：在学习活动之前，学习者根据自身特点选择和确定学习目标、制订学习计划；在学习过程中，对自己的学习进程和学习状态进行监控、调节和修正；在任务结束后，对学习效果进行反思、总结和评价。具有主动性、相对独立性、反思性、自我建构性、创新性的特征。

（1）强化问题意识，确立自学目标

自主学习的标志之一就是学生能够自主地确立学习目标。一方面，教学内容应呈现出一种造成问题的情境、说法、事例，以及布置要解决的、有疑惑的任务，穿插一些联系学生实际经验的、发人深思的问题，以引发学生产生问题，促进学生思考和探究；另一方面，应让学生走进生活，在生活中直接产生问题、发现问题，并努力思考如何解决问题，激发学生围绕某个专题去读书、去思考、去行动、去合作、去探究，让学生想问、敢问、善问，培养他们的问题意识，使学生确立“我是学习的主人而非奴隶”的观念，勇于鼓励怀疑和批判，在批判和怀疑中发现问题、提出问题。

（2）调动自学兴趣，保障自学动力

兴趣是最好的老师。首先，在教育教学中，教师要注重启发与诱导，善于运用发现法、情境法、暗示法、讨论法、点拨法等教学方法，通过先进的教学媒体激发学生的兴趣，有意识地把这种兴趣转化为对知识的强烈探究欲望，让学生自己动脑、动手。其次，要使师生关系融洽。在学生的自主学习中，即使出现失误，教师也应宽容大度，肯定学生勇于探索、勇于实践的勇气和态度，对其获得成功的部分，哪怕是极微小的创造性，也应加以充分肯定和激励，充分发挥学生的主动性和创造性。例如，在学习过氧化钠的化学性质时，利用水和过氧化钠设计“滴水着火”“吹气着火”的实验，由于实验结果与日常生活经验相矛盾，因此这个“反常态”的实验现象能引起学生极大的兴趣，使他们的思维处于特别主动的状态下。在这样的情境中开展教学活动，就能收到不同凡响的教学效果。

（3）放手自主学习，形成自学氛围

自主学习注重知识的综合，注重创造性的劳动，注重否定与批判，注重借鉴与超越。学生只有自己动脑去思考，才能真正理解所学知识，才能促进思维的发展、智力的开发。在教学中，尽量让学生自己去表述，促进其积极地、自觉地开动脑筋，思考问题，发展智力。教师要及时地了解学生的学习情况，发现问题，在有限的45分钟里做到有的放矢，提高教学质量。

（4）挖掘教材中的材料，培养自主学习品质

在教学中，教师应充分挖掘教材中的材料，创设情境，引导学生发挥想象力，促进学生不断探索，主动发展。

（5）授予科学的学习方法，指导学生学会学习

在教学中，为切实培养学生自主学习、充分发挥“学案”功能，大力倡导“四先四后”的学习方法：先预习后听课，先复习后作业，先理解后记忆，先做题后归类。

①课前主动预习。有专家统计，课前预习一个小时的学习效果，相当于课后复习四个小时的学习效果。在预习中，通过自学学案，明确学习目标，把握重点、难点、疑点；同时复习和巩固相关的旧知识，围绕思考题自学，认真思考解决问题的思路和方法。这样，学生就能把注意力集中到对问题的理解和深化上，带着问题走进课堂，为上好新课打下了良好的基础。

②课内自主学习。在课堂上，教师组织学生讨论学案中的有关问题，对一些简单、易懂的内容可一带而过；对学案中教师精心设计的几个有层次的问题，由浅入深，引导学生自主学习、解决问题，激发学生的求知欲。孔子说：“不愤不启，不悱不发。”当学生在回答问题上遇到障碍或回答问题不尽如人意时，教师再作适当的点拨和补充；在整个学案教学的课堂上，学生在思考问题的同时，还应及时有效地将所获得的结论记录在学案的空白处。

③课后及时复习，再完成作业。记忆与遗忘的时间之间是有规律的，德国心理学家艾宾浩斯通过研究得出一个结论：记住知识后，一小时就遗忘了55.8%；八小时就遗忘了64.2%；一天就遗忘了66.3%；六天遗忘了74.6%；一个月遗忘了78.9%……遵循先快后慢的规律。所以，当天学习的知识，必须及时复习；第二次复习放在第一天后；第三次复习放在第二次复习的一周后；第四次复习放在第三次复习的一个月后。因此，课后要及时复习当天学习的内容，回忆上课内容，反复琢磨，归纳整理笔记，总结规律，然

后完成课后作业。每周自主归纳，每月系统小结，做到温故而知新、学而时习之。在这个过程中，学生完全处于主动的地位。

4.合作学习活动的设计

（1）合作学习内涵

合作学习是指促进学生在异质小组中彼此互助，共同完成学习，并以小组总体表现为奖励依据的教学理论与策略体系。其特征如下：

①异质分组，追求学生之间的互动与合作；

②通过角色、资源等的分配，让学生承担起个人责任并相互依赖；

③通过交往训练，培养学生的合作意识和社交技能；

④教师参与合作过程，建立新型的师生关系；

⑤不求人人成功，但求人人进步。

（2）合作学习的教学设计策略

①陈述教学目标 。合作学习的教学目标主要有两类：一类是学术目标，主要指与学生认知发展有关的目标；另一类是技能目标，是与学生的技能发展相联系的一系列目标，合作技能就是其重要内容之一。教师在课前应当详细表明这两种教学目标。

②进行科学分组。按照“组内异质、组间同质”的原则，将学生分成学习小组。对于小组的大小，教师要预先确定。开始时，小组人数应限制在2～3人之间。随着小组成员获得了越来越复杂的合作技能，小组规模可以逐渐扩大。

③分配角色。除了学习责任外，每个小组成员还必须承担帮助小组有效活动的责任，这些角色有总结者、联络员、记录员、鼓励者、观察者等。教师需要依据成员的性格特征及特长，适当分配成员的角色。

④座位安排。合作学习的学习环境与传统教学的区别较大，它不像传统教学那样按“稻田”型布置教室，而是要求教学环境从满足多向交流信息的需要出发，改为“T”型、“马蹄”型或“田字格”型。这样不仅缩短了学生间的空间距离，利于学生交流，更重要的是，这是一种合作学习空间，是一种开放式学习群体空间，使学生能够在融洽的气氛中交流思想和进行有效的学习。各小组之间还应保持一定的距离，以免影响相互之间的学习。

⑤设计材料。教学材料的安排必须考虑有效的学业学习，以及小组成员之间良好而积极的互赖、互动关系，也就是说，必须使学习材料具有合作性，确保每一位小组成员都能介入小组活动。

⑥解释学术任务。教师要向学生清楚地解释要学习的概念、原理、技能等，并使之与学生过去的学习经验相连接，最大程度地实现学习的迁移和保持；同时向学生提出问题，检查学生的理解程度。

⑦明确成功的标准。教师在课程开始时，就应明确地告知学生成功的标准是什么。合作学习的评价是标准参照评价，是每位学生的表现与期望的学习结果相比，而不是与

其他同学相对照。教师可因人而异，为不同的学生分别设定标准，学习的期望应当具有挑战性和可能性，以维持学生学习的动机。

⑧进行追踪与指导。教师可自己观察或指派各组的记录员记录合作学习情况，通过观察或记录的学生之间的互动，了解学生的学业是否有进步，是否能恰当地运用人际交往和小组活动的技能。根据这些观察，教师便可有的放矢地介入学生的合作活动中，帮助他们提高学业成绩和人际技能。

（3）合作学习活动的组织设计

合作学习的组织流程见图3-4。

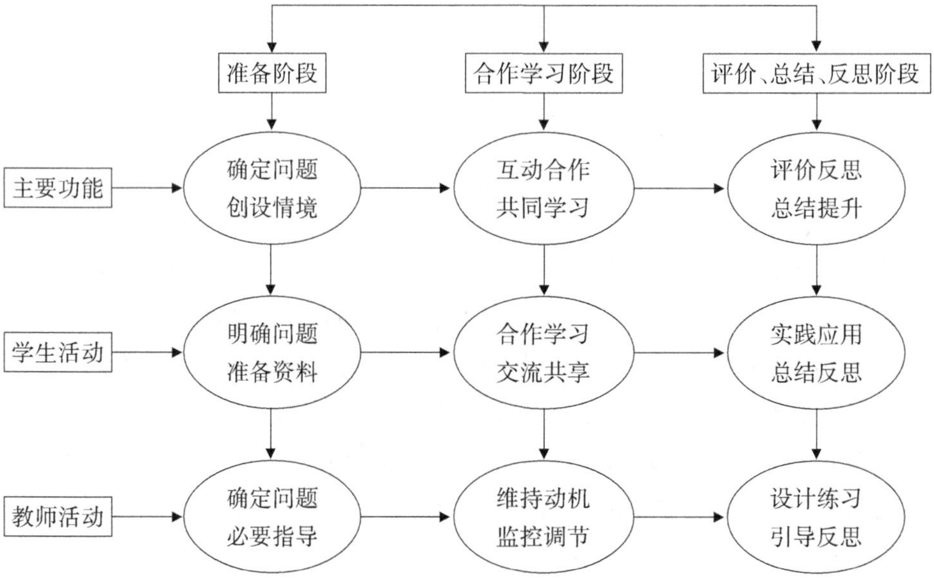

图3-4　合作学习的组织流程

①准备阶段。有的教师不重视合作学习的准备，认为合作学习不过是一种“教师讲解+学生讨论”的学习形式而已，这是错误的。实践证明，要组织好合作学习活动，就要对合作学习做充分准备。合作学习准备阶段的关键是要在创造必要条件的基础上创设合适的合作学习情境。为此，教师要培育适宜合作学习的物理环境和心理环境，让学生在师生平等、信任、尊重的环境里体验合作学习的成功与乐趣；要培养学生合作学习的技能，如人际交往技能、表达技能、查阅和整理资料技能等；要把握合作学习时机，确定合作学习的问题（如仅靠个人思考或操作不全面，需要共享资源时；学生独立思考出现问题时；学生之间意见不统一出现争议时；学习任务不便分解时；重点、难点、疑点的学习内容）；提出的问题应有一定挑战性，要以学生明白易懂的方式呈现；要对学生提出必须首先独立思考的要求。

②合作学习阶段。合作学习阶段，学生进行小组合作学习活动，教师的主要职责是在巡视中解决学生合作学习中遇到的困惑，对学生给予鼓励、支持和启发，做好课堂监

控与问题的处理，引导合作学习由一个阶段适时转到另一阶段，引导学习小组之间的合作与交流，根据具体学习阶段的具体要求动态调节合作学习小组，督促学生，保证合作学习的效率和质量。这一阶段教师要激发和维持学生合作学习的内在动机，使学生始终保持良好的合作学习心理状态，不断体验成功，增强自我效能感；要对学生的合作学习活动进行形成性评价，注意防止“优生一言堂”“学生一提问题教师马上回答”等现象的出现；要促成包括师生互动合作、小组成员互动合作、小组之间互动合作、这一小组成员与另一小组成员互动合作等多项互动机制的建立；要运用一定的合作学习教学策略。合作学习常见的几种教学策略如下：

学生协同成就分阵学习。简称STAD，是典型的合作教学，指将学生分成若干彼此大致相当的异质组，各组进行合作学习，到一定时间各组以小组为单位进行组间评价比赛。具体做法是以学生过去的成绩为基准，最优的与最优的比，次好的与次好的比，差的与差的比，构成不同的分阵，每个人的进步成绩可为其所属团体加分。

团体研究。将教学内容分为若干主题，并将全班分成相应的几个小组分别负责这些主题，每一个小组合作研究自己的学习主题一段时间后，派出小组成员向全班报告，而学生成绩的判定是根据小组报告和其他相关的团体表现给出的。这种方法强调的是分工合作与共同分享团体努力的结果。

拼图式教学。将所学内容分为若干小题，全班学生分组，每组人数比内容所包含的小题数多一个，每个小组的每个人负责一个小题，另有一人候补，以备有人缺席，负责相同小题的各组代表先成立“专家组”，共同研究该小题至精熟，然后带回自己的组，与本组其他成员共享。

③评价、总结、反思阶段。当合作学习活动接近尾声时，有些教师习惯在匆忙中迅速结束合作学习活动。这样做不但会使这一堂课的合作学习不能达到预期目的，而且会产生持续的不良后效，学生自然会把合作学习看成形式，在以后的合作学习中不会有太多热情，这次所犯的错误下次仍可能犯。必须重视合作学习活动的评价、总结、反思，做到“两结合、两侧重”，即过程评价与结果评价相结合，侧重合作过程的评价；小组评价与个人评价相结合，侧重小组评价。小组评价的内容主要有小组成员差异性和互补性、小组分工合理性、小组成员组合方式、小组成员活动参与度、小组成员交流状况、小组成员互动程度、小组成员合作学习目标达成程度等。个人评价主要包括小组成员对小组任务的态度、小组成员执行合作学习任务的情况及其完成情况、小组成员在合作学习中的表现、小组成员如何与同伴互助合作、小组成员对小组学习任务的贡献、小组成员是否有创新等。评价内容与评价方法都应该具有多样性，如评价要注意认知、情感、体验等目标的达成，既要重视成绩，又不忽视问题，既要注意表现积极的学生，又要注意表现不那么积极的学生，可采取教师评学生、组长评组员、组员评组长、学生自评、学生互评等多种评价方法。经过评价、总结、反思，可获得新一轮合作学习的启发。

5.探究性学习活动的设计

（1）探究性学习的含义

探究性学习是指学生通过自主参与获得知识的过程，从中掌握探究能力，形成探索未知世界的积极态度，培养创新精神，提高实践能力、科学素质和自主学习的能力，促进个性的全面发展，为终身发展奠定基础。教师在学习过程中给学生提供引导和帮助，和学生互助合作，共同提高。探究性学习是集启发式、问题讨论式、实验探究等教法于一体，师生共同探讨解决问题的一种教学模式。具有自主性、过程性、实践性、创新性、合作性、体验性等基本特征。

（2）探究性教学的设计原则

①适应性原则。探究性教学有其适用范围，在进行探究性课堂组织设计时，必须坚持适应性原则，对适宜探究的问题才运用探究性教学，探究性教学的类型必须有选择性，探究性课堂组织必须符合学科性质、学生特点、学生能力水平、学习内容等。

②渐进性原则。学生的探究水平会随探究活动的进行而动态发展，在组织探究性课堂教学时，教师可根据学生的实际从恰当的水平做起，循序渐进，促成学生探究水平的提高。靳玉乐把探究按水平高低分为五级，如表3-2所示。

表3-2　不同的探究教学水平

水平	形成问题	建立假设	制订研究方案	检验假设	作结论
水平1	教师	教师	教师	学生	教师
水平2	教师	教师	教师	学生	学生
水平3	教师	教师	学生	学生	学生
水平4	教师	学生	学生	学生	学生
水平5	学生	学生	学生	学生	学生

③学生主体原则。探究学习是学生主动参与的学习活动，强调学生的主体性是探究性教学课堂组织的应有之义。坚持学生主体原则，就是要尊重学生，倾听学生存在的问题，调动学生参与探究活动的积极性，既注意学生整体发展，又关注个别差异。

④问题有效性原则。探究活动的起点在于有效的问题。有效的问题具备如下特征：对学生来说，具有一定的难度和挑战性；紧跟时代步伐，从学生生活实际出发；问题的提出方式及问题内容能激发学生的兴趣。

⑤与现代信息技术相结合的原则。把探究学习与现代信息技术（如多媒体、互联网）相结合既是时代的要求，又可更好地促成学生的探究学习。比如，学生可从网上寻找探究学习所需的资料，可运用某些软件对数据进行处理。

⑥以形成性评价为主的原则。探究性教学是注重学生学习过程的教学，探究性课堂组织设计时应以形成性评价为主。比如，运用档案袋方法评价学生在探究活动中是否积极、对问题理解的把握程度等。

（3）探究性学习过程的设计策略

探究性学习是一种开放的教学模式，包括以下五个重要的因素：第一，把学习问题转化为“可探究的课题”；第二，创设探讨的情境或环境；第三，激励学习者运用可能的途径去搜集有关信息，并制订探究的计划和探究的假设；第四，通过实证的或推理的方式完成“可探究的课题”；第五，进行探究结果和探究经验的交流。探究性课堂的设计流程可归纳为图3-5。

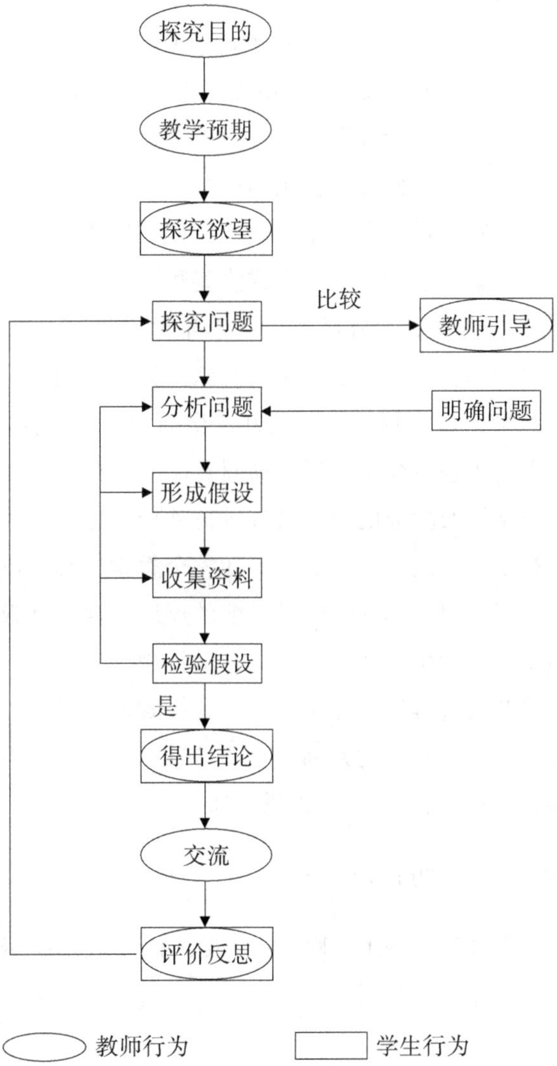

图3-5 探究性课堂的设计流程

探究性课堂过程组织设计的第一步是激发学生的问题意识。为此，教师必须明确探究目的，据此选择探究学习的类型和具体形式，产生教学预期，在此基础上，设计问题情境，激发学生的兴趣、好奇心和求知欲。比较通行的做法是向学生展示相互矛盾、令人困惑的事件，使学生产生认知冲突。

第二步是确定问题、形成假设。问题的提出通常有两种方式：一是呈现型，指问题由教师直接给出；二是发现型，指问题由学生在教师启发下提出或自己提出。既然是探究性学习，问题就主要应由学生自己通过对问题情境的比较分析提出。对学生提出的问题，教师要采取民主的方式进行监控，如果提出的问题抓住了问题情境的实质，就直接进入下一步，即分析问题并在此基础上形成假设；反之，教师就要引导学生明确问题。确定问题之后就要形成假设，所谓假设，就是根据不多的事实材料，运用已有的知识，充分发挥想象力和创造力，对事物的本质和规律提出的一种初步设想。为了有效形成假设，教师必须确保所有学生对所要解决的问题都有较深入的认识与理解，运用“头脑风暴法”集思广益；应作为倾听者鼓励学生自由思考、大胆设想。

第三步是收集资料、检验假设、作出结论并交流。探究性活动很关键的一点是，学生自己探究能产生比教师讲授更强的学习动机。假设形成后，学生要采取网上查询、文献查阅、实地调查、观察、访问等多种方式收集相关资料。在整合资料的基础上对假设进行检验，如果验证了假设，教师就可引导学生作出结论并交流；反之，则需要倒回去，要么重新分析问题的合理性，要么重新判断假设的有效性，要么重新检查资料的收集情况。资料的整合应遵循目标性、价值性、全面性、准确性等原则，按资料的内容、性质和论证假设的需要等进行分类，形成简明有序的信息结构。

第四步是对探究结果及探究的整个过程进行评价反思。评价反思是探究性教学的最后阶段，它不单是教学经验的总结，更是伴随整个教学过程的监控调节活动。根据评价反思的时间不同，可将反思分为探究性教学前的反思、探究性教学中的反思、探究性教学后的反思。教师要建立师生、生生等多向互动机制，通过对话与交流，采取多种方式对探究性学习的结果及其过程进行评价反思，这样既可适时调控探究性学习（如探究问题提出后对问题是否真实、合理的判断，在此基础上决定是否进入分析问题、形成假设的阶段），又可为新一轮的探究性学习提供启迪。

【案例1】Fe^{2+}和Fe^{3+}的转化条件

任务：用铁粉、$FeCl_3$、$FeCl_2$、KSCN溶液、新制氯水探究Fe^{2+}和Fe^{3+}的转化条件（表3-3）。

表3-3　Fe^{2+}和Fe^{3+}转化条件的探究

过程	教学活动
发现问题	实验：在盛有少量$FeCl_2$溶液的试管中滴入数滴KSCN溶液（Fe^{2+}不能使KSCN溶液变血红色），再向混合液中加入一定量的新制氯水（如果能看血红色，证明产生了Fe^{3+}）。 现象：加入少量新制氯水时，并没有想象中的血红色，而是有一点点浅红色
建构假说	①SCN^-被之后加入的氯水反应掉（Cl_2的氧化性比SCN^-要强）； ②Fe^{2+}与SCN^-反应生成了一种难与氯水反应的物质（一点点浅红色）； ③上述两种反应可能在共同起作用
验证假说	①在上述浅红色混合液中加入了大量的KSCN溶液，结果还是没有出现血红色； ②查找数据：Fe^{2+}与SCN^-的反应资料，电极电势的变化
实验改进	①在盛有少量0.1 $mol·L^{-1}$ $FeCl_2$溶液的试管中滴入数滴KSCN溶液，没有血红色，证明无Fe^{3+}； ②再取少量0.1 $mol·L^{-1}$ $FeCl_2$溶液，先加入少量新制氯水，再滴入数滴KSCN溶液，出现血红色，证明氯水能将Fe^{2+}氧化成Fe^{3+}
探究反思	在实验中要注意试剂的加入顺序，顺序不同会导致结果不同。比如在检验SO_4^{2-}时，加入试剂的顺序应是HCl→ $BaCl_2$，出现白色沉淀，证明有SO_4^{2-}；如果顺序是$BaCl_2$→HCl，则出现的白色沉淀除$BaSO_4$外，还可能是AgCl、H_2SiO_3等

【案例2】胶体概念的形成

胶体概念的形成探究见表3-4。

表3-4　胶体概念的形成探究

过程	教学活动
创设情境	复习：对比已有的溶液与浊液知识，再对比是否透光，即观察泥浆浊液与$CuSO_4$溶液，用激光灯照射，发现溶液能透光，浊液不能透光。 深入：光是一种波，浊液颗粒大而光不能透过，溶液颗粒小能发生衍射透过
发现问题	实验：用激光灯照射氢氧化铁胶体（外表特征与溶液一样），发现有一条光亮的通路（学生的认识与原有认知发生冲突，无法同化，激起学生探究的欲望）
分析本质	演示：动画演示丁达尔现象（把学生的注意力从观察事物的表象引向观察事物的本质特征）。 深入：得出胶体颗粒的大小与光波长近似而发生散射
寻找证据	资料：可见光波长约10^{-7} m（100 nm级）。 阅读：阅读教材
归纳总结	比较：引导学生分析、比较上述各种分散系的现象的异同与本质原因。 抽象：抽象出它们的种种共性与异性，综合它们的性质。 表达：用语言加以表达，对胶体概念进行界定，关键是颗粒大小
拓展应用	分散系的分离，过滤与渗析

第六节 学习过程与结果的评价

《基础教育课程改革纲要（试行）》指出，“改变课程评价过分强调甄别和选拔的功能，发挥评价促进学生发展的功能”“建立促进学生全面发展的体系，评价不仅要关注学生的学业成绩，而且要发现和发展学生的潜能，发挥评价的教育功能，促进学生在原有水平上的发展”。

一、存在的问题

①理念滞后，评价内容单一，过分强调知识与技能的训练评价和纸笔测试，而忽视了过程、方法、情感、潜能的评价，过分强调应试教育，而忽视了素质教育，制约了学生全面发展。

②角色迷失的“假评价”，缺乏有效的激励性评价。对学生学习的成果只是简单肯定，使学生的独特理解和独特感悟没有机会得以体现，仅凭“你真棒”“向你学习”“你很聪明”等语句，或者教师竖起大拇指，或者用有节奏的掌声等简单评价。从表面上看教师已经关注了学生的情感，注重让学生享受到成功的快乐，整个课堂也显得异常热闹，但这样的课堂评价不是学生学习、感悟和建构知识的过程的真实评价，而是被教师强势牵引着的模式化的表演，是形式主义的“假评价”。

③过分强调整体评价而忽视个体差异性评价，缺乏学生的发展观。教师对学生的学习活动和结果评价一概而论、盖棺定论、一刀切，不关注学生学情的差异、个体的差异，缺乏用发展的眼光看待问题，使部分学生逐步边缘化。

二、解决策略

①评价的内容要多元化，评价的立足点要放在知识性、过程性、体验性、情感性上来。既要有对显性的知识与技能的理解巩固、反馈矫正的纸笔测试，更要有对新知识结构体系的自我建构；既要关注学习过程与方法的评价，更要关注科学的探究方法、学习策略的反思与提炼；既要突出知识与技能目标的达成，还要情感态度、价值观的迁移升华。把过程性评价与终结性评价、定性评价与定量评价有机结合，让评价成为课堂教学效果检测的有效手段，成为学生全面发展的助推器。

②要重视运用发展性评价策略，评价的出发点放在学生的基础、愿望、潜能上，用发展的眼光看待学生，赏识学生的闪光点。当学生有优秀的表现时，迅速作出中肯的“即时评价”，用激励性语言、迅速作出肯定激发学生的学习持续力；当学生表现欠佳时，做好充满期待的“延时性评价”，消除学生紧张的学习情绪，帮助其调整学习状态、扩展思路，实现再思考、再创造；当学生出现错误时，做好“包容性评价”，保护学生的学习热情，促使学生积极地参与到学习活动中去。

③要运用多元化的评价策略，激起学生持续的发展意识。学生是学习的主体，也是评价的主体。教师要通过“自我到形式的评价”，唤醒学生的自主学习意识；通过“小组协作式评价”，培养学生的合作学习意识；通过“个体内差式评价”，激发学生的持续发展意识；通过“表现性评价”，让学生全方位地展现自己；通过“成长记录”档案袋，留下学生闪光的足迹。

三、评价方法

现代评价理论认为，教育评价的价值判断，要尽可能利用可测量和不可测量的各种方法，来评定一定时段的教学效果，并对学生的学业发展状况作出完整的报告。每种技术手段都有一定的适用范围，常用的学业评价方法有：以客观题和主观题为主的纸笔学业成就测验评价法、表现性测验评价法（包括口头测验、辩论、实验技能观察与考试等）、行为评定量表评价法、同伴评定和轶事记录评价法、档案袋评价法等方法。

1.评价方法的多样化

（1）学生成长档案袋法

在课题研究过程中，每位参与研究的教师根据自己班级的实际情况，赋予档案袋不同内容的评价形式及功能。有的班级的档案袋中装有“三表”，即学生成长档案表、学生反省表、家长反馈意见表。学生成长档案表记录着学生自己学习进步情况和各方面获得的成绩，表后面附着说明这些情况的原始材料，如自己喜欢的作品、自己满意的测试卷子与成绩等；学生反省表记录着学生定期对自己前段的收获与不足作出的反思；家长反馈意见表记录着家长根据孩子的进步表现情况写出的反馈意见，家长及时与老师沟通信息，一般每月一次。也有的班级的档案袋中设有“赞赏卡”和“评价卡”两卡。“赞赏卡”记录着课堂内外老师与同学对自己赞赏的话语，一般由赞赏人记录，也可自己写出；“评价卡”记录着自己、同伴、老师对自己学习与表现的过程的评价情况。通过记录积累，学生留下了成长的痕迹，定期翻阅档案袋的材料，能对自己有一个正确、合理的评价，更加激起了学生的自信，使学生一步一步走向成功。

（2）鼓励评价法

鼓励评价法多见于日常的教学活动中，但也常常被运用于学生的阶段性、终结性的评价之中。

①从评价的形式上分，可分为口头评价和书面评价。口头评价是最常用的评价形式之一。教师不应该吝啬对学生的赞扬，懂得并适时地欣赏自己的学生是教师的高明之处。对一时有困难的学生，教师的鼓励也许是他闯过难关的“助推剂”。书面评价是具有诊断性的、结论性的评价，教师应慎之又慎，对于可塑性很大的小学生而言，应以鼓励为主。

②从评价的媒体上分，可分为语言评价和体态评价。语言评价，即口头评价。体态评价，即学生答对了问题，教师就走到学生的面前，面带微笑地摸一摸学生的脑袋；学生的课堂练习完成后，可摸一摸自己的鼻子、耳朵或脸蛋，以示愉快；同组同学共同完

成了任务就彼此握一握手，以示鼓励。

③从评价的指向上分，鼓励评价可以是教师对学生，也可以是学生对学生，甚至可以是学生自己对自己。比如，面对问题，能够暗示自己“我能行”“我可以试一试”等。再如，让小组学生互相问一问“这节课我棒吗？”“这节课我表现怎么样？”等，也可以让学生之间互相了解，增强彼此的自信心。

④从评价的时效上分，可分为即时评价和长效评价。即时评价是对学生的某一表现当场所作的评价。如果学生的表现突出，或此项意见有独创性，或此番表述对大家很有启发，或揭示了重要的规律，此时，为了取得长效评价的效果，教师可以采用“××方法”“××意见”的命名，使学生得到很大的鼓励，给大家都留下很深的印象。

（3）无级评价法

无级评价法的基本要点如下：

①取消用分数或等第来评价学生的做法，代之以“达到”“稍欠”“须努力”等暗示性的评价语言，使学生能从各个项目的判断中得到启发，明确自己的薄弱之处，进行有针对性的改进。既要引导学生横向比较，又要引导学生纵向比较，即自己和自己比，现在和过去比，启发学生回顾过去，找到前进的方向和动力。

②以己之长长己。“无级评价法”的做法之一就是让学生的特长也能在评价中有一席之地，既然是“无级”的，就可打破年级、学科的限制，鼓励学生在某一方面“冒尖”，而在另一方面则允许表现平平。

③为学生提供多次机会，只要学生自己愿意，可以反复申请进行评价，直到学生自己觉得满意为止。

2.评价主体的多样化

（1）教师评价

课堂最能体现学生学的情况和教师教的情况。通过课堂观察，教师要能及时地了解学生学习的情况，从而作出积极反馈，对正确的给予鼓励和强化，对错误的给予指导和矫正。在课堂实践中，逐渐探索出自己的化学课堂学生评价方法，并设计教师课堂观察检核表（表3-5），每月对学生评价一次。

表3-5 教师课堂观察检核表

项　　目	说　　明
观察学生知识技能的掌握情况	1＝参与有关的活动 2＝初步理解 3＝真正理解并掌握
观察学生是否认真（听讲、作业）	1＝认真 2＝一般 3＝不认真

续表3-5

项　　目	说　　明
观察学生是否积极（举手发言、提出问题并询问、讨论与交流、阅读课外读物）	1＝积极 2＝一般 3＝不积极
观察学生是否自信（提出和别人不同的问题、大胆尝试并表达自己想法）	1＝经常 2＝一般 3＝很少
观察学生是否善于与人合作（听别人意见、积极表达自己的意见）	1＝能 2＝一般 3＝很少
观察学生思维的条理性（能有条有理表达自己的意见、解决问题的过程清楚、做事有计划）	1＝强 2＝一般 3＝不足
观察学生思维的创造性 （用不同方法解决问题、独立思考）	1＝能 2＝一般 3＝很少

（2）家长评价

教师定期或不定期把一段时间内学生的在校情况及时反馈给家长，使家长了解孩子的表现，并及时调整自己对孩子的教育方式。同时，让家长把孩子在家的表现予以反馈（表3-6）。通过家长反馈表，教师也能更全面地了解学生在家的情况，并及时调整自己的教学思路。

表3-6　“看我这周的表现”

<table>
<tr><td>姓名</td><td></td><td>班级</td><td colspan="2"></td><td>周次</td><td></td></tr>
<tr><td>上课认真</td><td colspan="2">☆☆☆☆☆</td><td colspan="2">完成作业</td><td colspan="2">☆☆☆☆☆</td></tr>
<tr><td>与人合作</td><td colspan="2">☆☆☆☆☆</td><td colspan="2">活动中表现</td><td colspan="2">☆☆☆☆☆</td></tr>
<tr><td colspan="3">自我整体评价</td><td colspan="4"></td></tr>
<tr><td colspan="3">家长观察</td><td colspan="4">在孩子发生的变化或出现的情况前打√
（　　）喜欢和家长谈论自己的化学教师和同学。
（　　）常常向家长谈起自己在化学课堂上的表现。
（　　）乐于完成家庭作业。
（　　）能够自觉地或根据化学教师的要求进行预习和复习。</td></tr>
</table>

说明：表中涂星部分由同桌操作，“自我整体评价”由学生自己填写，“家长观察”部分由家长填写并签名。

（3）学生互评

学生的互评在课堂教学中应经常使用，比如教师在学生解答了一道化学题之后，可以让同学们评说一番正确与否、孰优孰劣（表3-7）。它强调与即时评价相结合，让学生评一评、说一说，学生在评价别人的过程中实际上也在自我提高。

表3-7 学习情况学生互评表

姓名：		是	不是
学习态度	他/她喜欢上化学课吗？		
	他/她总是按老师的要求做吗？		
	他/她上课认真吗？		
	他/她在小组活动中表现积极主动吗？		
	他/她总是很认真地完成作业吗？		
学习策略	他/她喜欢上化学课吗？		
	他/她在课后跟同学谈论化学吗？		
	在小组活动中，他/她经常主动提示其他同学吗？		
	他/她在学习中会想其他的解题方法吗？		
总评	很好，我要向他/她学习。		
	不错，我相信他/她还可以做得更好。		
	他/她需要努力，需要帮助。		

填表人　　　　填表日期

（4）自我评价

学生对照自己的努力目标比较自己达到的水平和程度，在教师的指导下用形象标识对自己的学习过程和结果作出判断（表3-8）。

表3-8 学生自我学习评价表

姓　名：	☆☆☆☆☆	☆☆☆☆	☆☆☆
自觉预习			
专心听讲			
提出合理、可行的问题解决方案			
积极思考			
积极查找相关学习资源			
上课大胆、踊跃发言			

3.评价指标的多元化

（1）平时作业的评价

可以分为四个对象对平时作业进行评价，分别是自我评价、小组评价、老师评价、家长评价。针对作业完成的质量进行评价时，自我评价可画笑脸、平静脸或哭脸；小组评价可用印星星标志（优秀3颗，良好2颗，一般1颗）；老师评价可分“优秀”“良好”“还需努力”；家长评价书写是否认真工整、是否经过认真思考、是否满意等。通过上述四个对象对学生的作业评价，就可以看出学生对待作业的态度和作业完成的质量。

（2）合作能力的评价

合作学习已成为化学教学中的一个重要组成部分。对学生在学习中合作能力的表现进行评价时，我们可设计如表3-9所示的评价表。

表3-9　合作能力评价表

姓名＿＿＿＿＿＿＿＿　班级＿＿＿＿＿＿＿＿

评价	是	不是
能否积极有效地完成小组分配的任务？		
在进行小组活动，表达想法和意见时，能否顾及别人的感情和知识面？		
能否积极帮助小组指出活动过程中的缺点并为之努力？		
在组内能否起到多种作用？		
跟小组中的成员合作是否愉快、顺利？		

说明：5个“是”为“优”，4个“是”为“良”，3个“是”为“合格”，否则为“不合格”。

（3）活动中学生表现的评价

在活动中对学生的表现进行评价，是比较可行的一种化学学业成绩的评价。针对这种情况，可设计如表3-10所示的评价表。

表3-10　活动中学生表现评价表

姓名＿＿＿＿＿＿＿＿　班级＿＿＿＿＿＿＿＿

活动表现	☆☆☆☆☆	☆☆☆☆	☆☆☆
学习态度			
创新精神			
自我约束能力			
想象能力			
分析、解决问题的能力			

设计这张表格的主要目的是在活动中对学生各方面的能力进行测评，主要通过课中、课间所设计出来的一些活动环节。在组织活动的同时，学生的自主性越强，活动的积极性就越高；反之，教师包办得越多，学生也就会越兴趣索然。因此在活动的过程中，我们必须放手让学生自己主动地参与，让其自然而然地表现出自己的各方面能力。

第七节 教学反思与实践

美国著名心理学家波斯纳提出：经验+反思=成长。反思是教师对教育教学实践的再认识、再思考的过程，教师不断对自己的教学行为和学生的学习行为进行反思、总结、升华提炼，有助于自己教学思想和教学风格的形成，有助于教师的经验转化为教学智慧。反思也是学生学会学习、高效学习的重要途径。

一、存在的问题

①教师有教学反思之形，无教学反思之神。教学反思更多的只是停留在宣传、点缀、作秀和应付上级检查的层面上，并没有真正重视并付诸实践，教学反思虚设、形式化。

②认识到了教学反思的意义和重要性，但不知道反思什么、怎样进行教学反思，找不到反思的切入点。还有的教师有反思的热情，但教育理论素养不够，很难从理论和实践两个方面真正把握教学反思的本质及规律，教学反思的深度和广度都不足，在教学反思中存在诸多的盲目性和随意性。

③重视教学反思，却忽视了学生学习过程、学习结果、学习策略、认知方法的反思，造成学生学习方式呆板、学习形式单一、学习效率低下。

二、解决策略

①重视教学反思。教师要通过对自己教学理念、教学行为、教学过程、学习方式、教学结果、实验方法等内容进行全面深入的审视、分析，反思自己教学的成功和机制、教学的失误，反思学生的学习过程，改进课堂教学策略，提升课堂教学能力。通过课前反思，进一步明确目标、选择好起点、检查预设方案；通过课堂反思，及时调控教学进程，既要全面落实好预设，也要捕捉利用生成资源；通过课后反思，提炼亮点、激发智慧。教学反思的重点内容涵盖教学情境预设及自我反思、课堂反思及生成、教学实践预期与现实反思。要通过自我提问法、行动研究法、对话反思法、比较研究法、案例分析法、反思札记法等途径做好教学反思，让自己的教学专业在反思中成长，实现与学生共同成长的愿景。

②要善于倾听其他教师的见解，经常邀请同行、名师、专家给自己的课堂教学“把

把脉”，也多观摩他们的课堂教学，领悟他们的教学思想，对照自己，扬长避短，丰富自己的教学策略，在学习建模的基础上，形成自主的教学风格，彰显自己的教学艺术，实现教学的优质高效。

③指导学生学会学习反思，养成反思性学习的习惯。建构主义认为，学习不是简单地接受别人输送的知识，而是通过主体有意义的活动实现知识的构建；知识的构建离不开学习过程中的反思，只有通过反思才能顿悟，通过顿悟才能将知识内化。要让学生能在原有知识水平的基础上，联系和比较相关联的知识，在横向和纵向上进行分析、归纳和总结，由表及里、由浅入深、循序渐进地进行学习，完善知识结构和体系。教学过程中，要指导学生学会在学习过程中反思自己的学习收获、学习的过程、认知方法、学习习惯，提高学生的认知方法和探究能力，升华学生的情感态度价值观，让学生学会在反思中成长、在成长中反思，确保学习优质高效。

三、教学反思的内容和方法

1.教学反思的内容

(1) 教学的成功之处

一堂成功的课，往往给人以自然、和谐、舒服的享受。每一位教师在教材处理、教学方法、学法指导等诸多方面都有自己的独特设计，在教学过程中都有闪光点。如能激发学生学习兴趣的精彩导语，在教学过程中对重难点知识创新的讲解，能激发学生参与学习的过渡语，对学生作出合理赞赏的评价语，教学过程中达到预先设计的教学目的、引起教学共振效应的做法；课堂教学中临时应变得当的措施；层次清楚、条理分明的板书；某些教学思想方法的渗透与应用的过程；教育学、心理学中一些基本原理使用的感触；教学方法上的改革与创新；等等。如能及时详细地记录下来，那么可为日后教学工作提供借鉴，有助于不断改进教学方法、提高教学能力。

(2) 教学的不足之处

课堂教学中有所得，也必定会有所失。在教学过程中，每节课总会有一些不尽如人意的地方，即使是成功的课堂教学也难免有疏漏失误之处，比如语言表达不当，教学内容处理不妥，教学方法处理不当，练习题层次不够、难易不当，板书设计没有突出重点，没有给学生思考的空间，小组自主学习流于形式，没有关注学生情感、态度、价值观的发展等，对于这些情况，教师课后要冷静思考，仔细分析学生冷场、不能很好掌握这方面知识的原因，然后对它们进行系统的回顾、梳理，作出深刻的反思、探究和剖析，并制定出日后的改进措施，以利于在日后的教学中不断提高、不断完善。

(3) 教学中精彩的片段和学生的独到见解

课堂教学中，教师往往会因为一些偶发的事件而产生瞬间灵感，如学生独特的见解、精彩的问答、创新的思维，这些“智慧的火花”常常是不由自主、突然而至，这些都是源于学生对历史的独特理解、学生精神世界的独特感受，是一种无比丰富的课程资源。若不及时利用课后反思去捕捉，便会因时过境迁而烟消云散，令人遗憾不已。因此，教师应当充分肯定学生在课堂上提出的一些独特的见解，这样不仅可使学生的好方法、好思路得以推广，而且对学生也是一种赞赏和激励。同时，这些难能可贵的见解也是对课堂教学的补充与完善，可以拓宽教师的教学思路，提高教师的教学水平。因此，将其记录下来，可以作为以后丰富教学的宝贵材料。

（4）课堂教学效果

学生的学习效果是教师最关注的问题，进行课后反思要做到“当堂思效”，即上完课后要对本课的教学效果作一个自我评价，比如分析学生哪些内容掌握得好，哪几部分有困难，哪些学生学得成功，还有多少学生需要指导等；同时，还要坚持“阶段思效”，即对一阶段的教学工作是否达到了预期的效果进行自我评价。

（5）教学的“再教设计”

一节课结束后，静心思考：摸索出了哪些教学规律，教法上有哪些创新，知识点上有什么发现，组织教学方面有何新招，解题的诸多误区有无突破，启迪是否得当，训练是否到位等。及时记下这些得失，并进行必要的归类与取舍，考虑一下再教这部分内容时应该如何做，写出“再教设计”，做到扬长避短、精益求精，从而把自己的教学水平提高到新的境界和高度。

（6）教材的创造性使用

新课程标准着眼于能力培养，不再只注重单纯的知识传授和政治教育功能，教学模式是以一个课题或一个话题为核心的，学生通过对相关历史资料及相关学科知识的自主探究和解析达成学习目标。因此，教师在教学中有必要打破现有的知识框架，以原有的历史知识为基础，重新整合，突破单一学科的束缚，补充相关的“非专业”知识，以形成新课程标准要求下的知识结构网络（即课题研究网络），最终达到优化课堂教学的目的。

（7）质量检测分析

每次考试后的质量分析，是对自己教学效果的一个最佳反思过程，通过分析，可以全面发现自己在教学中存在的问题，发现学生在学习过程中存在的问题；通过和其他教师交流、自我反思，提出今后在教学工作中的对策，可以大大提高教学效果。这样的反思在教学过程中应该是非常多见的，可教师们身上总存在着惰性，教师也需要督促者。笔者每次打开公共邮箱，总能看到年轻老师们写的大量的试卷分析，有对试卷特点的分析，有对各类题型失分点、失分原因、下一步解决对策的分析，字字中肯，切中要害。

（8）教学思想

教师的教学思想是指引教师正确教学的关键，把学生培养成什么样的人，是关系社会、国家和民族命运的问题，因此，作为传承人类文明的教师，要时刻反思自己的教学思想，要把自己的教学思想归并到党的教育方针政策上来，归并到有利于国家、民族的发展上来，要想到自己培养的是祖国的未来、民族的未来，责任重大，意义深远，所以教师要随时修正自己不正确的教育观念和教育思想。

2.教学反思的基本方法

（1）自我提问法

自我提问法指教师对自己的教学进行自我观察、自我监控、自我调节、自我评价后提出一系列的问题，以促进自身反思能力提高的方法。这种方法适用于教学的全过程。如设计教学方案时，可自我提问："学生已有哪些生活经验和知识储备？""怎样依据有关理论和学生实际设计易被学生理解的教学方案？""学生在接受新知识时会出现哪些情况？""出现这些情况后如何处理？"等。备课时，尽管教师会预备好各种不同的学习方案，但在实际教学中，还是会遇到一些意想不到的问题，如学生不能在计划时间内回答完问题，师生之间、生生之间出现理解分歧等。这时，教师要根据学生的反馈信息，思考为什么会出现这样的问题、如何调整教学计划、什么样的策略与措施更有效，从而顺着学生的思路组织教学，确保教学过程沿着最佳的轨道运行。教学后，教师可以这样自我提问："我的教学是有效的吗？""教学中是否出现了令自己惊喜的亮点环节，这个亮点环节产生的原因是什么？""哪些方面还可以进一步改进？""我从中学会了什么？"等。

（2）行动研究法

行动研究法就是针对教学实践中某个难以解决的问题，运用观察、谈话、查阅文献等多种手段，分析问题产生的原因，设计一个研究方案，以求得问题的解决方法。行动研究是提高教师教育教学能力的有效途径。如"以学生的发展为本"是新课程倡导的核心理念，然而，在实际教学中，有很多老师的教学就背离了这一理念，"如何培养学生的学习能力，真正促进学生的发展"即我们应该研究的问题。问题确定以后，我们就可以围绕这一问题广泛地收集有关的文献资料，在此基础上提出假设，制订出解决这一问题的行动方案，展开研究活动，并根据研究的实际需要对研究方案作出必要的调整，最后撰写出研究报告。

（3）对话反思法

教师间充分的对话交流，无论对群体的发展还是个体的成长都是十分有益的。这种反思法建立在一定的条件基础上：就反思者来说，应具有暴露自己缺点和困难的勇气；就交流者来说，需要具备一定的教学素养和实事求是的素质。运用这种方法时，教师主要通过与其他教师研讨交流来反思自己的教学行为，使自己清楚意识到隐藏在教学行为背后的教学理念，从而改进教学，它可以避免出现"对自己反思陷入自己的意图框架和视野中，难以发现问题的实质"的情况。新课程方案的颁布，新教材的推行，新课程理念的逐步深入，不同学科间的相互融合，以及与现代信息技术的整合等，这些都要求教师间彼此互助、合作与沟通。如在集体备课时，教师可以向同事提出自己在教材解读、教材处理、教学策略、学生学习等方面遇到的疑点与困惑，请大家帮助分析、诊断、反思，集思广益，提出解决办法。这样合作反思、联合攻关，就可达到相互启发、资源共享、共同成长的目的。

（4）比较研究法（课堂观摩）

“观摩公开课”与“观察自己的教学”是最有效的比较研究反思法。教学反思需要跳出自我，反思自我，经常听课交流，研究别人的教学长处，尤其是要研究优秀教师、特级教师的教学思想。他山之石，可以攻玉，在观摩中，教师应分析：“其他教师是怎样组织课堂教学的？他们为什么这样组织课堂教学？”“我上这一课时，是如何组织课堂教学的？”“我的课堂教学环节和教学效果与他们相比，有什么不同，有什么相同？”“从他们的教学中，我受到了哪些启发？”“如果我以后教这一课，会如何处理？”……通过这样的反思分析，从他人的教学中得到启发、得到提高。“同课异构”实质是一个不同教师面对同一教学内容，立足于各自教学经验，遵循教学的科学规律，在备课组的帮助之下，广泛利用各种资源进行各种教学构想，并将构想予以优化后付诸实践，从而发现问题、解决问题，最终优化课堂教学，使自己对课堂教学的认识、对教学规律的把握经历一个不断的、螺旋式上升的“认识—实践—再认识—再实践”的教学认知建构过程。

（5）案例法

案例是一个实际情境的描述，这个情境中包含一个或多个疑难问题，同时也可能包含解决这些问题的方法。案例研究就是把教学过程中发生的这样或那样的事件用案例的形式表现出来，并对此进行分析、探讨、反思，以改进自己的教学。案例研究的过程是将来自外部的教育理论与指导自己教学实践的内在教学理论相互转化的过程，有利于教学中理论联系实际，培养分析问题和解决问题的能力。教师既可以对课堂教学行为作出技术分析，也可以围绕案例中体现的教学策略、教学理念进行研讨，还可以就其中涉及的教学理论问题进行阐释。案例研究的素材主要来自三个方面：一是自己的教学，研究自己的教学，并从自己大量的教学实践中积累一定的案例；二是别人的教学，观察别人的教学，从中捕捉案例，取长补短；三是书面材料，平时应注意搜集书面材料中的案例。

（6）反思札记法

课后小结与反思札记，就是把教学过程中的一些感触、思考或困惑及时记录下来，以便重新审视自己的教学行为。好记性不如烂笔头，灵感往往来自刹那之间，及时记录下来，日积月累就是莫大的财富。养成书写课后教学反思札记的好习惯，不但对笔头工夫是种很好的锻炼，而且也有利于提高教学水平。这种做法关注的是教学活动的全过程，是教学反思很典型的一种物化形式。可以是“课后思”，一节课结束就总结思考，写好“课后一得”或教学日记，这对新教师非常重要；也可以是“周后思”或“单元思”，一周课结束或一个单元结束后反思，“摸着石头过河”，发现问题及时纠正……教学反思涉及的内容十分广泛，主要有师生双边互动两方面，一是教师自我经验的总结，二是学生反馈意见（前面已经有所涉及）。最后在文末也可以加上自己对本节课的“二度设计”或“再教设计”。

【教学反思案例】“酸碱中和滴定”教学反思

“酸碱中和滴定”是高中化学中仅有的几个定量实验之一，尽管实验原理相较于本章的其他概念都简单一些，但是由于教学条件限制，学生不能在实验室进行操作，加上学生对实验有天然的“惧怕感”，所以教学过程中还是需要教师多加引导。备课前，笔者仔细阅读了人教版教材，教材中是以“实验测定酸碱滴定曲线”为载体让学生学习滴定操作，但是根据笔者的学习经验和查阅的其他参考资料，笔者认为该部分学习内容的重点是“用已知浓度的溶液滴定未知浓度的溶液”，所以笔者没有选择教材中的素材，而是用现有的试题自己编制了一个实验情境（情境如下），并将该情境的解决过程作为本课时的教学线索。

教学环节1：情境导入（如下）

已知有一试剂瓶未知浓度的氢氧化钠溶液和一试剂瓶0.1000 mol·L^{-1}的盐酸溶液：

● 甲同学想设计实验测量氢氧化钠溶液的浓度：

方案：取20.00 mL未知浓度的氢氧化钠溶液于锥形瓶中，并向其中滴加已知浓度的盐酸溶液，使其恰好完全反应，记录消耗的盐酸溶液的体积，便可以计算出氢氧化钠溶液的浓度。

思考：

（1）甲同学设计如上方案的原理是什么？假设消耗盐酸溶液的体积是25.00 mL，你能否计算出该氢氧化钠溶液的浓度？

（2）甲同学设计的如上方案中，你认为操作的难点是什么？

【情境解读】如上情境中已知有一试剂瓶未知浓度的氢氧化钠溶液和一试剂瓶已知浓度的盐酸溶液，然后直接给出甲同学设计的测定氢氧化钠溶液浓度的实验方案。紧接着设计了两个问题：①让学生思考甲同学设计如上方案测定氢氧化钠溶液浓度的原理是什么，并以具体数据的计算过程给学生提供思考的抓手。②让学生跟随甲同学设计的方案，在头脑中进行实验操作模拟，并反思该方案的操作存在哪些难点，进而帮助学生建立“理论与操作之间是存在着很大差距的”这一认识，培养学生真实问题解决的思维。

【课堂实录】首先带领学生思考问题①，让学生感受消耗25.00 mL盐酸溶液时的氢氧化钠溶液浓度的计算过程，自主建构“化学反应方程式是酸碱中和滴定的原理”这一认识。然后进行问题②的教学过程，带领学生按照甲同学设计的实验方案，逐步在头脑中模拟操作，并不断追问学生：“每一步操作你选用的实验仪器是什么？如何使用仪器具体操作？”从而让学生发现操作难点。通过分析，学生发现操作难点有两个，第一个是如何确定酸碱恰好完全反应（因为酸碱中和反应没有明显的实验现象），第二个是如何滴加盐酸并准确测量出消耗的盐酸溶液的体积，学生初步想到的是用胶头滴管滴加盐酸，并用量筒量取消耗的盐酸溶液的体积，但是笔者继续追问学生“如何使用胶头滴管、量筒具体操作”时，学生发现实际操作中还是有很多问题。

【教学启示】整个环节设计是第一次应用在课堂中，教学过程还是比较顺利，并且通过和学生的讨论，笔者也有意外收获，如学生提出的选用“胶头滴管+量筒”的仪器选择方案，其实仔细思考就可发现，“胶头滴管+量筒”的结合体就是“滴定管”的设计原理——既可以量取溶液的体积，又可以滴加液体。

教学环节2：解决“如何确定酸碱恰好完全反应（即确定滴定终点）”这一问题

通过环节1中问题①的思考，学生已经大概了解了酸碱中和滴定的内容和原理，所以笔者在环节2直接给出了酸碱中和滴定的概念和原理。

【追问】让学生利用现有的知识，选择确定滴定终点的方法。学生给出的结果有酸碱指示剂、pH试纸。继续让学生思考以上两种方法是否存在操作困难的问题，学生会发现pH试纸操作起来不方便，且读数也不准确，进而引出使用酸碱指示剂来确定滴定终点的正确答案。

【课堂实录】直接告诉了学生教材中介绍的三种酸碱指示剂，并简单介绍了甲基橙。这一环节的教学过程以“资料阅读+引导分析”的形式进行，课前笔者查阅了“酸碱滴定过程中指示剂选择”的相关文献，找到了一篇易读的文章——《酸碱中和滴定指示剂的选择及教学处理》（陈昊萍），并将其作为阅读材料发给了学生，所以具体的指示剂选择笔者并没有花很长时间再进行讲解，只是简单分析过后便告诉学生具体的选择结果。

【追问】让学生继续思考“酸碱恰好完全反应时，溶液的pH值是多少？我们用指示剂确定的滴定终点的pH值是多少？”学生很容易就能发现两者的pH值不相等。继续追问：“那是不是我们选择用指示剂确定滴定终点的思路有问题？”让学生进一步思考背后可能存在的原因。

【课堂实录】利用“酸碱中和滴定曲线”（图3-6）帮助学生理解这一问题。其实在第2课时“学习溶液pH值的计算”时，已经和学生讨论过pH值和溶液中氢离子浓度的关系，pH值其实是对氢离子浓度很小的溶液的酸碱性表征，所以尽管pH值可能存在很大的差别，但是换算到氢离子浓度时其实是很小的差别，也就是说，很小的氢离子浓度变化就会引起溶液pH值比较大的变化。再结合滴定曲线的突变，让学生发现“pH=7.0的理论滴定终点”和“指示剂确定的实际滴定终点”对消耗的滴定液的量几乎没有影响，可以忽略不计，所以选择指示剂确定滴定终点是合理的。此外，还对接近滴定终点时的操作作了说明，这样学生也就比较容易理解。

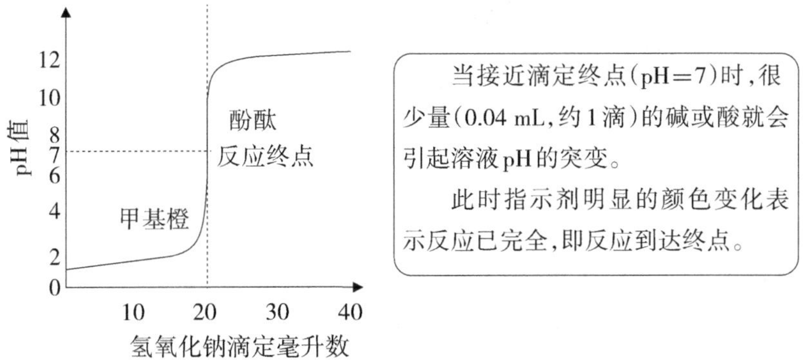

图3-6　酸碱中和滴定曲线

教学环节3：解决“如何滴加盐酸并准确测量出消耗的盐酸溶液的体积”这一问题

通过前面简单的讨论，学生已经提出了自己的选择方案（胶头滴管+量筒），笔者通过进一步的追问促进学生思考。

【课堂实录】基于学生给出的“胶头滴管+量筒”的仪器选择方案引出滴定管，并按照酸式滴定管、碱式滴定管的顺序逐一进行介绍。在学生初步认识了滴定管之后，再给出PPT上显示的三个问题（图3-7），让学生进一步思考滴定管这样设计的原因是什么，以加深学生对滴定管的理解，使学生能够正确地使用滴定管。紧接着，笔者给学生分步骤讲解了滴定管的使用。

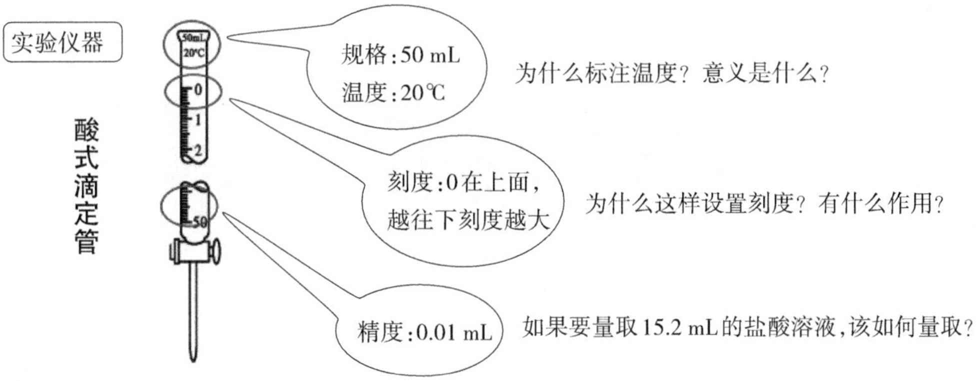

图3-7　PPT上显示的三个问题

最后，引出了酸碱滴定过程，又回到了课堂开始给出的情境中，并以视频的形式让学生更加直观地感受滴定操作。视频播放结束后，给出实验数据，让学生完成该未知浓度氢氧化钠溶液的测定（表3-11）。

表3-11 实验结果

实验序号	待测氢氧化钠溶液的体积/mL	消耗的0.1000 $mol \cdot L^{-1}$盐酸溶液的体积/mL
1	20.00	22.84
2	20.00	22.83
3	20.00	22.85

注：实验结果如表所示，请计算该氢氧化钠溶液的浓度。

（案例设计：兰州三中　黄红红）

第四章 项目式学习的研发、设计逻辑与实施路径

2019年，国务院办公厅发布《关于新时代推进普通高中育人方式改革的指导意见》（国办发〔2019〕29号），文件指出：深化课堂教学改革……，积极探索基于情境、问题导向的互动式、启发式、探究式、体验式等课堂教学，注重课题研究、项目设计、研究性学习等跨学科综合性教学，认真开展验证性和探究性实验教学。项目式学习作为一种综合性、高效的学习方式，在改变学生学习方式、落实学科核心素养、培育学生社会主义核心价值观、发展学生关键能力和必备品质等方面具有独特教学功能，因此备受关注。新教材在内容呈现上增加了“微项目”（鲁教版）、“研究与实践”（人教版）栏目，为项目式学习落地提供了良好的教学契机。实施项目式教学已经成为落实“立德树人”教育的根本任务、转变育人方式的有效抓手。

第一节 项目式学习的含义、构成要素及教学模式

项目式学习以建构主义的学习理论、布鲁纳的发现学习理论、杜威的“做中学、用中学、学用合一”学习理论和加德纳的多元智能理论为指导思想，以学生为主体，以学习活动为中心，以探究实践为手段，以培养学生高阶思维发展、促进核心素养发展为目标，通过小组合作的学习方式，解决生活、生产、社会中存在的具有真实性、复杂性、挑战性、驱动性的问题，让学生运用学科研究者、学习专家的研究思路与工作方式分析解决问题，让学生完整地经历“提出问题—设计项目—协作探究—创作作品—展示交流—评价反思”的学习过程，完成某项“产品”或“任务”，实现知识的习得、技能的迁移、能力的提升、素养的发展。其主要特征是有承载核心知识的项目内容、融入问题情境的项目任务、持续探究的项目实施活动、促进知识迁移的项目评价。项目式学习的构成要素如图4-1所示。

项目式学习融情境学习、任务学习、自主学习、体验学习、生成学习、探究学习、综合性学习为一体，具有“学习方式的多元化、学生参与的主体性、学习活动的探究性、思维发展的高阶性、学习评价的持续性”等特点。项目式学习倡导“以项目研究为主线，以学习任务为驱动，以自主合作探究为手段，以素养能力高阶发展为目标，关注课堂过程生成”的新型教学模式。项目式教学的实施对改变传统教学中琐碎知识教学、知识解析教学、机械训练教学等被动教学模式，改变教学中“教师讲、学生听”、重

“知识、结论、结果”而忽视“过程、能力、素养”的教学弊端有着良好的推动作用。项目式学习的教学模式基本流程如图4-2所示。其教学特征为核心知识的再构建、持续性的学习实践、高阶思维的情境、有质量的公开成果等。

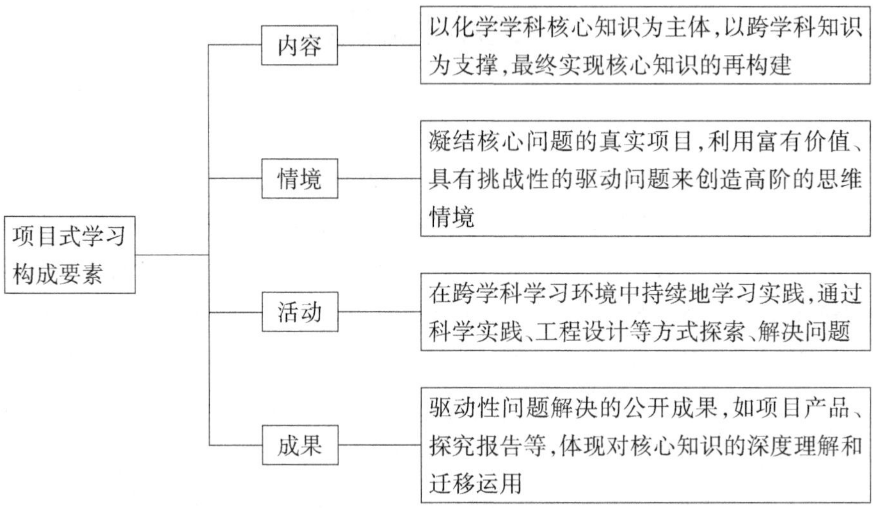

图4-1 项目式学习的构成要素

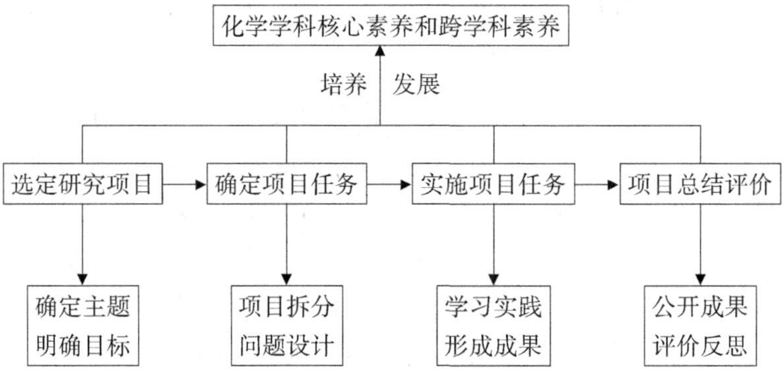

图4-2 项目式学习的教学模式结构

项目式学习的教学优势如下：

①项目式学习主题选择与教材知识紧密结合的生活、生产中的实际问题，社会热点议题，环境保护、资源利用、生命健康等问题，能有效地激发学生学习内驱力，增强学生的社会参与意识、责任意识、决策意识，有助于落实化学学科核心素养和化学学科育人价值。

②项目式学习内容的选择打破了传统教学单元、章节内容的限制，实现了学科知识、跨学科知识的相互融合，有助于实现知识的碎片化教学、具体知识的教学向整体化、主题式教学的转变，有助于实现核心知识的统摄性、结构化。

③项目式学习过程重在利用学科知识解决实际问题，突出了知识教学的功能化、素养化，有助于解决问题的思路和途径转化为学科认知的思路和途径，有助于实现学科专家发明、应用知识的方式和工作方式转化为学生的学习方式，能培养学生应用知识解决问题的能力，构建学科知识的认知思维和认知模型，增强学生参与、从事科研工作的意识。

④项目式教学始终根植于问题情境，旨在解决真实而复杂的学科问题与现实生活问题，教学过程始终处于师生之间、生生之间、学校与社会之间的复杂交往与协作之中，有助于教师主导、学生主体角色的转化，课堂教学结构的优化，课堂教学效率的提升。

⑤项目式学习方式的应用突出学生学习的自主性、参与性、协作性、探究性、体验性，有助于激发学生的学习兴趣，激活学生的学习状态、学习的探究性与合作性，从根本上实现被动学习向主动学习的转变。

第二节　项目式学习研发的逻辑

一、项目式学习研发的原则

项目式学习是学生在获取信息、处理信息、应用信息之间循环往复，将素养转化为持续的学习实践的过程，其研发设计过程应遵循如图4-3所示的原则。

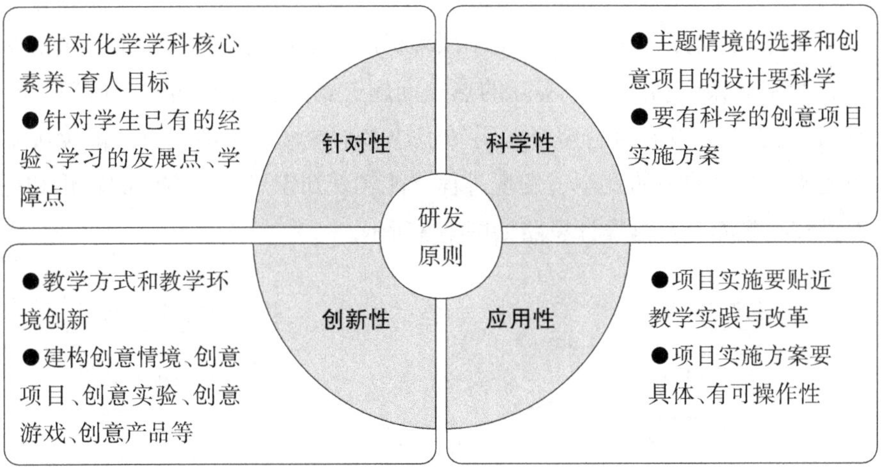

图4-3　项目式学习研发的原则

二、项目式学习研发的逻辑

项目式学习研发的路径是在认真处理情境的复杂性与学生学习能力的有限性的基础上，建构知识体系，确认认知策略，提出驱动问题，并设计适宜的流程和评价的过程。项目式学习包含多个微项目，在具体学习任务中应遵循“目标→任务→情境→活动→评价”的思路设计开发，去实现知识与能力、兴趣与思维的协同发展。项目式学习的研发路径如图4-4所示。

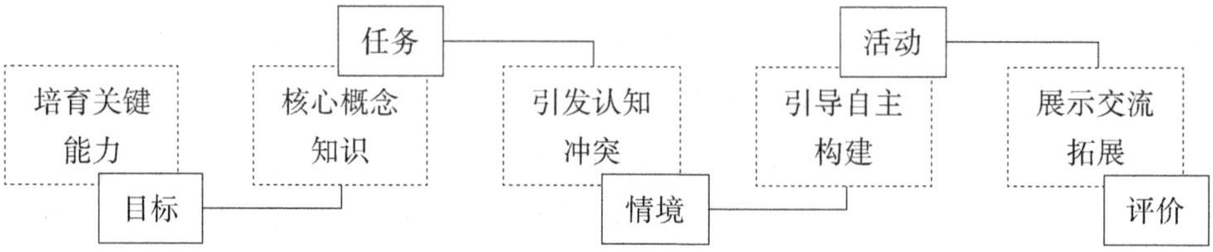

图4-4　项目式学习的研发路径

第三节　项目式学习的教学设计逻辑

一、项目主题的选择

项目式学习的主题应是能够统摄一类化学知识、核心概念或化学学科思想与观念的建构驱动性问题。项目主题可以是紧扣化学学科的核心知识、核心概念原理等，可以是生活中的实际问题、社会热点问题、重大新闻事件、综合实践活动、产品设计、项目开发、能源利用、环境保护、生命健康等方面，也可以是实验探究类、文献检索类、课题研究类等。项目主题的设计应遵循：基于课程标准和学业质量评价标准，考虑学生学习发展需求；紧密联系生活、生产实际的热点问题，情境具有真实性，体现“真人做真事”；内涵、核心知识具有融合多个学科知识或多个领域知识的特点，能突出知识的结构化、功能化；蕴含知识的发生、发现过程，能实现知识思路与方法的转化和迁移；承载化学学科核心素养。具体设计思路如图4-5所示。

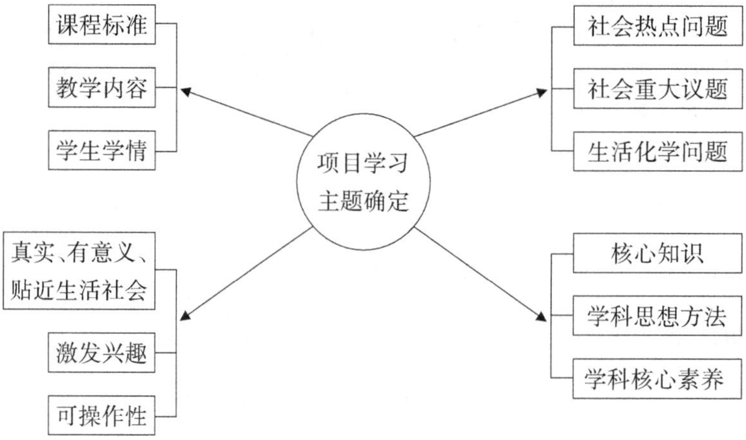

图4-5　项目学习主题确定的逻辑

例如：项目学习主题“从一滴石油到一只口罩”，该主题源于重大新闻事件新冠疫情暴发，口罩短缺、供不应求的社会热点议题，承载的核心化学知识为“从石油中获取有机物”，涉及石油的分馏、裂化，汽油的裂解，烯烃的加聚反应，从丙烯到熔喷布（聚丙烯）的生产过程，需要解决的问题是“建立课外知识与教材之间的桥梁”，建构“分馏、裂化、裂解、加聚反应”的概念，将乙烯性质与石油化工之间建立联系。问题具有驱动性、复杂性、开放性、挑战性，承载的是化学知识的习得，落实的是“变化观念”“模型认知”“科学态度与社会责任”的核心素养。

二、项目学习目标的制定

项目学习目标的制定应基于课程标准、学业质量评价标准和教材中的“学习内容”，结合学生在知识、经验、能力等方面的学情，分析挖掘项目主题学习内容所蕴含的“知识价值、学科价值、社会价值”，依据项目承载的“知识结构—学科思路方法与思想观念—学科核心素养”的内容，制定出能承载学生“社会主义核心价值观、必备知识、关键能力”等方面素养发展及学习进阶的目标。项目学习目标的设计要突出“学习内容、学习方式、学习达到的程度、能力素养发展的水平进阶”等核心要素；学习目标要有“知识、能力、素养”的内涵，体现“教、学、评”的一致性。目标制定切莫生搬硬套核心素养的五个方面，切忌目标空泛。

例如：“探讨工业废气中CO_2合成甲醇”的项目学习主题承载的核心知识、学科核心素养如图4-6所示。

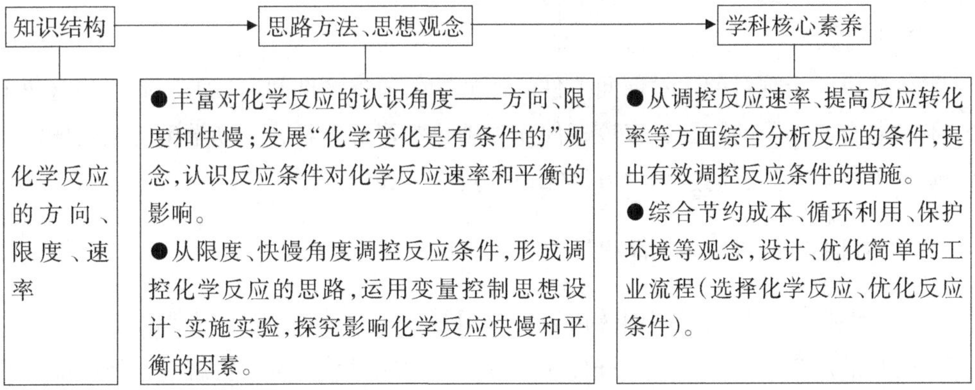

图4-6　“探讨工业废气中CO_2合成甲醇”项目主题承载的核心知识、学科核心素养

项目主题的学习目标设计如下：

①通过工业废气中二氧化碳合成甲醇的选择以及对反应条件的优化，体会反应的焓变、熵变、化学平衡和速率相关知识的应用价值，形成从物质转化及反应的方向、限度、快慢等多角度综合分析解决工业生产实际问题的基本思路。

②通过项目的学习树立绿色化学理念，认识到利用化学反应将无用物质转化为有用物质是解决环境问题的重要途径之一。

三、项目学习素材的选取

项目素材的选取应紧扣项目主题，服务项目学习。项目素材首先是有真实内涵的学科问题，既要贯穿课程标准和教材的核心知识，又要体现对化学素养发展的功能。项目素材的选择要突出对学生思想观念的正向引导作用，弘扬学科的主流价值，宣传化学学科的正能量，促进学生社会主义核心价值观的形成；要依据学校资源条件和学生的能力进行选择和优化，合理取舍。项目素材的来源如下：

1.源于社会生活中的化学问题

生活中的化学问题更能激发学生学习兴趣，增强学生学习的内驱力，促使学生深度学习，同时问题的解决又能增强学生学习的成就感和对化学学科价值、社会价值的认同感。例如："人体中尿结石的形成、治疗与预防——基于难溶电解质的溶解平衡"项目主题的学习，选材从化学与健康的视角入手，突出了知识的趣味性、驱动性、应用性，让知识的学习不再单调、枯燥、乏味，不再为了知识学习而学习知识，让学生感受到化学与生活、生命活动息息相关，凸显化学的应用价值。

2.源于教材

2019年版人教版、鲁教版教材在每单元的学习内容后都设置了"研究与实践""微项目"等栏目，化学教材中也蕴含着丰富项目学习的素材，以此为主题设计开展项目学习，凸显教材栏目的编写意图和教学功能价值。

3.源于重大新闻事件、前沿科研成果

素材还可源于瞩目的化学新闻事件。例如，新冠疫情期间出现的"酒精与含氯消毒剂能不能混合使用"的问题，以该事件作为项目学习的素材，驱动学生解决问题的积极性，使学生在解决问题的过程中习得知识，获得素养的发展。

四、项目主题的拆解与问题设计

项目主题拆解是将实际问题转化为化学问题，建立微观结构与宏观性能的联系，找到知识内在的认知思路与角度，进行任务分解、问题设计。项目拆解时，教师需要充分考虑实际问题的解决过程，按照"知识逻辑顺序、学生认知发展的逻辑、学生能力发展的逻辑"对项目进行整体规划、任务分解。教师要研究现实中生产、生活、科技的原型中该问题是怎么做的，专业人员解决问题的思路是怎样的，再根据化学教学内容、素养发展目标判断和取舍，将其转化为课堂教与学的问题。问题设计依据学习任务，按照"核心问题→驱动问题→具体问题"的思路设计，选用具有真实情境的、有道德价值的、富有挑战性和开放性的、能促使学生持续性探究的问题。在问题设计时，要关注驱动性问题设计的逻辑性、激发性、程序性和策略性，螺旋上升，层层递进；要避免问题解决与知识学习出现“两张皮”的现象；要让学生在解决问题的过程中获得知识，而不能为了落实某个知识点割裂问题的解决过程。项目拆解与问题设计思路如图4-7所示。

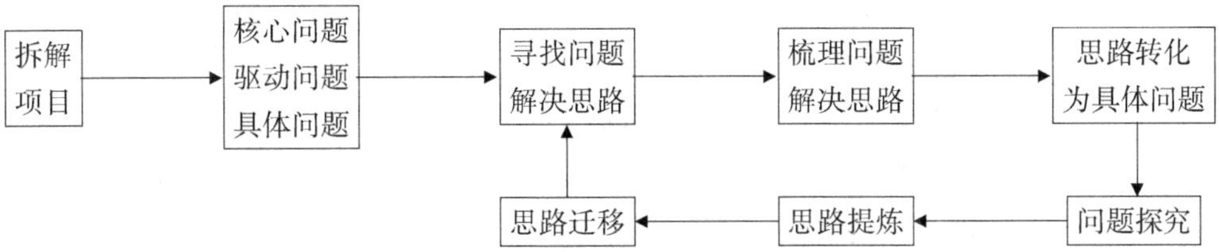

图4-7　项目拆解与问题设计逻辑

例如：“利用工业废气中的CO_2合成甲醇”微项目拆解及问题设计思路如图4-8所示。

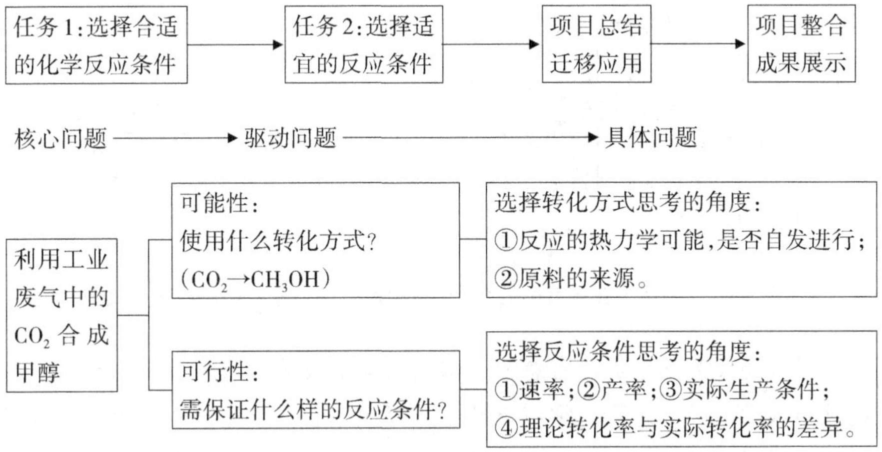

图4-8　项目拆解与问题设计的案例分析

五、学习活动规划与学习支架设计

建构主义认为：教师不再是知识的搬运工，学生才是知识的发现者和建构者。学习活动设计围绕“问题任务线—学习活动线—教师支持线—项目作品线—素养发展线”进行系统优化设计，学习活动内容包含“情境、问题、活动、支架、评价”等要素，学习活动应指向真实问题解决的实践活动、指向需要完成的项目作品任务、指向设计实践活动（项目作品）、指向学生高阶思维的学习活动。活动设计突出体现问题解决的过程性、完整性，在实践中体现项目的意义和价值；要关注核心问题的解决中思路的转化与提炼，要突出问题解决过程中“认知的方式、认知的角度、认知的思路、学科思想”的认知模型建构。学习过程要为学生进行有意义的深度学习提供空间，要避免开展学生碎片化知识的学习或师生间的问答式教学活动。

例如：“利用工业废气中的CO_2合成甲醇”项目学习的教学流程框架图如图4-9所示。

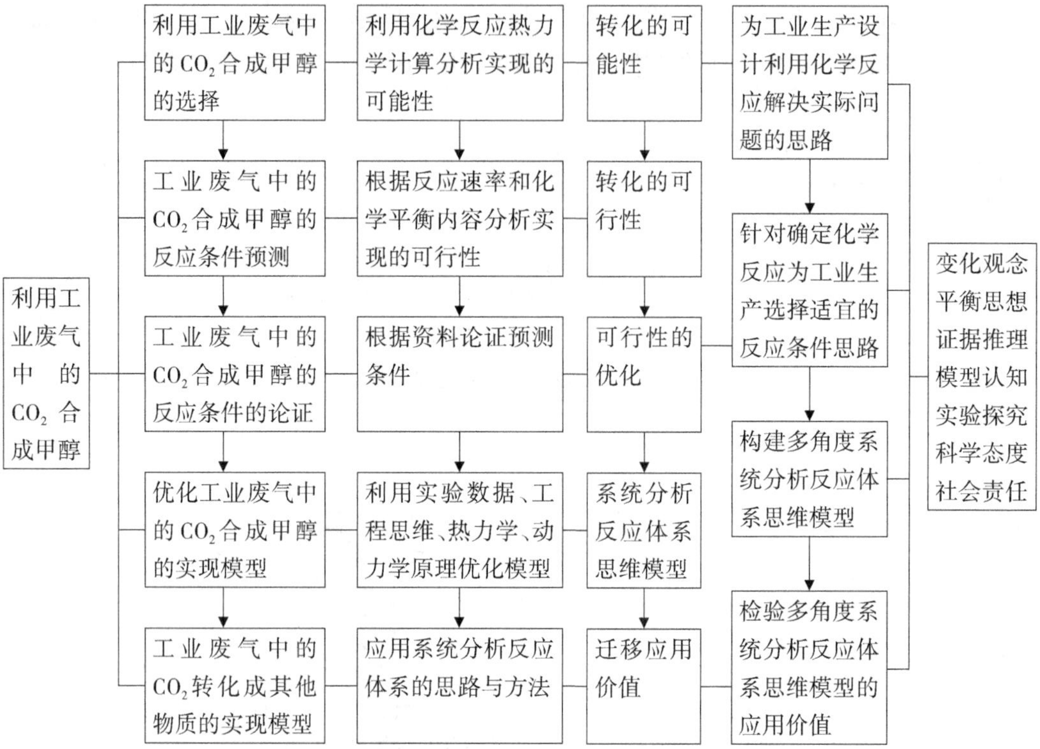

图4-9 “利用工业废气中的CO_2合成甲醇”项目学习设计流程框架图

同时，教师还要为学生提供有意义、参与问题解决的学习支架，为学生学习牵线搭桥，保证项目式学习高效进行。学习支架的选择应注意：要让学生经历一些有经验的学习者经历的学习过程，有助于对知识（特别是隐性知识）的感悟和理解，要能通过内化支架，获得独立完成学习任务的技能。常用的支架有：问题解决过程的认知模型（如：价-类二维的认知模型、电化学的认知模型、水溶液离子行为的认知模型）、信息材料、实验任务卡、学习任务卡、文献资料、方法思路导引、问题建议、化学史故事素材、学习范例、信息图表等。

六、项目学习评价方案的设计

项目学习的目的不仅仅是知识的习得，最终还应有明确的输出结果，即项目作品。项目学习评价设计首先要树立“素养为本”的评价观，不仅要关注知识技能的获得，而且要关注核心素养的发展水平及学习进阶，要体现“目标—实践—成果—评价”的一致性；要重视对核心活动（小组或个人评价）、阶段成果或项目产品（小组评价）、项目总结反思（个人评价）的持续性评价。项目评价方案从评价目标、评价标准、评价方式、评价工具等视角设计，需要实现以下四个转变：

1.评价内容的转变

评价内容从评价学生的学习结果、考察知识掌握的程度转化为学科核心素养导向的评价。评价的内容包括“核心知识、学科思想方法、关键能力、必备品格、价值观念”。

2.评价工具的转变

评价工具从学科知识测试卷、教师评价意见拓展到观测量表、问卷、项目作品量规、项目作品量表评价。评价量表可以从“前置性评价、过程性评价、结果性评价”的维度设计，评价的标准要有定性评价与定量评价的结合，要避免简单的分数评价、等次评价。

3.评价主体的转变

评价主体从教师评价转变为教师评价、学生评价、小组评价、家长评价等多元化主体参与，突出评价的全面性。

4.评价时机的转变

评价时机从学习活动结束时的总结性评价转化为学习过程的持续性评价，要关注学习过程的学习方式、学习状态、课堂的生成，关注非预期的效果，要突出体现过程性、激励性、反思性。

评价方案的设计思路如图4-10所示。

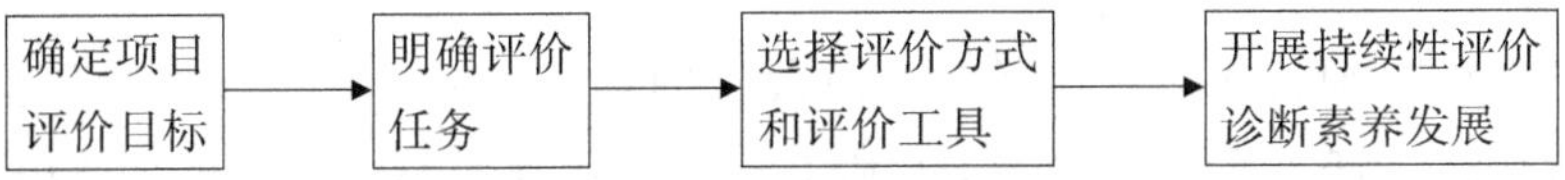

图4-10　项目学习评价方案的设计逻辑

七、项目学习成果的表现形式

项目学习成果的表现形式有以下几种：

1.项目倡议书

为某问题设计解决方案、撰写项目建议书，包括方案设计、环境影响评估和成本预算。

2.项目计划书

基于问题，调研设计项目方案计划，设计时应考虑条件、经济、环境等多种因素。

3.项目研究报告

研究某一重要问题，提交一个解决这个问题的提案。模型设计：设计一个演示定律、原理或想法的模型，描述并记录下模型设计和制作的过程、模型的工作过程以及外显概念的应用，比如设计并制作一个原子模型或化合物模型。

4.设计发明

发明一个装置，能够解决某个问题或是改进某个流程或产品。要求说明设计方案、制作过程以及该装置是如何发挥作用的。

5.展示性作品

设计并制作一个展示性作品，比如音频、视频或多媒体模拟，能表达某些具体想法，且有书面文字资料证明并支持这些想法。

6.专题演讲

就某个主题做演讲，制作辅助性的文字资料和演示资料，要求提供辅助性材料的来源。

7.专题文章

就某个专题开展相关研究，形成文章向杂志社投稿。

8.专题讨论

参与一个有组织的关于某专题或概念的讨论，记录大家的反馈，总结学习的收获、进一步的问题以及相关的想法。

第四节　项目式学习的实施路径及保障支持

一、项目式学习的实施路径

维曼模型中，项目式学习包括六个阶段：创意、目标、计划、决策、实施与评价。在实施过程中应灵活多变，不拘泥于步骤和形式，以能力与素养发展为终极目标。通过教学实践研究，实施路径可以归纳为图4-11。

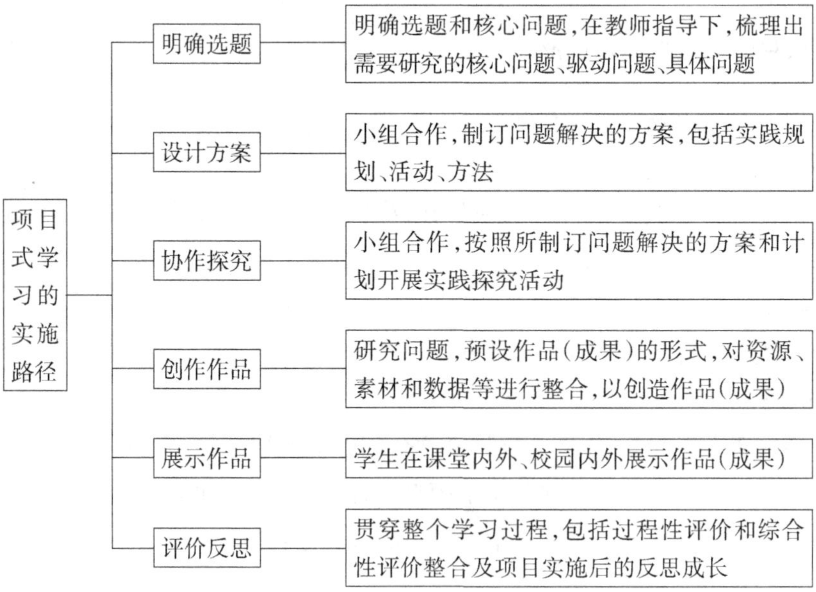

图4-11　项目式学习的实施路径

二、项目式学习的保障支持

1.加强项目学习理论和学科理解的研究，提升教师实施项目式学习的实践能力

加强教师的研修与培训，深化教师对项目式学习支撑理论、建构主义学习理论、杜威实用主义教学理论、加德纳学习理论、深度学习理论的研究与教学实践；加强教师对学科课程标准、学科知识的深度理解，对学科知识的认知方式、认知思维、认知途径的研究与教学实践，突出基于大观念、大概念主题下统摄知识的结构化、知识功能的素养化的教学研究，提升教师将实际问题解决转为化学问题解决的能力、思路转化与提炼的能力、实践应用的能力；要重视教师对项目学习的设计逻辑、实施路径的研究与实践，提升教师设计实施项目学习的专业能力，确保项目式学习顺利进行。

2.科学选题，统筹安排，拓宽学习的渠道

项目式学习与常规学习不是非此即彼的关系，项目式学习是常规教学的补充而不是代替，两者相互促进、相得益彰。因此，项目选题要科学、依据学情，体现“量力性、阶段性、渐进性”原则，切勿操之过急；要依据学习内容、学习能力合理安排，可以在新授课、复习课、跨学科知识领域中通过“大项目、中项目、微项目”有选择地实施；要做好课时统筹安排，一般4～6课时完成较为合理，不易过大；要依据实施进展合理调整，做到课前、课中、课后的学习合理规划，课内学习与课外学习、线上学习与线下学习的结合，拓宽学生学习的时间和空间。

3.加强过程的调控和指导，突出学生经历问题的解决过程

实施项目式学习需要学生具备信息检索、信息整合、实验探究、表达交流等技能，加之项目式教学开放性大、学习自主程度高，因此，教师在实施项目学习的初期要重视对这些技能的培训和指导；在实施过程中要关注生成资源，及时调控学习内容和途径，指导学生学会高效地合作交流、科学探究实践；要尽可能地让学生经历问题的解决过程，指导学生提炼化学核心问题，分析解决问题的思路与途径，学会迁移应用。

4.正确处理好项目式学习中学生与教师角色的落实

实施项目式学习，要突出学生学习过程中的自主性、选择性、探究性、合作性、实践性、体验性，给予学生更多的学习探究机会，给予学生更多的话语权，让学生真正成为学习的主人，增强学生独立自主分析解决问题的能力和团结协作的团队意识。项目式学习中教师的作用是帮助学生运用认识角度解决问题、外显认识，获得项目成果，因此教师要改变自己传统的教学观念和行为，践行自己在学习过程中组织者、管理者、咨询者、观察者、点拨者、合作者、评价者等的角色，为学生管理学习时间、充分利用手中的资源自主合作解决问题、合理作出决策、形成项目作品提供支持。

项目式学习的教学模式如图4-12所示。

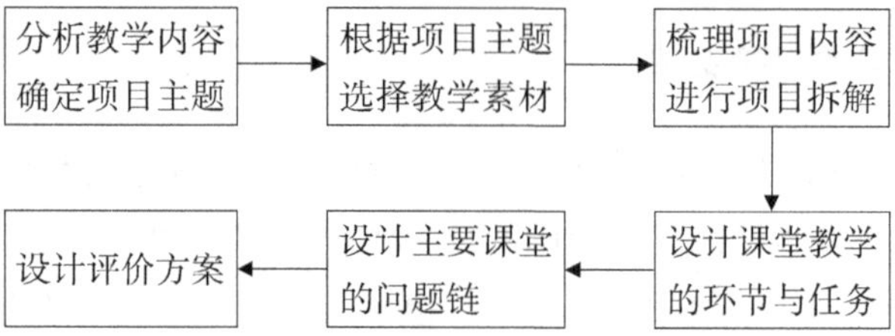

图4-12　项目式学习的教学模式

项目式学习的实施流程如图4-13所示。

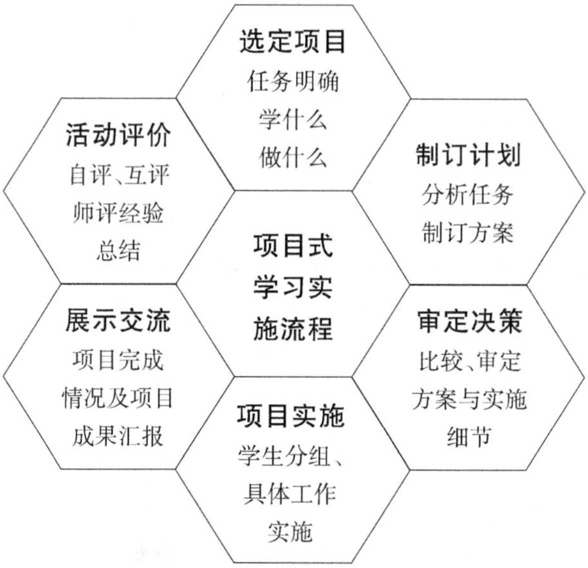

图4-13　项目式学习的实施流程

【案例分析】"酸雨"项目的规划：首先将整个项目拆分为两个子项目——"硫酸型酸雨"和"硝酸型酸雨"，可以承载硫和氮两种元素化合物内容。再将子项目拆分成"酸雨的成因""酸雨的危害""酸雨的防治"等基本问题，凸显了酸雨环境问题解决的框架。之后将基本问题拆分成单元问题，如"硫酸型酸雨是如何形成的""SO_2是如何产生的""硫酸型酸雨有哪些危害""如何防治硫酸型酸雨"等。然后进行课时规划与安排："硫酸型酸雨"6课时，分别是"酸雨的成因"2课时、"酸雨的危害"1课时、"酸雨的防治"1课时、"知识归纳梳理"1课时、"综合汇报交流"1课时；"硝酸型酸雨"的课时规划与"硫酸型酸雨"类似。关于课上、课下任务的统筹规划，在"酸雨"项目开始时，先让学生课前查阅资料了解酸雨。

第1课时课上的主要活动包括：预测大气中二氧化硫转化成硫酸的路径，并说明依据；然后阅读资料，寻找证据；实验室中实现$SO_2 \rightarrow H_2SO_4$的转化，预测、设计和实施实验。

第2课时课上的主要活动包括：推测哪些含硫物质能转化为二氧化硫，说明推测依据；展示工业生产中二氧化硫的产生，观看铜与浓硫酸反应的录像，推测浓硫酸的性质；总结从实验现象到物质性质所经过的推理路径。

第1、2课时课下的活动包括：梳理二氧化硫、浓硫酸性质；查找资料，比如我国不同地区酸雨的情况、形成原因；梳理学习过程中产生的问题及其想法等。

综上可见，课上主要进行了分组实验、汇报、资料分析、交流等活动，课下主要让学生进行了性质的总结和资料的查阅，确保了课上活动的充分开展。这样的规划做到了对课上和课下任务的统筹安排，为项目的顺利开展和完成提供了时间和基础保障。

第五节　项目式学习的教学设计案例分析

【案例1】基于项目式学习的复习课教学设计：含氯消毒剂的制备

一、设计理念

项目式学习是以建构主义理论为指导，以小组合作方式进行规划和解决真实世界中问题的学习方式。与常规教学相比，项目式学习强调学习者的主体性和自主性、学习内容的向心性和真实性、学习过程的问题性和发展性、学习形式的合作性和多样性，尤其重视学生自主建构项目的问题解决逻辑。

二、项目式学习主题的确定

1.学习内容分析

基于氯元素的物质转化、相关实验以及氯元素在生产和生活中的应用是高中化学中重要的感性知识，也是高考的重点内容。首先，这部分内容可用于完成物质转化、物质检验和鉴别，更是化学反应原理实现的载体。其次，氯及其化合物知识的学习和结构化可以帮助学生丰富和深化认识物质性质的角度，从物质类别、元素等宏观角度转变成电子转移、质子转移和粒子重组的微观角度。最后，氯气及含氯物质在食品、材料以及医药领域均有重要应用，是高考试题中常见的素材。

2019年发布的高考考纲对这部分内容的要求为：了解常见非金属元素单质及其重要化合物的制备方法，掌握主要性质及其应用；了解常见非金属元素单质及其化合物对环境的影响；掌握常见气体（氯气）的实验室制法；掌握常见物质（氯气、氯化物等）的检验方法。2017年版《普通高中化学课程标准》与这部分内容相关的内容标准为：结合真实情境中的应用实例或通过实验探究，了解氯及其化合物的主要性质，认识这些物质在生产和生活中的应用和对生态环境的影响；结合实例认识金属、非金属及其化合物的多样性，了解通过化学反应可以探索物质性质、实现物质转化，认识物质及其转化在自然资源综合利用和环境保护中的重要价值。评价标准为：能从物质类别、元素价态的角度，依据复分解反应和氧化还原反应原理，预测物质的性质和变化，设计实验进行初步验证，并能分析、解释有关实验现象；能从物质类别和元素价态变化的视角说明物质转化的途径。

2.学情分析

（1）知识储备方面

经过高中的学习，学生基本掌握了常见含氯物质的化学性质、氧化还原反应和电化学相关知识。但学生对化学性质记忆不清，遗忘严重，不清楚零散知识之间的联系，无法应用于解决实际问题。

（2）能力水平方面

学生具备一定的逻辑推理能力、设计简单实验的能力，但缺乏系统思考的能力，不能长程推理，不能综合物质性质和反应原理统筹设计实验。

（3）情感态度方面

解决亲身经历问题的情境能激发学生的学习热情，但学生在解决问题的过程中缺乏主动探究的意识，没有科学的探究方法，科学态度和社会责任感还需强化。

3.学习主题的确定

氯及其化合物的知识不仅包括繁杂的物质性质，还包括与其相关的概念、原理知识。高三的复习需要将这些零散琐碎的知识结构化，建立起联系，并能用于解决复杂问题。2020年新冠疫情肆虐，消毒剂热销，在隔离期间能用简易装置安全地制备84消毒剂是学生亲历的社会热点问题。以“制备84消毒液并制作家用使用说明”为项目学习主题，不仅可以让学生将氯及其化合物的概念、原理知识结构化，用于解决实际问题，更能让学生体会到化学的社会价值。

三、项目式学习目标的确定

①通过从物质类别和元素价态变化的角度设计制备84消毒液的路线，能绘制含氯物质的转化关系图，发展对物质及其转化思路的认识水平，实现“宏观辨识和微观探析”及“模型认知”学科核心素养的发展。

②在实现转化路线的过程中，能从化学反应的可能性及装置的角度分析化学反应，实现“变化观念”学科核心素养的发展。

③通过预测次氯酸钠的性质，制作84消毒液使用说明书，形成基于物质类别和元素价态对物质性质进行预测和检验的认识模型，实现“模型认知”学科核心素养的发展。

四、项目式学习的规划

1.明确目标

使用简易装置制备84消毒液并制作使用说明。反应原料的选择、制备路线的设计和装置的设计均与含氯物质的性质有关，使用说明更是依据次氯酸钠的性质制作的，因此，分析物质性质是设计方案的关键。

2.确定方案

（1）选择原料

从类别和元素化合价的角度列举含氯物质，从原料方便易得、价廉的角度选择合适的原料。

（2）设计转化路线

从类别和元素化合价的角度设计转化路线。

（3）实现转化路线

从反应原理的角度设计转化条件和装置，实现化学反应。

（4）制作使用说明

从类别和元素化合价的角度预测产品性质，结合使用条件等制作使用说明。

3.评估方案

从简易、安全的角度评估制备方案和使用说明书。

五、项目式学习的设计实施

1.活动一：展示主题，明确任务

【讲述】新冠疫情背景下，消毒剂的使用问题。

【主题展示】制备84消毒液并制作家用使用说明。

【活动】讨论制备84消毒液可以选用的材料。角度：类别、价态；方便易得、价廉。

【设计意图】通过实际问题激发学生热情，让学生明确本项目的任务，探查学生的元素观、类别观、氧化还原观。

2.活动二：设计转化路线

【活动】学生从物质类别和元素化合价两个角度讨论制备84消毒液的路线。

【活动】小组汇报，可行性分析：原料易得，操作简单，符合绿色化学思想等。

【设计意图】发展并诊断学生认识物质转化关系的水平：结合物质性质，从动态转化的视角对真实情境中的元素转化关系进行整体分析和说明。

3.活动三：实现转化路线

【活动】回顾讨论：电解饱和食盐水制备次氯酸钠的原理是什么？

①为什么所用食盐水需要饱和？

②阳极产物一定是氯气吗？如何检验？

③制备过程中如何防止氯气逸散？

【活动】设计密闭的一体化实验。

【分析】电极如何与电源连接？电极材料如何选择？

【讨论】①如何检验氯气是否泄漏？

②该装置中氯气与氢氧化钠溶液反应的产物一定是次氯酸钠吗？

【练习】展示高考题中出现的电解食盐水产物多样的案例，书写方程式。

【思考】①氯碱工业中为什么阴极选铁棒，阳极选石墨棒？

②如何避免阳极产生的氯气和阴极产生的氢氧化钠混合？

【展示】使用阳离子交换膜的现代氯碱池简图。

【讲述】现代工业中也有利用原设计装置电解冷、稀食盐水直接制备次氯酸钠的案例。

【设计意图】以学生熟悉的电解饱和食盐水为例，讨论实现化学反应的过程中需要考虑的理论问题：热力学和动力学。结合高考题，帮助学生认识到外界条件（温度、浓度）均有可能影响化学反应的结果，深化“变化观念”的学科核心素养。在具体实现化学反应的过程中着重讨论装置问题，让学生意识到装置也是研究化学反应的重要角度。

4. 活动四：制作 84 消毒液使用说明书

【任务】制作家用84消毒液使用说明书。

【活动】从类别和价态的角度系统预测次氯酸钠的性质。

【设计意图】发展并诊断学生认识物质性质的水平：从元素价态和物质类别两个视角加以梳理，并概括其性质。

【引导】①能否直接使用原液消毒？

②使用何种方式消毒？

③哪些物品可以用84消毒液消毒？哪些不可以？

④84消毒液能否与其他洗涤清洁用品混用？

⑤如何存储84消毒液？

【展示】“84消毒液”商品说明书。

【活动】将自己设计的使用说明书与商品说明书对照，解释商品说明书中的注意事项。

【设计意图】发展并诊断学生解决实际问题的能力和对化学价值的认识水平：自主调用认识物质性质及转化关系的思路方法，从安全、健康、环保、价廉、操作便利等多角度研究、改进或评价问题解决的方案。

（案例设计：兰州51中　东建强）

【案例2】基于项目式学习的复习课教学设计：毕业季的一盏茶

一、问题的提出

传统的初三复习，基本是时间紧、内容多、综合性强，教师要么一讲到底，要么一练到底。学生复习劲头不足，学习欲望不强，课堂气氛很沉闷，复习效果较差。

临近中考，学生已完成学习内容，在最后一节复习课上，为了突出复习的重点，让学生适应中考题型，笔者选择以“毕业季的一盏茶”为主题，用项目式学习的方式进行复习。

二、教学目标

①让学生能够知道测定物质酸碱性的方法，并能够利用碱的化学性质选择合适的药品改良碱性土壤。

②进一步培养学生从物质类别的角度认识身边化学物质，以及从定性到定量、宏观微观符号相结合的思想，进一步巩固学生取用药品、测定溶液的pH值等实验技能。

③让学生能够从化学视角多角度认识茶叶中的有益成分茶多酚；培养学生应用所学习的化学知识解决实际生活问题的能力。

④通过项目式复习，培养学生的实践动手能力，引导学生树立孝亲感恩的意识。

三、教学重点、难点

1.教学重点

测定溶液的pH值，碱的化学性质，金属的腐蚀与防护。

2.教学难点

碱性土壤的特点。

四、教学流程

教学流程见图4-14。

五、教学实录

环节一：引入课题

【创设情境】开场诗：

小荷尖尖润清夏，乳燕初飞志天涯。

愿君鲤跃龙门意，尽在别离一盏茶。

这是毕业前的最后一节化学课，笔者在以自己创作的一首小诗表达对学生祝福的同时，引入项目式复习的主题——“毕业季的一盏茶”。以茶为话题，引入兰州的特产八宝茶，以及八宝茶中最不可或缺的物质——绿茶。

引入问题：中国是茶叶的故乡，中华民族最早认识并种植了茶叶。此后，茶叶“开枝散叶”，传到了世界各地。在我国，茶叶的种植主要在南方还是北方？兰州民族中学校园内的土壤是否适合种植绿茶？

学生：茶叶在南方种植。校园内不适合种植茶叶。

教学环节		教师活动	学生活动	设计意图
引入课题		展示：自编的小诗。引出兰州有名的八宝茶	思考兰州民族中学校园内的土壤是否适合种植绿茶，并分析原因	提出问题，引发学生积极思考
种茶	任务一：选择合适的土壤	展示：学校花园中的土壤	分析检测土壤酸碱性的方法，并用实验验证	巩固测定溶液的pH等实验技能
		展示："土壤呈碱性"的资料	推断使土壤呈碱性的物质	培养学生的证据意识、分析推理能力
		给出一些化学物质并提问：如何改良碱性土壤？	小组讨论：对物质进行分类，分析哪些物质可以改良土壤的碱性	培养学生从物质类别认识身边化学物质的能力，使学生学会如何利用碱的化学性质改良土壤
	任务二：施加合适的肥料	复习：常见的化肥有哪些？	学生回顾学过的常见的化肥	巩固常见的化肥
		展示：缺乏营养元素的植物	根据植物状态分析植物缺乏哪种肥料	培养学生用所学的知识解决实际问题的能力
识茶	任务一：认识茶叶的营养成分及组成	展示：茶叶的营养成分及其组成表	从化学的角度分析喝茶有哪些好处	让学生发现在生活中化学无处不在
	任务二：多角度认识茶多酚	提问：可以从哪些角度认识化学物质？	从物质类别、宏观、微观、定性、定量角度分析茶多酚	巩固化学式的相关计算，培养学生从物质类别的角度认识身边化学物质，以及从定性到定量、宏观微观符号相结合的思想
饮茶	任务一：了解如何泡茶	展示：不同的泡茶器皿	依据器皿的材质及金属的性质判断不宜用铁质器皿	培养学生知道依据材质选择泡茶器皿的意识
		提问：如何选择水质？ 展示：不同水质水温及时长的曲线图	根据所学水的知识选择水质；根据图像分析水温及适宜时长	培养学生的分析、推理能力
	任务二：了解如何品茶、储茶	展示：不同的储茶方式	根据所学金属的腐蚀与防护知识以及茶叶的营养成分知识，分析茶叶的储存方法	巩固金属的腐蚀及其防护的相关知识；培养学生应用所学知识解决实际生活中问题的能力

图4-14 教学流程设计

环节二：种茶

【任务一】选择合适的土壤。

问题一：兰州民族中学校园的土壤是否适合种植绿茶？

学生：结合所学习的知识，通过小组讨论，分析得出测定土壤酸碱性的方法，从定性（酸碱指示剂）和定量（pH试纸）的角度，用实验验证，对学校花园内的土壤进行测定和分析，最终分析得到学校花园的土壤显碱性，不适合种植绿茶。

【资料卡片】当土壤胶体上吸附的Na、K、Mg（主要是Na）等离子的饱和度增加到一定程度时，会引起交换性阳离子的水解作用：$xNa^{+}+yH_2O=(x-y)Na^{+}+yH^{+}+yA$，在土壤溶液中产生的A使土壤呈碱性。A的化学式是什么？

学生：NaOH。

问题二：碱性土壤如何改良？假定土壤的碱性由交换性吸附产生的NaOH引起，现有下列物质：贝壳粉、Fe、$Al_2(SO_4)_3$（酸性）、硫粉、CaO、$Ca(OH)_2$、草木灰、NaCl、食醋、Fe_2O_3、Cu、NH_4Cl、NaOH、啤酒。

①按照单质、氧化物、酸、碱、盐，将以上物质分类。

②小组讨论：以上哪些物质可以改良土壤的碱性？依据是什么（用化学方程式表示）？表现出了碱的什么性质？

学生：综合考虑是否有效（真有效）、药品的价格、对环境的影响、药品的用量等，最终得到可以改良碱性土壤的物质有硫粉、NH_4Cl、$Al_2(SO_4)_3$、食醋、啤酒。

【任务二】施加合适的肥料。

问题三：常见的化肥有哪些？

学生：氮肥、磷肥、钾肥、复合肥。

问题四：根据图片中植物的生长状态判断，植物缺乏哪种营养元素？

学生：分析植物缺乏哪种肥料。

环节三：识茶

【任务一】认识茶叶的营养成分及组成。

问题一：结合表格，从化学的角度说一说喝茶的好处，并找到含量最多的成分。

学生1：可以补充微量元素。

学生2：可以补充维生素C，可以补充维生素A预防夜盲症等。

学生3：含量最多的成分是茶多酚。

【任务二】多角度认识茶多酚。

问题二：可以从哪些角度认识化学物质？

学生：物质分类、宏观、微观、定性、定量角度。

问题三：茶多酚属于哪类物质？从宏观角度认识：由哪几种元素组成？各元素的质量比是多少？碳元素的质量分数是多少？从微观角度认识：茶多酚是由什么构成的？一个茶多酚分子由什么构成？

学生1：属于有机物。

学生2：从宏观角度认识，茶多酚由C、H、O三种元素组成；各元素的质量比为132∶9∶88，碳元素的质量分数为57.6%。

学生3：从微观角度认识，茶多酚是由许多茶多酚分子构成的，一个茶多酚分子由22个碳原子、18个氢原子和11个氧原子构成。

环节四：饮茶

【任务一】了解如何泡茶。

问题一：哪种器皿不适合泡茶？（给学生展示不同材质的茶器）

学生：铁质器皿。

问题二：为什么不能用铁质器皿泡茶？

学生：金属有腐蚀性，会和茶水中的酸性物质发生反应。

问题三：如何选择水质？

学生：考虑水质的优劣，减少有害人体的物质。

问题四：选择硬水还是软水？为什么？

学生：选择软水。

问题五：如何选择水温及时长？（学生通过分析图像选择合适的温度及时长，并分析得出茶多酚的性质）

学生1：用85 ℃的水，浸泡20～30分钟饮用。

学生2：茶多酚溶于水，在一定范围内，水的温度越高，茶多酚的溶解度越大，水温超过85 ℃时，茶多酚不稳定，开始分解，得率降低。浸泡时间越长，越容易被氧化。

【任务二】了解如何品茶、储茶。

问题六："闻香识茶"是指通过闻的方法判断茶的类别，人们能够闻到茶香的原因是什么？

学生：分子在不断运动。

问题七：通常茶叶储放一段时间后，香气、滋味、颜色会发生变化，茶叶的储存方法是什么？以下哪种方法最适合储存茶叶（展示不同的茶叶储存方法），为什么？

学生：从金属的腐蚀和防护角度分析茶叶的储存方法，最终得出用小袋压缩储存最适合的结论。

结束语

茶，啜苦咽甘。当茶叶在瓷杯中与滚热的沸水拥抱，在翻腾的热浪中沉浮时，看似痛苦难耐，但随着干瘪的芽尖在水中纵情舒展，它便在这煎熬中完成了蜕变，成为一盏沁人心脾、芳香四溢的清茶。

茶的涅槃不正是象征着我们学生时代的寒窗苦读吗？——不经一番寒彻骨，怎得梅花扑鼻香。梦想的实现离不开奋斗，美丽的人生是拼搏的结果。

毕业季，与各位同学共勉！

六、教学反思

笔者对教学设计、实施过程、目标达成进行了反思：这节课不仅巩固了学生所学的知识，更重要的是培养了学生对知识的应用能力，避免了机械学习；不仅培养了学生的实验探究能力，也渗透了劳动教育、感恩教育，使学生关注到了自然、社会、生活中的现象，并进行了深入思考。但课堂生成的评价稍显不足，课外通过作业布置进行了落实和完善。

（案例设计：兰州民族中学　刘嘉敏）

【案例3】基于项目式学习的教学设计：食品脱氧剂的使用与选择——以“氧化还原反应”主题教学为例

一、项目式学习的设计理念

项目式学习是以建构主义理论为指导，以小组合作方式进行规划和解决真实世界中问题的学习方式。与常规教学相比，项目式学习强调学习者的主体性和自主性、学习内容的向心性和真实性、学习过程的问题性和发展性、学习形式的合作性和多样性，尤其重视学生自主建构项目问题的解决逻辑。本教学案例以“食品脱氧剂的使用与选择”为学习主题，通过板块化的学习任务探究食品脱氧剂的选择，完成氧化还原反应核心概念、氧化性与还原性核心概念、氧化剂与还原剂基本概念的认识，发展学生宏观辨识与微观探析、证据推理与模型认知、科学态度与社会责任等学科核心素养。

二、确定项目学习的主题

1.课程标准要求分析

《普通高中化学课程标准》（2017年版）对这部分内容的学业质量评价要求为：认识到有化合价变化的反应是氧化还原反应，了解氧化还原反应的本质是电子转移，知道常见的氧化剂和还原剂。教学价值不仅仅要关注学生对氧化还原反应的概念和本质、氧化剂与还原剂的概念、氧化性与还原性的概念、氧化还原方程式的配平、氧化性和还原性强弱的比较等静态知识的理解和掌握，更重要的是要关注知识承载的素养功能，通过教学，要促进学生对化学反应及其应用的认识发展，促进学生对物质及其性质的认识发展，促进学生对研究物质性质思路和方法的认识发展，促进学生对实际现象和问题的解释分析，从而帮助学生形成研究物质性质的思路和方法的新视角（图4-15）。

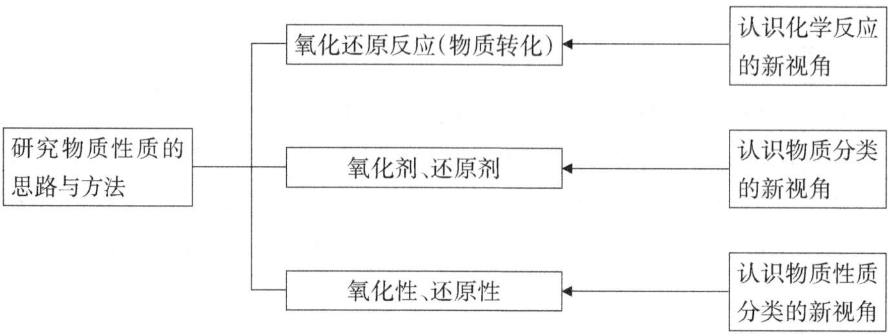

图4-15 研究物质性质的思路与方法

2.学习内容分析

人教版《化学》必修第一册教材从初中熟悉的氧化还原反应引出分析氧化还原反应的化合价角度，进而以钠和氯气、氢气和氯气反应的微观过程为例，介绍氧化还原反应的本质是电子转移；然后以典型反应氯化钠、氯化氢的微观形成过程分析为例，介绍氧化剂和还原剂的概念，帮助学生建立完整的氧化还原反应的概念体系。本部分知识内容承担的核心素养功能主要有：

①从素养发展的视角来看，就氧化还原反应的概念本身而言，其特征（元素化合价的变化）和本质（电子转移）既能体现宏观辨识（化合价变化）、微观探析（电子转移）的核心素养，又能体现对立统一的唯物主义观点。

②从学科发展的价值来看，通过引导学生从宏观与微观、定性与定量的视角认知氧化还原反应，能使学生形成外显的、显性的认知思路，进而促进“元素观、微粒观、守恒观”等化学核心观念的建立。

③从社会价值的视角来看，氧化还原反应在能源、材料、食品、环境、信息、生命活动等方面均有重要应用。

3.学情分析

（1）知识储备方面

经过初中的学习，学生已经能从得失氧的角度对化学反应进行分类，能判断物质中元素的化合价，已经了解了原子的简单结构，为从化合价变化的视角、电子转移的视角认知氧化还原反应奠定了坚实基础。

（2）学习能力方面

学生通过初三的化学学习，初步具备了观察分析能力、自主学习能力和逻辑推理能力。

（3）价值观发展方面

高一的学生对化学学习充满了好奇心和求知欲望，开始有主动思考客观世界规律的倾向，与生活和社会热点相关的物质变化能激发起他们的学习热情。

4.项目学习主题的确定

氧化还原反应的相关概念较多，虽然学生在初中接触过其中一部分，但是在高中课本中这部分概念的内涵和外延扩大了，另一部分对学生来说则是全新的概念，学生学习这些概念的原理内容比较困难，难以通过一些自主探究活动进行，所以教学过程中需要通过驱动型问题和驱动型任务，让学生逐渐接触氧化还原理论中的各个概念，借助师生对话和小组讨论的方式，引导学生在不断使用概念的过程中深化对概念的理解。

时值中秋，学生能经常接触到月饼包装袋中的脱氧剂，但是他们并不能从原理层面说明什么是脱氧剂、哪些物质可以做脱氧剂。利用食品脱氧剂的选择作为学习氧化还原反应的主题，将繁多零散的概念进行连接组织，不仅可以让学生在刚进入高中时就能逐渐养成观察和解释日常生活中化学现象的习惯，激发他们的学习热情，还可以帮助学生逐步建立认识物质性质的化合价角度，更能逐步培养学生掌握研究物质性质的一般思路和方法。

三、确定项目的学习目标

①在寻找能与氧气反应的物质的过程中，通过阅读化学史料和不完全归纳，能归纳物质及其变化的共性和特征，能说明氧化还原反应概念的发展进阶性，能从化合价角度判断氧化还原反应。

②在判断陌生物质能否做食品脱氧剂的驱动任务中，能从物质的宏观特征（化合价）认识物质性质；能通过资料阅读和交流讨论，理解氧化还原反应的本质是电子转移，并能据此演绎氧化还原反应发生的基本规律——强弱律，形成“化学变化是有条件的”观念，能在资料的支持下对具体物质的性质和化学变化作出解释或预测，能运用化学变化的规律分析说明生产、生活实际中的化学变化。

③在综合选择食品脱氧剂的驱动任务中，通过交流讨论，体验将化学反应应用于实践的设计过程，丰富认识物质性质和转化的实践角度，落实变化观念、科学态度与社会责任的学科核心素养。

四、项目学习规划

1.认知线索

认知线索见图4-16。

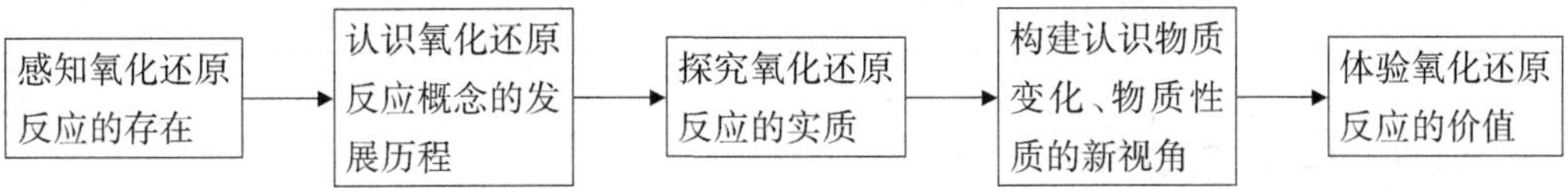

图4-16　认知线索

2.认知思维

（1）归纳抽象

从物质的宏观特征（核心元素化合价）的角度认识化学反应和物质性质，抽象出能与氧气反应的物质的基本特征——核心元素化合价能升高。

（2）演绎验证

核心元素化合价能升高的物质并不一定能与氧气在一定条件下反应。

（3）微观探析

寻找氧化还原反应发生的本质原因——电子转移，氧化剂能夺取还原剂电子的氧化还原反应才可以发生。

3.学习进阶

学习进阶见图4–17。

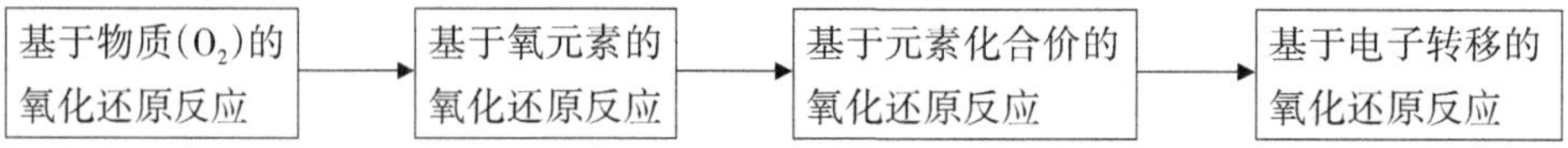

图4–17　学习进阶

4.方案设计

从实际应用的角度选择更好的食品脱氧剂，展示、分享设计成果，提炼方案的设计思路。

五、教学课时规划

教学课时规划见表4–1。

表4–1　教学课时规划

课时规划	学习任务
第1课时	任务1：展示主题，明确任务 任务2：认识氧化还原反应概念的发展历程
第2课时	任务3：从氧化性、还原性的视角分析预测物质性质 任务4：从电子转移的视角认识氧化还原反应，理解反应规律
第3课时	任务5：应用氧化还原反应规律解决实际问题 任务6：拓展应用，提炼模型

六、项目学习实施过程

1.学习任务1：展示主题，明确任务

【情境创设】中秋佳节是中华民族传统节日，有一个传统习俗——吃月饼。同学们打开月饼包装袋后是否发现有小包装袋？小袋物质是什么，有什么用？如何安全地使用？

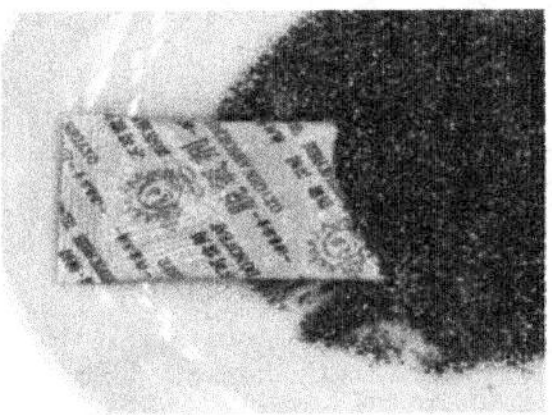

无机铁系脱氧剂
组成：活性铁粉、活性炭、生石灰等
作用：吸收氧气、吸水、减缓食品氧化
注意使用：不可微波、不能食用

【观察与思考】观察月饼包装袋中的小袋物质，从中寻找信息，并推测组成物质。

【资料链接】脱氧剂常用的反应原理有铁粉氧化（铁系）、酶氧化（酶系）、抗坏血酸氧化、光敏感性染料氧化等。目前使用的大部分脱氧剂都是基于铁粉氧化反应。这种铁系脱氧剂可做成袋状，放入包装内，使氧的浓度降到0.01%。

【主题展示】我们学过的哪些物质可以用作食品脱氧剂？

【学生活动】学生汇报，书写相关化学方程式。

【设计意图】从生活中真实的情境素材入手，通过小包装袋中物质的组成、性质预测，解决生活中实际问题，激发学生的兴趣和学习热情，让学生明确本项目的任务，探查学生已有的知识水平和认识能力。

2.学习任务2：认识氧化还原反应概念的发展历程

【思考交流】能与氧气反应的物质有什么共同点？

【知识铺垫】引导学生复习化合价。

【资料1】1774年，法国化学家拉瓦锡提出燃烧的氧化学说后，人们把物质与氧结合的反应叫作氧化反应，把物质失去氧的反应叫作还原反应。

【资料2】1852年，英国化学家弗兰克兰提出化合价的概念，逐步得到完善后，人们从化合价变化的角度认识了氧化还原反应。

【总结】得氧—化合价升高—氧化反应，失氧—化合价降低—还原反应。

【练习】从化合价的角度判断氧化还原反应。

【思考】从化合价的角度看，能和氧气反应的物质有何共同点？

【资料3】1897年，英国物理学家汤姆逊发现了电子，在此基础上，人们把化合价升降与原子最外层电子的得失和共用联系起来，重新认识了氧化还原反应。

【学习活动】阅读课本，理解钠和氯气、氢气和氧气反应的微观过程，并描述氧化还原反应的实质。

【学习评价】氧化还原反应与化合价变化、电子转移的关系（小组讨论交流，展示汇报，教师结构化归纳）。

【设计意图】在课堂对话的过程中了解学生对氧化还原反应及物质性质的已有认识，在核心问题“能与氧气反应的物质有什么共同点”的驱动下，从学生已有的氧化还原角度（得失氧）出发，结合化学史料和课本，让学生理解化合价的角度是对氧化还原反应理论的继承和发展。明确概念的发展过程以及其与学生已有认识之间的关系有利于帮助学生理解和应用概念，从而引导学生思考氧化还原反应的微观本质问题，通过阅读化学史料和课本，认识到化合价升降与电子转移之间的关系。

3.学习任务3：从氧化性、还原性的视角分析预测物质性质

【活动】列举你认为能和氧气反应的物质，并说明依据。

【总结】从核心元素化合价的角度认识氧化剂、还原剂、氧化性、还原性等概念。

【问题】连二亚硫酸钠（$Na_2S_2O_4$）能否作为食品脱氧剂?

【引导】思路：明确用途→分析原理（发生的反应）→判断反应的可能性。

【追问】连二亚硫酸钠（$Na_2S_2O_4$）是否有还原性？如何判断?

【讲述】常见的氧化剂和还原剂。

【总结】从元素化合价的角度判断物质的氧化性和还原性。

应用1：从氧化性、还原性的视角对物质分类。

应用2：预测物质可能具有的氧化性、还原性。

【设计意图】以选择食品脱氧剂为驱动任务，应用氧化还原反应的基本概念认识物质性质，从化合价的角度判断物质的氧化性和还原性，初步实现氧化还原反应概念的素养功能化。

4.学习任务4：从电子转移的视角认识氧化还原反应，理解反应规律

【问题】连二亚硫酸钠（$Na_2S_2O_4$）具有还原性，它一定能和氧气反应吗?

【引导】从化合价的角度看，金属均为还原剂。为什么有的金属单质能和氧气反应，有的金属单质却不能呢?

【活动】分析铁和氧气反应过程中电子转移的情况。(用双线桥表示)

【思考】从电子转移的角度看，能和氧气反应的物质有何共同点?

【讲述】氧化还原反应发生的强弱律。从电子转移的角度看，氧化还原反应是氧化剂夺取还原剂电子的过程。

【总结】①氧化还原反应概念的发展；能与氧气反应的物质的共同点：特征——元素化合价可升高；本质——能将电子转移给氧气。

②氧化还原反应的强弱比较规律：氧化性为氧化剂>氧化产物；还原性为还原剂>还原产物。

【设计意图】从学生熟悉的金属单质与氧气的反应出发，制造认知冲突：并非元素化合价能升高（具有还原性）的物质一定能与氧气反应。在此过程中，使学生认识到从元素化合价角度判断物质性质的局限性，引导学生建立认识氧化还原反应的电子转移角度，使学生能从电子转移的微观角度理解氧化还原反应发生的本质，从而深化对氧化还原反应规律的理解。

5.学习任务5：应用氧化还原反应规律解决实际问题

【学习活动】根据已知反应判断物质氧化性、还原性的强弱，根据结论判断连二亚硫酸钠（$Na_2S_2O_4$）能否与氧气反应。

【追问】连二亚硫酸钠（$Na_2S_2O_4$）在一定条件下能与氧气反应，所以其一定能做食品脱氧剂吗？

【交流】选择食品脱氧剂还需要考虑：无毒无害、反应条件简单、原料易得、体积小、吸收氧气能力强……

【资料链接】常用食品脱氧剂：铁系脱氧剂、亚硫酸盐系脱氧剂。

【设计意图】以判断氧化还原反应能否发生为驱动任务，在解决问题的过程中，引导学生应用逻辑演绎、理解和应用氧化还原反应的基本规律，了解判断反应可能性的一般思路。

6.学习任务6：拓展应用，提炼模型

①选择脱氧剂的思路：明确用途→分析原理→判断反应的可能性→得出反应条件。

②氧化还原反应的认知视角的结构化。

③判断氧化还原反应能否发生的依据：强弱律（应用：判断氧化还原反应的方向性、可能性）。

【设计意图】引导学生从宏观与微观、定性与定量的视角认知氧化还原反应，形成外显的、显性的认知思路，进而促进“元素观、微粒观、守恒观”等化学核心观念的建立。

【作业设计】通过生活调查和网络资源检索，分析生活中运用到了哪些食品脱氧剂，了解它们的组成、变化过程、使用方法与注意事项，谈谈自己对氧化还原反应社会价值的认识，并与同学交流分享。

【设计意图】通过这样的作业设计，拓宽学习的场域，进一步通过成果展示交流，感悟化学学科的社会价值，落实“学化学、用化学、爱化学”的课程理念。

七、教后反思

本节课把知识作为形成观念、解决问题的工具，期望学生在掌握基本概念和预测物质性质的基本方法、理解应用反应规律的同时，还能获得解决实际问题的思路。从教学实践的过程和结果来看：

①教学设计以项目式学习形式呈现，落实了核心概念（氧化还原反应）的学习，实现了从“物质—元素—化合价—微粒”的视角认知氧化还原反应，落实了“宏观辨识与微观探析”“科学态度与社会责任”的学科核心素养，实现了静态知识的素养功能化。

②学习过程始终围绕“任务驱动、问题引领、合作探究、展示交流”进行，突出问题解决过程，发展了学生“理解与辨析、归纳与论证、分析与预测、探究与创新”的学科能力，实现了隐性思维显性化，有益于学习认知模型的建构。

③“应用反应规律解决问题”中的核心活动“应用强弱律判断氧化还原反应发生的可能性”对刚接触氧化还原反应的学生来说难度较大。但是为了完整地呈现解决问题的思路，突出理论预测的核心功能，对这种教学方式的期待是不局限于某个或者某部分知识的教学，而是让学生通过不同的学习方式学习所有能用于解决主题问题的知识。

（案例设计：兰州51中　东建强）

【案例4】基于项目式学习的教学设计：拯救珊瑚礁——“二氧化碳”专题复习

一、设计理念

本节课的设计理念为从生活走进化学，从化学走向社会，促进学生科学素养的发展。本节课以“拯救珊瑚礁”为线索，提供大量真实情境素材，让学生发现问题并利用所学化学知识解决实际生产中的问题，同时复习提升对二氧化碳的整体认知。

①作为一节二氧化碳的复习课，没有采用常规的知识点总结的方式，而是通过联系“拯救珊瑚礁”的真实情境及其引发的一系列问题，使学生主动调取已有知识，认知二氧化碳相关反应及性质，建构以二氧化碳为核心的反应体系。

②注重培养学生的核心素养，让核心素养在课堂中落地生根。通过寻找二氧化碳从哪来、到哪去的过程，首先将学生一定会用到的“变化守恒”思想外显出来，其次在书写具体反应的时候强调“分类表征”的重要性。而拯救珊瑚礁的立意，包括过程中对二氧化碳的各种回收利用，均渗透了“绿色化学”的理念。

③注重联系生产生活实际，建立从生产实际分析的角度。在完成任务3的过程中，首先由学生自己设计吸收二氧化碳的反应，并进行评价，建立一定的分析角度。而后立即抛出任务4，制造冲突，让学生从更深更全面的角度考虑工业生产中的实际问题。

④拓展视野，同时让学生辩证地认识化学物质及化学反应。通过二氧化碳这个物质是“罪魁祸首”还是“肱股之臣”的分析展示，让学生辩证地看待化学物质和化学反应；通过科学前沿，让学生认识到人类在不断地利用化学反应发展创造。

⑤最后，结合碳循环，引用科学文献报道，进一步进行二氧化碳应用的学习。引导学生关注：除了物质转化，化学反应还应关注反应条件；从多角度认识化学反应。

二、教学分析

1.内容分析

二氧化碳是初中学生认识的最核心的化学物质之一，在初三化学教学中占据着非常重要的地位。化学与生产生活密切联系，化学教学应当重视与生产生活实际的联系，从而培养学生利用化学知识去解决实际问题的能力。因此，如何将二氧化碳的复习与生产生活实际联系起来，是本节课期望突破的。

（1）培养核心素养方面

通过化学的学习，期望能使学生对复杂的物质世界及其变化现象形成结构化的理性认识，能够用多种方法对物质及其变化进行表征；同时让学生认识物质的变化规律，能用对立统一和联系发展的观点认识物质及其变化。教学内容以保护环境和资源为前提，使学生建立“环境资源可持续发展”的意识，知道化学应用必须考虑化学过程对自然带来的各种影响，权衡利弊后做出决定。

（2）评价方面

从2021年起，中考化学考试内容新增“生活现象解释”“科普阅读理解”“生产实际分析”三类题型，考查学生将化学知识与生产生活进行联系解决实际问题的能力。2022年中考仍然注重上述能力的考查。

2.学情分析

学生已经学习并掌握了二氧化碳的物理化学性质，但是在知识认知的系统性和有序性方面仍有待提高。在真实的生产实际问题的解决过程中，学生还没有建立起完善的分析角度。另外，学生对于资料中信息的提取和加工能力也有待加强。

三、教学目标

①复习二氧化碳的性质，建立以二氧化碳为核心的反应体系，学习分类表征物质及反应。

②通过对实际问题的剖析，提高信息提取和加工能力，初步学会多角度考虑生产生活中的实际问题。

③复习碳循环相关知识，体会“变化守恒”的思想，体会“绿色化学”的思想，倡导低碳生活。

④体会化学反应在生产生活实际问题解决中的重要作用，辩证地认识化学物质和化学反应。

四、教学重点、难点

1.教学重点

建构以二氧化碳为核心的知识体系。

2.教学难点

形成运用化学反应和化学思想解决实际问题的思维角度。

五、教学过程

教学过程见表4-2。

表4-2 教学过程

教学环节	教师为主的活动	学生为主的活动	设计意图
环节一：拯救珊瑚礁之我寻因	【引入】课前播放珊瑚礁视频。 【任务1】珊瑚礁是怎样被破坏的呢？请阅读资料，思考并回答问题1、2。 【问题1】什么是导致珊瑚礁逐渐消失的“罪魁祸首”？ 【问题2】从海洋酸化的角度看，是什么样的反应导致珊瑚礁消失的？ 【任务2】思考二氧化碳的来源有哪些，并进行分类整理。 【展示】介绍“碳达峰”与“碳中和”。	观看视频。 从资料中获取信息，探讨珊瑚礁被破坏的原因。 1.二氧化碳是“罪魁祸首”。 2.$CaCO_3+H_2O+CO_2=\!=\!=Ca(HCO_3)_2$ 思考产生二氧化碳的途径，写出相关反应，并进行分类整理。主要按物质类别或反应类别进行分类。 了解“碳达峰”与“碳中和”的概念及相关政策。	感受海底世界的多样与美好。 引导得出破坏珊瑚礁的物质及反应。 应用变化守恒思想，梳理生成二氧化碳的相关反应，并且建立思路的有序性，体会分类表征思想。 认识降低二氧化碳浓度的必要性。
环节二：拯救珊瑚礁之我行动	【任务3】假设你是某工厂的工程师，请你设计方案吸收工厂尾气中的二氧化碳。 【任务4】工业生产中有两种常见的二氧化碳捕集吸收法，应用到的物质有$NH_3\cdot H_2O$和K_2CO_3，为什么工业生产中应用上述两种物质吸收二氧化碳？ 【展示】“罪魁祸首”还是“肱股之臣”？分析仍然存在的问题。	思考消耗二氧化碳的反应，写出反应方程式，并进行优化选择。 最终聚焦在NaOH和$Ca(OH)_2$分别与二氧化碳的反应上。 完成两种反应的化学方程式。 $NH_3\cdot H_2O+CO_2=\!=\!=NH_4HCO_3$ $K_2CO_3+H_2O+CO_2=\!=\!=2KHCO_3$ 评价分析两种化学吸收方法，讨论选择的原因。 感受思考，发现问题。	复习以二氧化碳为反应物的反应，再次应用变化守恒思想。 建立分析评价实际生产问题的角度。 辩证地看待化学物质。
环节三：拯救珊瑚礁之我畅想	【问题】为了更好地拯救珊瑚礁，请畅想：捕集后的二氧化碳还可能怎样使用？ 【活动】回顾碳循环，寻求突破。 【追问】为什么难以实现？ 【展示】目前前沿领域的研究： 1. 2021年9月，中国科学院天津工业生物技术研究所的马延和所长和蔡韬副研究员等人实现了利用二氧化碳制淀粉。 2. 2022年实现了将二氧化碳转化为葡萄糖、油脂、电池燃料等。 【总结】“拯救”的思路和意义。	结合碳循环图，思考如何突破。 唯一能突破的地方就是将二氧化碳转化为化石燃料或类似的有机物。 思考反应条件或能量的影响。 观看资料。 感受化学反应的魅力。 感受应用化学反应解决实际问题的思路。	打开思路，再次应用守恒思想。 除了物质转化，化学反应还应关注反应条件，要从多角度认识化学反应。 通过科学前沿的研究，拓宽视野，认识化学反应对人类社会的贡献。 总结提升，并体会“绿色化学”思想。

六、学习效果评价

通过学案辅助，课后评价学生以二氧化碳为核心的反应体系建构情况及对生产实际分析的落实情况。以其中一个评价为例：

【评价目标】以二氧化碳为产物的反应的总结及分类。

【评价活动】思考写出二氧化碳的来源有哪些，进行分类整理并展示。

某组同学填写的学案内容如下：

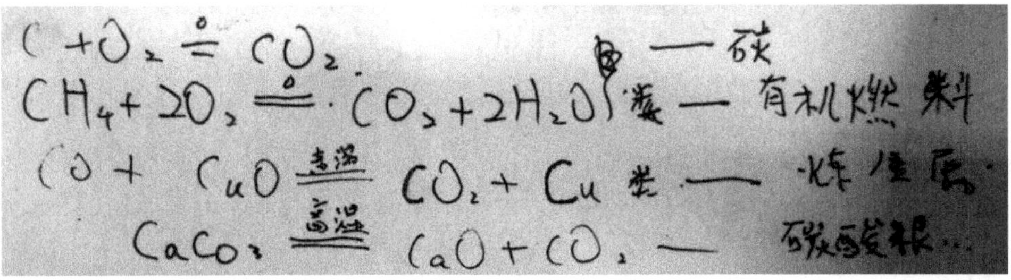

【评价标准】

评价标准见表4-3。

表4-3　评价标准

评价内容	评价项目	本组评价	他组评价	教师评价
反应书写 （40分）	1.书写正确（20分） 2.总结全面（20分）	40分	34分 反应条件表述不准确，漏写了一些反应	36分 写出了一些基本反应，但应描述更准确，有些反应可以补充
分类表征 （30分）	1.有分类的思想（10分） 2.分类角度正确（10分） 3.分类全面（10分）	30分	27分 分类里没有包括所有反应	29分 分析表征比较全面，思路清晰
活动过程 （30分）	1.态度积极（10分） 2.讲解交流（10分） 3.提出问题（10分）	28分 讲解有点简单	26分 不够流利	30分 分析解答比较充分，思路清晰

七、板书设计

板书设计见图4-18。

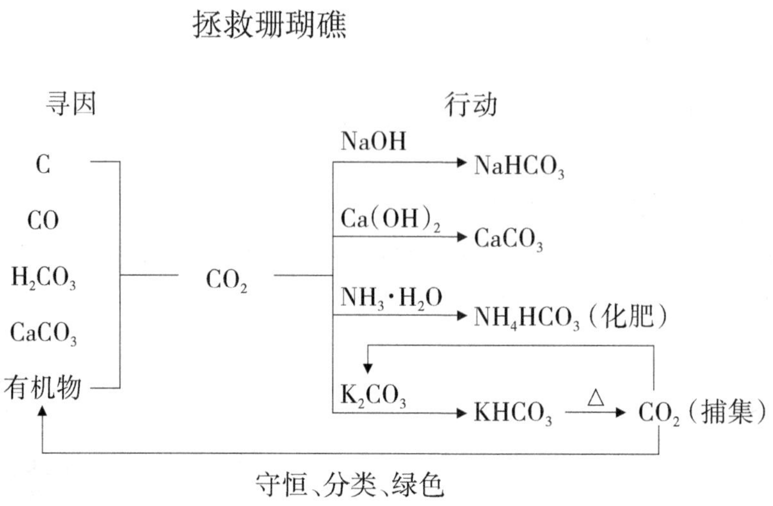

图4-18 板书设计

附：

“拯救珊瑚礁”学案设计

一、我寻因

【任务1】珊瑚礁是怎样被破坏的呢？请阅读资料，思考并回答问题1、问题2。

消失的珊瑚礁

珊瑚礁是数百万年来由珊瑚虫的钙质硬壳与碎片堆积，并经珊瑚藻和群虫等生物遗体胶结而成的一种结构。这个结构可以影响其周围环境的物理和生态条件，为许多动植物提供了生活环境。珊瑚礁的形成对水温、酸碱度、水深和光照等条件都有比较严格的要求。

在伦敦举行的一次学术会议上，科学家提出在过去的30年里，最大的珊瑚礁——大堡礁，已经失去了近50%的珊瑚，并正以越来越快的速度不断衰亡。在诸多影响因素中，由二氧化碳排放过量引起的日益变暖的气候和日渐酸化的海水对珊瑚礁的生存产生了最为严重的威胁。科学家警告说，如果不能大幅降低二氧化碳水平，此后数十年内珊瑚礁的生长将逐渐停止并开始溶解，直至全世界所有珊瑚礁遭受“毁灭”的命运。

二氧化碳是怎么使珊瑚礁逐渐消失的呢？机理比较复杂。但从海水酸化的角度，我们可以简单地解释为，在海水中珊瑚礁的主要成分碳酸钙与过量的二氧化碳反应，生成了溶解性较大的碳酸氢钙，进而导致珊瑚礁的逐渐溶解甚至灭亡。

1. 什么是导致珊瑚礁逐渐消失的“罪魁祸首”？

2. 从海洋酸化的角度看，是什么样的反应导致珊瑚礁消失的？

【任务2】思考二氧化碳的来源有哪些，并进行分类整理。

二、我行动

【任务3】假设你是某工厂的工程师，请你设计方案吸收工厂尾气中的二氧化碳。

【任务4】工业生产中有两种常见的二氧化碳捕集吸收法（表4–4），应用到的化学物质有$NH_3 \cdot H_2O$和K_2CO_3，为什么工业生产中应用上述两种物质吸收二氧化碳？

表4–4　常见的二氧化碳捕集吸收法比较

比较项目	氨水法	热钾碱法
化学物质	$NH_3 \cdot H_2O$	K_2CO_3
物质类别	弱碱	盐
腐蚀性	较小	较大
是否循环使用	否（产物NH_4HCO_3可做肥料）	是
净化能力	95%以上	98%左右
使用成本	低	较低

三、我畅想

为了拯救珊瑚礁，请畅想：捕集后的二氧化碳还可以怎样更优化地使用？

（案例设计：兰州21中　王春亮）

第五章　指向深度学习的教学设计与实践

第一节　深度学习的内涵

一、深度学习的内涵

深度学习是指在教师引领下，学生围绕着具有挑战性的学习主题，全身心积极参与、体验成功、获得发展的有意义的学习过程。所以，指向深度学习的教学，其意义在于教师在激发学生学习乐趣的同时，注重学生学习能力的培养；让学生在参与课堂活动的同时，重视知识的系统化传递；在追求师生愉悦的基础上，强调德育的培育，最终实现学生在秉承学科素养、掌握学习能力、持有价值追求基础上的可循环学习。深度学习由瑞典哥德堡大学的研究者Ference Marton等人基于学习本质的层级理论提出。

深度学习指向的是学生的学习程度，是学生从知识本位学习到知识本质学习的转化。实际上，知识既是静态的，也是动态的。当我们把知识看作人类认识世界的结果时，知识是静止不动的；但当我们把知识视为人类探寻世界的过程时，知识本身就凸显了人类思考与实践的思维和方法。知识在此时就变为了动态的，且具有过程属性。两者一个是知识的本位，一个是知识的本质。而所谓学习的过程，实际上就是将人类已有的认识成果系统习得的过程。这种成果的习得不仅应包括人类认识世界的结果，还应包括人类认识世界的过程。所以，指向深度学习的教学应当是促进学生从知识本位学习转化到知识本质学习的教学，也就是除了静止的学科知识外，更加强调对学科逻辑体系、思维方式的把控，更加强调学习方法的掌握和道德品格的塑造。

深度教学的“深度”建立在完整而深刻地处理和理解知识的基础之上。艾根认为“学习深度”具有三个基本标准，即知识学习的充分广度、知识学习的充分深度和知识学习的充分关联度。

二、深度学习与传统意义学习的区别

1.深度学习与浅层学习的区别

深度学习与浅层学习的比较见表5-1。

表 5-1　深度学习与浅层学习的比较

比较项目	深度学习	浅层学习
学习目标	关注解决复杂问题所需要的核心知识和学习者高阶思维能力的发展	关注解决浅显问题所需要的基本知识和技能，通常为低阶思维能力的获得
学习形态	深层加工、深度理解及长期保持；知识建构、迁移应用及问题解决	被动接受、简单重复和机械记忆
知识体系	新旧知识联系的、多学科融合的，以复杂问题为主线	单学科的、零散的、简单的、孤立的、不相关的事实或概念，浅显的问题
学习动机	内在的、满足求知乐趣的自身需求	适应非自身需求的外在压力
投入程度	主动学习	被动认知
信息技术	作为学习工具（认知工具、协作工具、探究工具）——用技术学习	作为辅教工具（播放和演示）——从技术中学习
思维层次	高水平思维（创新能力、问题求解能力、决策能力和批判性思维能力）	低水平思维（知道、记忆、背诵等）
迁移能力	灵活运用所学知识和能力，将其迁移到实践中解决实际问题	只限于机械解决问题，不能综合、灵活运用所学知识
建构反思	逐步加深理解，批判性思维、自我反思（元认知）	学习过程中缺少反思

2. 强化情感驱动的“非认知学习”

与传统的片面强调知识技能的“认知型学习”相比，“深度学习”把“非认知学习”放到突出的位置，如自我管理、时间管理、自主性、适应性、执行力等。“非认知学习”属于社会-情感性学习，它与各种认知性学习紧密相连，但性质不同。种种研究表明，对许多学生而言，非认知学习及技能与认知型学习相比，在学生的核心素养体系中居于十分重要的地位，并且预示着更长久的成功。

3. 立足于真实情境的问题解决

核心素养离不开知识，但单纯的知识不等于素养。只有将知识与技能用于解决复杂问题和处理不可预测情境所形成的能力和道德，才是核心素养。“深度学习”强调让学生在真实情境里，通过自主与合作学习，迁移所学知识，解决实际问题。

4. 侧重于挑战性内容和高阶思维能力的学习

21 世纪的高阶思维能力须适应知识经济、终身学习、信息社会和全球化时代的需要，“问题解决、批判性思维、开放性视野和创新能力”被国际公认为 21 世纪的高阶思维能力。基于“深度学习”的学习评价不在于你学到了多少知识、解答了多少问题，而在于你的学习内容有多大的挑战性，解答的问题是否具有 21 世纪高阶思维能力的特征。

5.学科内和学科间的整合性学习

未来社会人们所遇到的情境和问题更加具有开放性、综合性、不确定性和复杂性，仅仅依靠某一方面或某一学科的知识已难以胜任解决问题的重任，因而需要调动多角度、多维度、系统性、综合性的知识和多方面的能力。因此，基于学科内和学科间的课程整合，就成为21世纪以来教育改革的重要趋势。

6.突出深度思辨的思维指向

就学习而言，假设、推断、思辨、想象、联想比知识更重要。通过思辨，培养学生敢于实践、勇于探究的科学精神，以及追求真理、敢于质疑的批判性思维，并引导学生去关注人与自我、人与他人、人与自然、人与社会的关系，去思考人类的幸福和未来；通过思辨，引导学生根据具体问题，独立思考、自主判断，比较和辨析不同观点，去发现新问题、提出新观点、探寻新规律。深度学习涉及以下三个方面的“深度”：

（1）学习结果的深度

表现为认知、自我、人际三方面的高阶能力，这是学生以后在高校学习、生活、工作中成功解决问题的能力储备。为了培育学生的这些能力并实现其有效迁移，需要有与之配套的学习方法。

（2）学习方法的深度

表现为复杂问题的解决（而不是知识传授），深度学习的方法有很多，如探究学习、项目学习等，但无论是哪种方法，均以问题解决为导向。为了促使学生顺利完成深度学习，需要他们积极参与其中。

（3）学习参与的深度

人类的神经网络也可以人为地分为输入层、隐层和输出层。深度参与可促使更多层数的隐层神经网络参与“训练”，从而实现更高层次的抽象，挖掘出更深的意义（外在表现为学生从识记、理解到思维、创造的提升）。从这个层面讲，教育中的深度学习与技术中的深度学习具有相同的理念。只不过前者的训练集是蕴含知识的习题与项目，而终极目标是发展人类智慧。

7.深度学习教学的理论支撑

深度学习所提出的“学生围绕着具有挑战性的学习主题进行学习”的思想源自苏联教育家维果茨基提出的最近发展区理论。最近发展区理论认为，儿童的实际发展水平与潜在发展水平之间存在差距，前者由儿童独立解决问题的能力而定，后者则是指在成人的指导下或是与能力较强的同伴合作时，儿童表现出来的解决问题的能力。两种能力间的区域就是最近发展区，其理论示意图如图5-1所示。

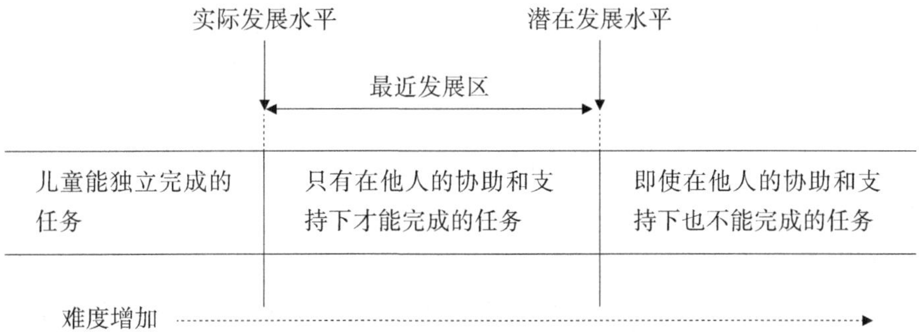

图5-1　最近发展区理论示意图

这一区域在教学实践中尤为重要。也就是说，学生实际具备的学习水平与潜在最大化的学习水平之间的阈才是真正的教学重点。指向深度学习的教学应当是能促进学生从知识本位学习到知识本质学习的教学，实际上也是一种在最近发展区内的教学。教师首先应当基于学生的个体差异认知到每个学生的阈值，只有了解并把握好学生需要进行深度学习的阈值，并基于此进行有效的引导，才能实现更优化、更有意义的教学。若想更有效地促进学生发展，教师就应在教学时多为学生布置一些仅凭学生自身难以达到，但在教师指导下可以完成的任务，这些有深度的任务除了本位知识外，还应覆盖学科体系与思维、学科理念与素养、学习思路与方法、道德情操及价值追求等内容。换言之，也就是让学生进行有效的深度学习。促进学生的内化和吸收也十分重要，只有让这些知识、理念、方法合理转化为学生接下来学习和生活的经验，学生的深度学习才可以不断循环。

第二节　深度学习的化学教学设计策略

一、化学学科深度学习的内涵

1.深度学习的内涵

深度学习是指在教学中，学生积极参与、全身心投入、获得健康发展的、有意义的学习过程。在这个过程中，学生在素养导向学习目标的引领下，能够聚焦引领性学习主题，展开有挑战性的学习任务与活动，掌握学科基础知识与基本方法，体会学科基本思想，建构知识结构，理解并评判学习内容与过程；能够综合运用知识和方法创造性地解决问题，形成积极的内在学习动机、高级的社会性情感和正确的价值观，成为既有扎实学识基础，又有独立思考能力，且善于合作、有社会责任感、具备创新精神和实践能力、能够创造美好未来的社会实践的主人。

2.化学深度学习的内涵

深度学习旨在让学生掌握学科的核心知识，理解学习的过程，把握学科的本质及思想方法，形成积极的内在学习动机、高级的社会性情感、积极的态度、正确的价值观，最终成为既具独立性、批判性、创造性，又有合作精神、基础扎实的优秀的学习者，成为未来社会实践的主人。

化学学科深度学习旨在通过具有化学学科特色的挑战性任务，促进学生化学学科核心素养的发展。其学习目标更强调在获得化学核心知识的基础上，促进化学学科核心素养的发展；其学习过程更强调通过化学学科特有的学习活动——以化学实验为主的多种探究活动，实现学生学习方式的改变，让学生完成挑战性任务，积极参与，产生情感共鸣；其学习结果更强调化学学科思想方法的理解与运用。化学学科深度学习的路径如图5-2所示，深度学习具备的基本特征如图5-3所示，深度学习的四要素如图5-4所示。

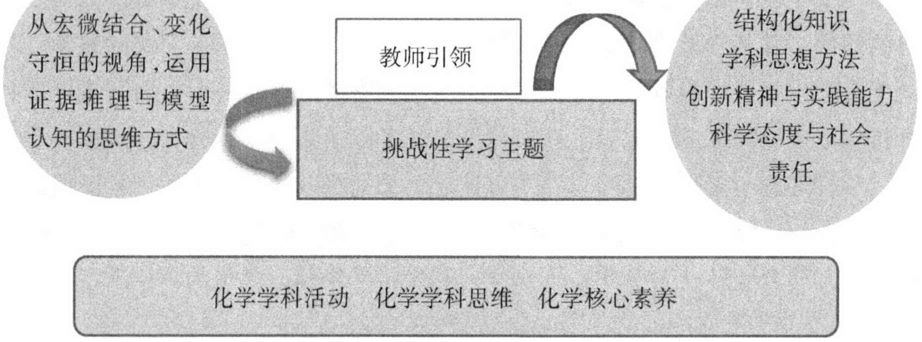

图5-2　深度学习的路径

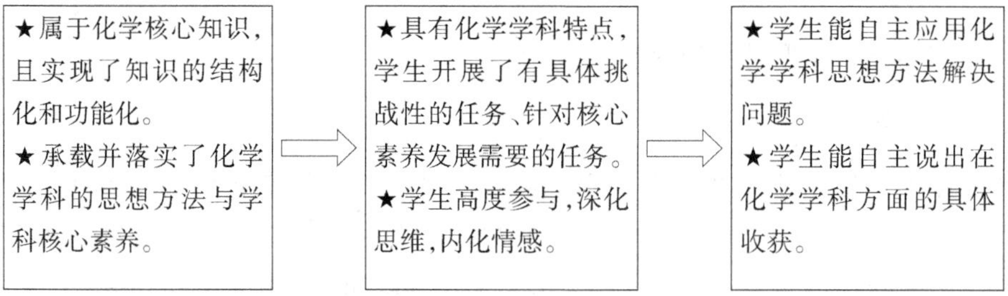

图5-3　深度学习具备的基本特征分析

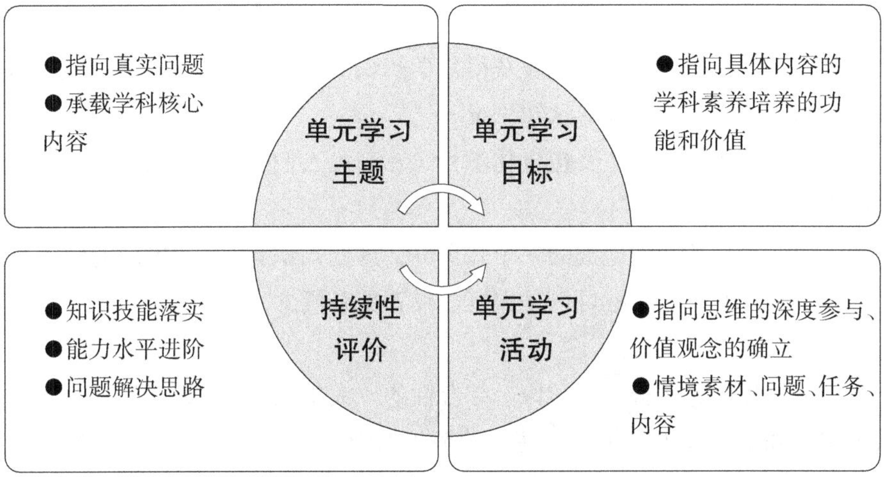

图5-4　深度学习的四要素

二、深度学习的教学设计策略

深度学习的发生需要条件，教师对学习目标、学习内容、学习过程、学习评价的设计是深度学习发生的保障。为了实现学生的深度学习，教师需要依据化学核心知识确定单元学习主题，依据该单元学习主题的知识结构及其挑战性任务，设计整个教学过程。单元学习主题统领的教学是打通知识到素养的通道，通过让学生完成具有挑战性的任务，促进学生对化学核心知识和学科思想方法的深刻理解，实现迁移应用，培养学生的关键能力、必备品格和正确价值观。以单元学习主题统领的单元整体教学设计，具体包括：确定单元学习主题、确定单元学习目标、整体规划单元学习主题的教学、设计单元学习活动、设计持续性评价。

1. 确定单元学习主题

（1）化学学习主题的框架结构（图5-5）

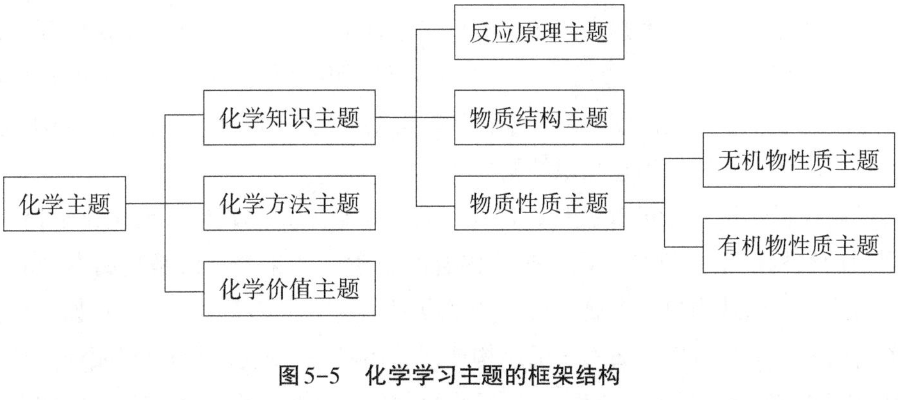

图5-5　化学学习主题的框架结构

①化学知识主题的内容主要包含化学物质的组成、结构、性质、变化等方面的知识

与技能。

②化学方法主题的内容主要包含获得化学知识的内容，获得过程中的化学实践，以及化学认知的方法和认知途径、认知思维。

③化学价值主题的内容主要包含化学科学在满足人们美好生活、促进社会持续发展方面的作用。

化学主题是由一类知识组成的一个知识群，这些知识具有共同的化学属性，包含具有素养的功能，它的主题名称可以是大概念或者核心概念。

（2）单元教学的理解

①单元不是强调跨学科、跨学段、综合性的“大单元”，而是指基于学科核心素养、学生认知规律和学科知识逻辑体系建构的最小的学科教学单位，“大单元教学”体现在对学科教学单元内容进行的二度开发和整体设计上。

②大单元教学设计是指以大主题或大任务为中心，对学习内容进行分析、整合、重组和开发，形成具有明确的主题（或专题、话题、大问题）、目标、任务、情境、活动、评价等要素的一个结构化的具有多种课型的统筹规划和科学设计，而实践研究则是教师将大单元教学设计在课堂上落地实施与呈现的过程。

2.单元主题教学的确定思路

单元学习主题回答“学生要学什么才能获得深度学习能力”的问题，是围绕学科某一核心内容组织起来的，体现学科知识发展、学科思想与方法，深化或丰富学生认识世界的方式，激发学生深度参与学习活动，促进学生持续发展的挑战性任务主题。主题统领的教学是打通知识到素养的通道，通过让学生完成具有挑战性的任务，使学生获得对知识和学科思想方法的深刻理解，实现迁移应用，培养学生的关键能力和必备品格。深度学习倡导单元学习主题教学，“单元学习主题”是课程实施的单元，以学科核心素养及其进阶为目标，对相关教学内容进行整合，体现学习目标、学习情境、学习活动和学习评价的一致性。

确定单元学习主题时，要考虑课程标准、化学核心知识结构和学生经验。单元学习主题可以是社会性议题或者热点问题，也可以是日常生产生活中需要解决的问题，还可以是化学学科问题。学生身边需要解决的实际问题更具有驱动性，学生更有兴趣去解决。确定单元学习主题是深度学习教学设计的首要问题，其教学流程如图5-6所示。

（1）明确核心知识，构建知识结构框架

通过研究化学课程标准和教材，以及对化学学科知识的理解，明确化学核心知识，构建知识的结构框架。例如，初中金属内容的教学，如果关注的是金属本身的知识内容，则构建的知识结构包含金属性质、金属应用、金属制备等内容要素；如果整合与金属相关的内容，不仅考虑金属本身的结构框架，还考虑金属应用的材料领域的结构框架（材料的成分、性能、制备、使用），并且将材料的结构框架和金属知识的结构框架构建联系，就能构建更具整合性的知识结构框架，这属于更高水平的知识框架。越高水平的知识框架，越能包含不同维度的内容，越能反映学科本质和学科思想方法。教师不仅要关注教科书中某节内容（某课题）中的具体知识，更要关注整章（单元）的知识，挖掘不同节（课题）、章之间教学内容的关系，重视联系实际、科学探究与化学知识间的联系，关注与其相关的化学课程标准的其他内容专题，例如化学与社会发展、科学探究等。

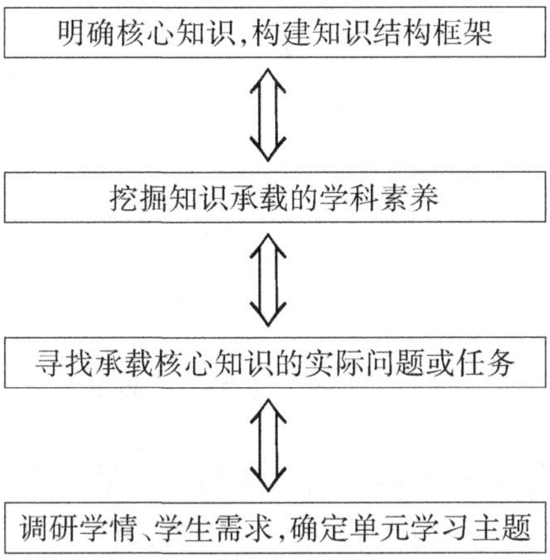

图5-6　单元学习主题教学流程

（2）挖掘知识承载的学科核心素养

深度学习的目标不仅仅是让学生获得核心知识，更要让学生获得学科核心素养的发展。也就是在知识学习的基础上，发挥知识的育人价值。核心知识是有功能的，能够承载化学学科核心素养，越是核心的知识，越具有教育价值。

如何挖掘知识的教育价值？首先需要知道学科核心素养有哪些，再结合具体知识进行深入分析。构建出的知识结构有助于挖掘知识的教育价值。例如，构建出初中金属主题的知识结构，有助于挖掘出金属内容承载的研究一类物质性质的思路方法，属于“科学探究与创新意识”核心素养的发展点。如果构建的知识结构包含了材料维度，就能进一步挖掘出金属性质与材料的关系，体现出材料问题分析的基本框架，体现出从化学视角分析金属材料选择和使用的思路方法。如果知识结构中整合了物质制备及其使用与环境、社会的关系，就能够挖掘出金属内容承载的“科学态度与社会责任”核心素养，通过分析金属矿物的开发和金属材料的使用对环境、人类健康、社会发展带来的影响，可以促使学生学会权衡利弊，分析实际问题时能够结合可持续发展价值观念，锻炼学生作出决策的能力。

（3）寻找承载核心知识的实际问题或任务

情境化的教学更能够培养学生的化学学科核心素养，体现知识的育人价值，也更能体现知识的应用价值，培养学生的问题解决能力，具有驱动力和挑战性。因此，明确知识结构，确立知识承载的学科核心素养之后，还需要寻找承载知识的问题或任务，特别是学生感兴趣的热点问题及学生身边需要完成的实际任务。例如，金属相关的实际问题包括：易拉罐材料的选择与使用、不锈钢保温杯的选择与使用、合理使用金属制品等。

（4）调研学情、学习需求，确定单元学习主题

教师通过对学生的访谈或调查问卷，了解学生感兴趣的与核心知识相关的实际问题和任务，考虑学生的问题解决能力，进而确定单元学习主题。学情分析思路如图5-7所示。

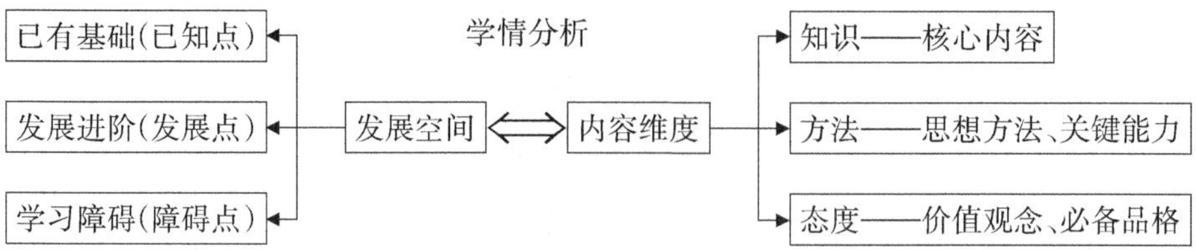

图5-7 学情分析思路

例如，结合日常生活中与金属材料密切相关、学生感兴趣的问题——易拉罐材料的选择和使用，进而确定单元学习主题为：我为易拉罐材料代言。这一主题属于实际问题解决类学习主题。实践表明，这类单元学习主题学生非常喜欢，主题名称彰显挑战性和驱动性。如何诊断单元学习主题是否合适？好的单元学习主题往往涵盖核心知识，体现知识结构框架；有稳定的认识领域和研究对象，需要一定的认识角度和思路；有真实的客观存在或应用；与其他内容专题有实质性联系，具有复杂性和综合性，承载着全程的持续学习；学生感兴趣，具有驱动性，可实施。好的单元学习主题名称应彰显挑战性或体现化学学科核心素养。例如，"基于证据探索物质世界构成的奥秘""从化学视角分析解决环境问题——酸雨""基于模型系统分析电化学复杂问题"等。

3.确定单元学习目标

深度学习的学习目标与常规学习的学习目标的相同点是：知识目标符合化学课程标准和教材的基本要求，水平符合学生的已有基础。

深度学习的学习目标以核心知识为载体，指向学生对学科思想和方法的理解，指向迁移应用所学知识和方法解决问题的能力；关于学科思想方法和核心素养方面的目标，不是泛泛而谈，而是具体明确、可探查的；知识、方法、观念、能力等各维度是整合、紧密结合在一起的。一般通过主要活动或问题解决获得核心知识，建立解决问题的思路方法，培养必备品格和正确的价值观念。

确定单元学习目标时，要将单元学习主题承载的化学学科核心素养具体化，要把知识、方法、能力、观念、态度等进行整合。具体流程如图5-8所示。

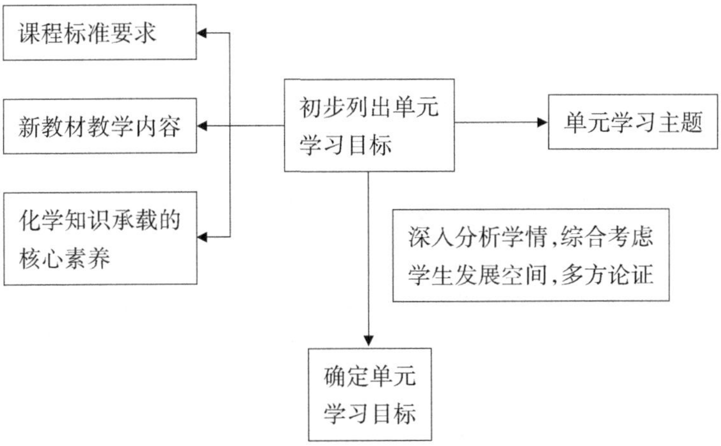

图5-8　确定单元学习目标的流程

（1）初步列出单元学习目标

依据课程标准要求和教材中的教学内容，依据化学知识承载的核心素养，结合单元学习主题，初步列出单元学习目标。化学课程标准中的内容标准规定了课程内容及其基本要求；教材给出了具体的教学内容，通过单元学习主题对教学内容进行了重组和整合，明确了需要落实的化学学科核心素养；结合单元学习主题，可以将核心素养具体化。教师要将课程标准、教材、单元学习主题三者相互结合，综合分析，初步列出单元学习目标，特别是化学学科核心素养层面的具体学习目标。

（2）确定单元学习目标

结合学情分析，综合考虑学生发展空间，多方论证，确定单元学习目标。由于深度学习非常强调学生在学科核心素养方面的发展，因此制定学习目标时要明确具体的学科思想方法。这就需要了解学生的已有观念、方法、能力、素养水平，只有在此基础上，才能确定通过单元学习主题教学期望学生发展到的水平。由于以往教师更多关注的是学生在具体知识方面的学情，因此需要通过访谈、问卷等方法确定学生在观念、方法、能力、素养方面的已有基础。最后，再综合考虑学生的发展空间，确定核心素养方面目标的具体内容及其水平，进而确定单元学习目标。例如，金属材料单元的学习目标如下：

①通过铁铝及其化合物性质的概括分析，落实研究物质性质和转化的思路方法，能够从组成类别通性和元素价态两个角度研究物质的性质和转化。建立以元素为核心的多代表物、多类别的物质组，形成多角度系统、关联、宏微结合认识物质性质的方法和思路。

②通过实验探究铁铝重要物质之间的转化关系，形成有目的地获取实验或事实证据的能力，以及应用氧化还原反应、离子反应相关理论从反应的微观本质解释宏观实验现象的能力，形成自主学习、合作探究的意识。

③应用性质和转化关系分析解决实际问题——材料的选择和使用。建立从化学视角分析材料问题的角度（框架）和思路——能够将材料问题转化成化学问题，聚焦物质性

质及转化，从性能、成本、使用三方面进行研究。

④通过材料成本分析，在材料选择决策过程中形成循环利用、可持续发展的意识，认识到实际问题的解决需要综合考量社会、科学、环境、技术的共同作用和影响。

4.整体规划单元学习主题的教学

确立单元学习主题和单元学习目标之后，教师要进行单元学习主题的整体规划，综合考虑问题解决过程、知识逻辑顺序、学生的认知发展、学生的能力发展。单元学习主题教学的整体规划一般分为三个阶段：设计问题；规划课时及其安排；系统审视，优化设计（图5-9）。

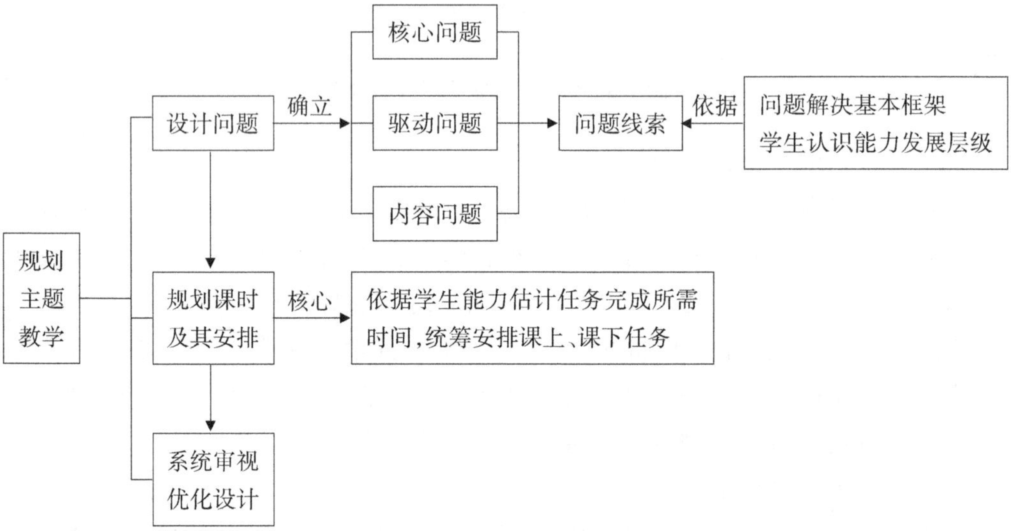

图5-9　单元主题教学的规划

（1）设计问题

拆解任务，设计问题，包括确立主题的核心问题、驱动问题和内容问题。依据单元学习主题，拆解任务，确立核心问题，然后依据核心问题解决的基本框架、学生认识能力发展层级设计驱动问题。核心问题是主题的关键问题，驱动问题一般具有普适性和开放性，符合完成主题教学的基本思路和框架，能激发学生的好奇心，并且需要高层次思维，值得不断探究。

（2）规划课时及其安排

首先，依据学生能力估计任务完成所需的时间，进而规划每个任务的课时及其安排。尽可能通过单元学习主题涵盖主要的教学内容，对于实在无法归入主题中但学生需要掌握的零散知识点，可以在单元学习主题教学的不同阶段进行专门的梳理。然后，确定每课时需要完成的任务，明确具体问题、知识、活动、素材等。在该阶段需要统筹安排课上和课下任务，确保需要教师指导的核心活动在课上进行，学生可以自主完成的任务在课下完成。课下任务是课上任务的延伸或者是为课上任务提供基础。

（3）系统审视，优化设计

再次检查确认：是否涵盖了化学核心知识；是否围绕单元学习主题合理设计了驱动问题；是否将教学内容与问题解决进行了较好的融合；是否体现了解决问题的思路和框架；是否提供了适用于学生化学学科核心素养发展的活动；课上、课下任务安排是否合理且有可操作性。根据发现的不足，进行教学设计的改进和优化。

5.设计单元学习活动

设计单元学习活动，需要整体考虑问题解决过程，特别是驱动问题解决所需要的活动，让学生真正经历问题解决的过程，确保核心素养发展所必需的活动，注重活动的开放度。此外，还要在整个单元学习活动中，尽量让学生体验关键能力的不断进阶，从学习理解到实践应用，再到迁移创新。

（1）根据驱动问题和内容问题解决的需要设计活动

教师需要综合考虑驱动问题的需要和重要性（能否落实学生化学学科思想方法的建构和核心素养的发展）、学生的活动经验基础、教学时间安排等，以此确定活动形式。越是需要学生建构问题解决能力的，越需要探究、研讨等活动形式，让学生经历自主解决问题的过程；越是重要的化学核心知识，越需要学生经历探究、研讨等活动形式，让学生亲自经历知识的建构过程或者问题解决过程。不要盲目地让学生查找资料或者汇报，而是要先分析在资料查阅或者汇报的过程中学生能够收获什么。如果仅仅是让学生获得事实性知识，就需要谨慎使用了。

（2）确保核心活动的重要地位和实施空间

由于教学时间有限，因此教师需要分析活动的主次，确保核心活动的重要地位和实施的空间，确保核心活动的开放度，避免学生的实践性和自主性过小。重要的、需要教师指导的活动在课上进行，给学生充足的时间，次要的、学生能够自主进行的活动在课下进行。因为学科思想方法的获得，特别是化学学科核心素养的培育，需要学生真正自主进行活动，仅凭教师的阐述分析或总结提炼是不能将其直接内化为学生的能力或者行为的。

（3）统筹设计课上活动与课下任务

单元学习主题的活动设计，不仅要考虑不同课时之间的活动关系，满足整个单元系统的问题解决框架或者学生认识能力发展的进阶，还要密切考虑课上活动与课下任务的统筹安排，满足课上活动的需要与课后的延伸。例如，“分析铁、铜、铝材料的成本”这一驱动问题，需要在课上进行深入的探讨分析，教师先让学生课下自主查找资料，并分析从成本的角度看，更倾向选择铁、铜、铝中的哪种作为易拉罐的材料。该任务放在课下进行，既为课上研讨材料成本问题奠定了基础（学生初步具备了分析金属材料成本的基本角度），又让学生在查找资料解决问题的过程中获得了一些基本的化学知识（铁、铝、铜的制备方法等）。此外，也为课上的研讨提供了一些基本资料和认识。这种课下任务的设计既与学习目标一致，又具有驱动性，还能够服务于课上活动，增强课上活动学生参与的积极性和思维的深刻性，很符合深度学习活动的特点。

（4）结合多个方面综合考量活动的质量

为了确保活动的适宜性，需要对设计出来的活动从多个方面进一步考量：重要的活动是否与深度学习目标相契合；是否让学生参与了挑战性任务；重要的活动是否给予了充足时间，是否让学生进行了充分实践或者完整体验；课上、课下活动是否有机结合，分配和衔接是否合理；在整个单元学习主题中，学生是否经历了多样化的活动形式；每个活动的目的与内容、形式与组织、素材选取与使用是否匹配，例如，根据需要确定是否让学生进行资料的查阅和汇报，避免盲目地让学生活动。选择解决问题的活动形式时，需要根据问题的类型和解决问题的目的，选择适宜的活动形式。总之，应该讲解的时候，要讲解得清楚、到位；应该指导示范的时候，要指导得清楚、示范得清晰；应该让学生探究的时候，要让学生进行充分的探究。

6.设计持续性评价

持续性评价是指整个单元学习主题教学过程中都要进行评价，包括教学前、教学中的重要环节和教学后。持续性评价的内容既包括核心知识，又包括化学学科思想方法、问题解决能力、必备品格和价值观念等。持续性评价的原则如下：

（1）一致性原则

与单元学习目标一致，指向理解和思维发展，确定清晰的评价内容和评价标准。

（2）系统性原则

评价目标、评价任务、评价方式（含评价工具）之间紧密关联。

（3）过程性原则

评价和反馈贯穿学习活动始终，对学习过程和结果进行评价时，评价反馈的内容要具体，明确改进方向和目标，以利于学生理解。

（4）激励性原则

采用多样化评价方式，指向目标达成、活动表现等，评价内容和评价方式激励学生在原有水平上发展。

在单元学习主题教学中，学生的发展是通过一系列的学习活动逐渐进阶的，教师不仅要通过持续性评价诊断学生的素养水平，还要通过活动中的过程性评价促进学生核心素养的进阶，并且依据学生的表现调整教学进程及其活动。要达成上述目的，需要对持续性评价进行整体规划，设计持续性评价方案，具体包括评价目标、评价标准、评价任务、评价方式与评价工具。单元学习评价方案设计的流程如图5-10所示。

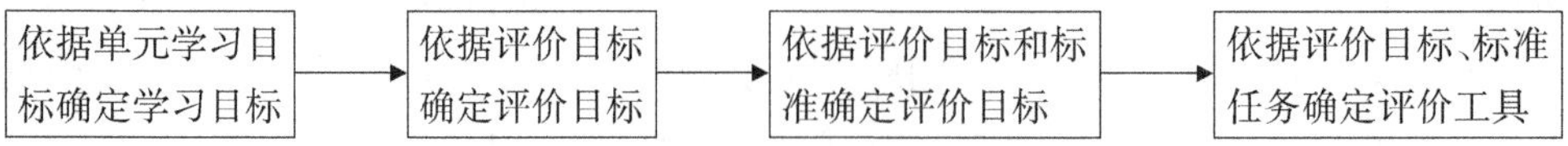

图5-10　单元学习评价方案设计的流程

评价目标与单元学习主题、学生化学学科核心素养发展目标要一致，评价标准指向化学学科核心素养具体内涵的活动表现，评价任务对应单元学习活动，评价方式要多样化，可以是教师和学生的即时点评，可以是教师的阶段性总结评价，也可以是依据评价工具的活动表现评价等。

针对核心活动的评价需要结合一定的评价工具——评价量表，评价量表可以是教师的观测量表，也可以是学生的自我检查清单。设计观测量表时，要根据评价目标和评价标准进行等级细化，找到区分水平的行为表现差异点，确定等级指标，以便于观测评量；设计学生的自我检查清单时，要遵循导向性和过程性原则，清单要能够反映学生活动中的关键要素，引导学生积极的活动表现，促进学生自我反思。在设计单元学习评价方案时，还要预设学生的表现，进一步设计指导反馈的内容。与活动相融合的评价，需要教师关注如何对学生进行即时的反馈和指导，既要通过评价反馈帮助学生概括问题解决的思路或者角度，还要通过追问引导他们发现自己思维或者问题解决的思路方法中存在的不足。在提前预设的基础上，教师应结合课堂上学生的真实表现，进行针对性的评价反馈。“金属材料”单元主题教学规划示意图见图5-11。

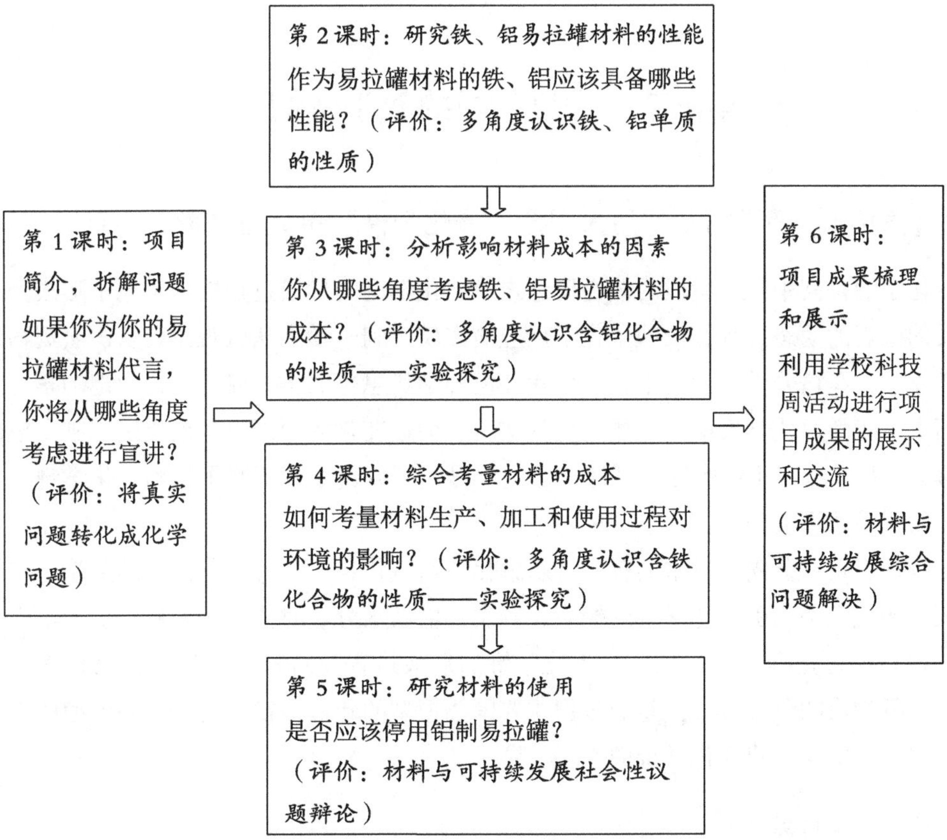

图5-11　“金属材料”单元主题教学规划示意图

单元设计的教学实践模型见图5-12。

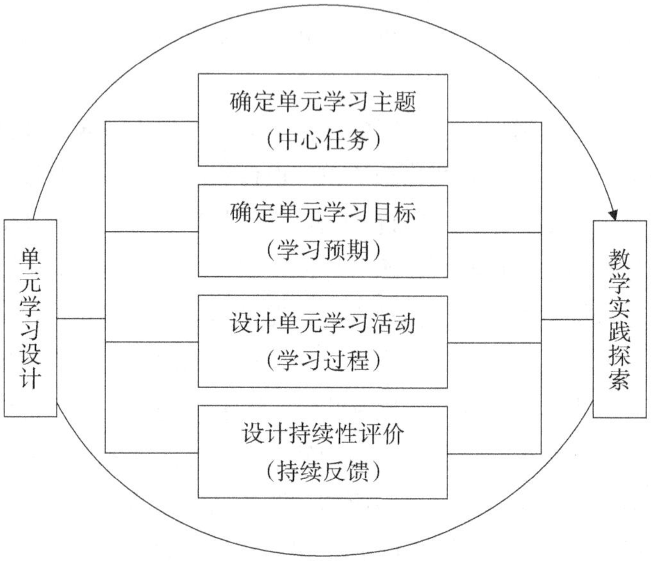

图5-12　单元设计的教学实践模型

第三节　深度学习的教学案例分析

【案例1】基于相互作用大观念的“化学键”单元主题教学设计

化学键是高中学习阶段的核心概念之一，化学键的形成过程揭示了原子形成分子或物质的微观的动态过程，反映了化学反应的实质，利于学生从微观角度认识宏观物质和化学反应，是培养学生宏微结合、变化守恒等学科思想的重要概念。化学键的学习将为后面进一步学习化学反应中物质变化的实质、能量变化的原因等理论奠定基础。该内容安排2个课时的单元整体教学设计，通过学习，可以建立基于原子结构、化学键类别去认识物质的认识模型。

设计思路：首先，以水的三态（水融化、水汽化、水分解）与温度的关系、与能量的关系变化入手，引出化学键的概念；其次，借助水分解时能量的差异，引导学生利用实物模型进行化学键的建构，认识化学键的形成过程及特点；最后，再以化学键为视角，进行物质的分类学习。整个过程主要围绕模型的建构、模型的分析和模型的应用进行开展，帮助学生建立化学键的概念。

一、教学目标

①通过分析生活中存在的现象（水变化、水分解）认识化学反应的特点。

②通过水分解的微观模型的建立，建立从微观视角（原子、分子、粒子）认识物质结构的认识模型。

③通过用电子式表示化学反应的形成过程，建立“三重表征”的思维方式。

④通过从化学键的视角对物质进行分类，建立认识和辨析物质结构和性质的不同角度。

二、评价目标

①通过对水的三种变化（水融化、水汽化、水分解）与温度的关系、与能量的关系的分析和探讨，诊断并发展学生化学学习和化学研究的水平（整理、处理数据）。

②通过对水分解的微观模型的分析和探讨，诊断并发展学生对化学反应本质的认识进阶（微粒）和认识思路的结构化水平。

③通过对电子式表示化学反应的形成过程的分析和探讨，诊断并发展学生“三重表征”的思维方式，提升学生对化学概念的理解，提高学生的化学学习水平。

④通过对物质基于化学键的角度分类，诊断并发展学生利用不同分类依据，从不同的角度对化合物进行分类的水平。

三、教学与评价思路

教学与评价思路见图5-13。

图5-13　教学与评价思路

1.创设情境

【学习任务1】探究水的三种变化与温度的关系、与能量的关系（图5-14）。

【评价任务1】初步诊断并发展学生化学学习和化学研究的水平（整理、处理数据）。

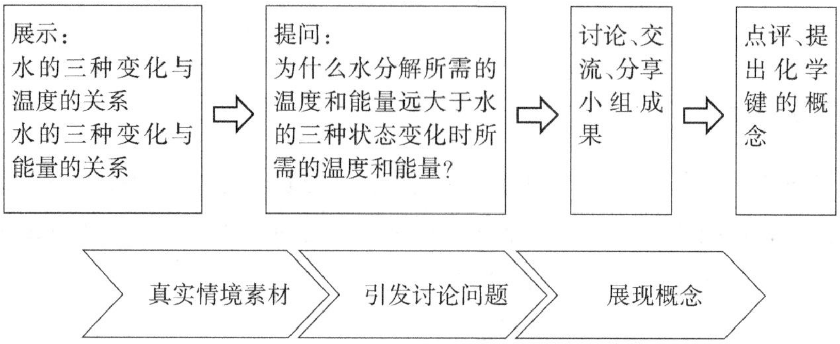

图5-14　学习任务1的教学流程

2.模型的建立

【学习任务2】通过水分解的微观模型的建立，建立从微观视角（原子、分子、粒子）认识物质结构的认识模型（图5-15）。

【评价任务2】诊断并发展学生对化学反应本质的认识进阶（微粒）和认识思路的结构化水平。

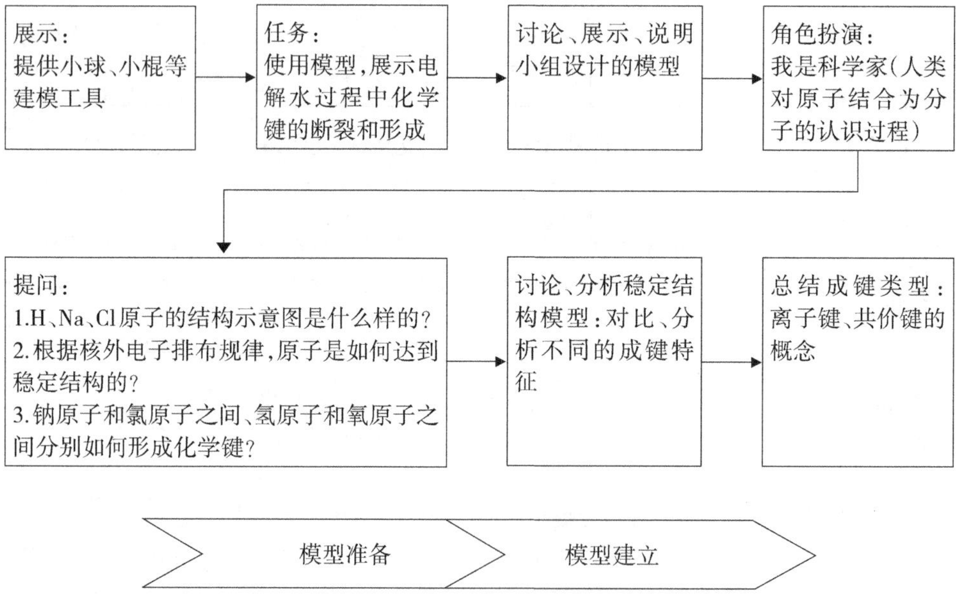

图5-15　学习任务2的教学流程

3.模型的分析（微观）

【学习任务3】用电子式表示化学反应的形成过程，建立“三重表征”的思维方式（图5-16）。

【评价任务3】诊断并发展“三重表征”的思维方式，提升学生对化学概念的理解，提高学生的化学学习水平。

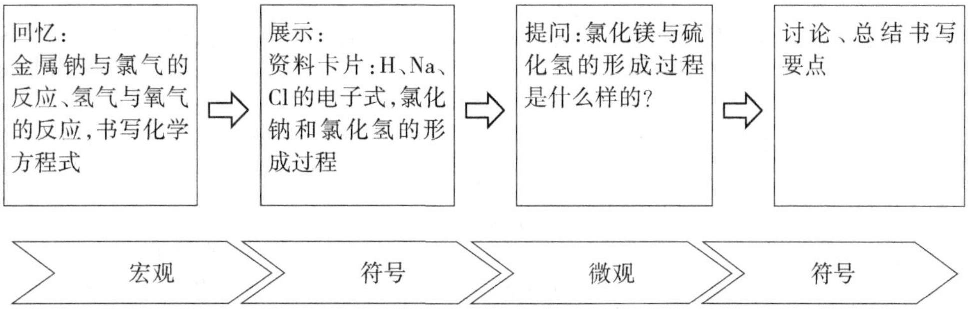

图5-16　学习任务3的教学流程

4.模型的应用

【学习任务4】以化学键的视角对物质进行分类，建立认识和辨析物质结构和性质的不同角度（图5-17）。

【评价任务4】诊断并发展学生利用不同分类依据，从不同的角度对化合物进行分类的水平。

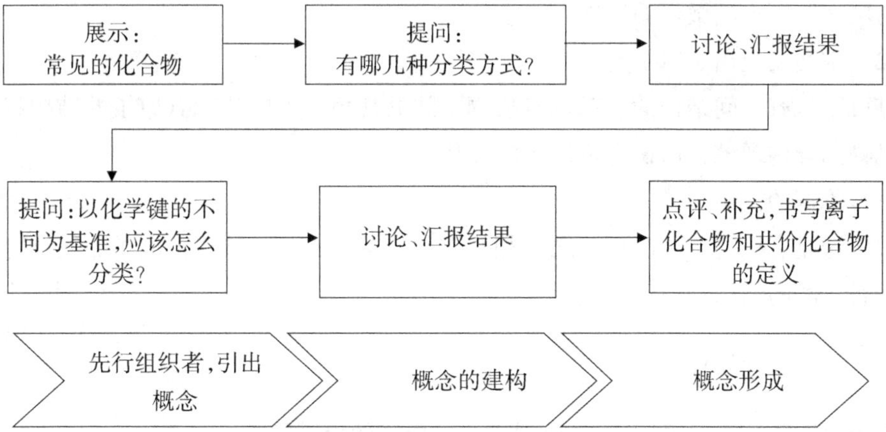

图5-17　学习任务4的教学流程

【案例2】最简单的有机物——甲烷的教学设计思路

一、素养功能的定位

1.基于大概念教学的思路

本节课素养化的教学功能是引导学生初步建立认识有机化合物及其性质的微观视角、空间视角和价键视角，感受有机化学的独特认知方式。教学的思路如图5-18所示。

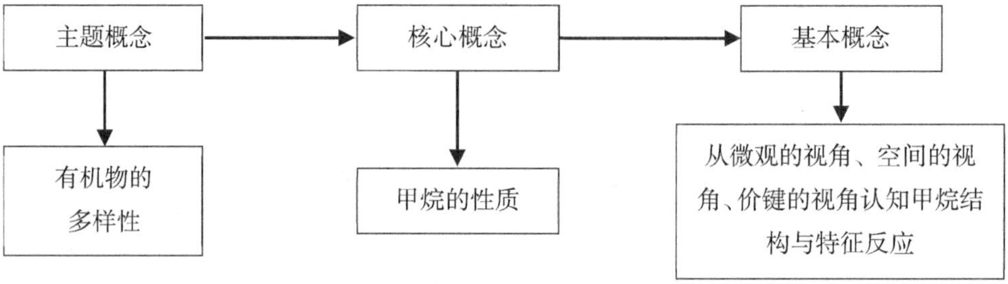

图5-18　教学的思路

2.认知有机物的视角

（1）微观的视角

基于微观视角认识有机物的成分，包括碳骨架和官能团两部分。开始关注有机物的碳骨架和官能团，意味着对物质的成分及其多样性的认识，从基于物质类别和元素价态宏观的层次，深入到微观的层次。

（2）空间的视角

有机物是有空间结构的。基于有机物空间的视角，可以认识碳原子的结构特征，认识有机物的异构现象，认识有机反应的类型。

（3）价键的视角

共价键是有机物分子中原子之间相互作用的基本方式，基于价电子的成键特征，可以分析有机物的结构特征和反应特征。

二、教学目标设计

①通过对B、N、Si的比较，认识碳原子成键的价键特征。

②通过化学史和实验室事实，了解碳四面体学说及其价值。

③通过对碳原子之间连接方式的探究，认识有机物的碳骨架结构特征。

④通过对甲烷性质的实验探究，认识甲烷的稳定性和取代反应的特征。

⑤能基于结构的视角解释甲烷是最简单的有机物。

三、教学设计思路

教学设计思路如图5-19所示。

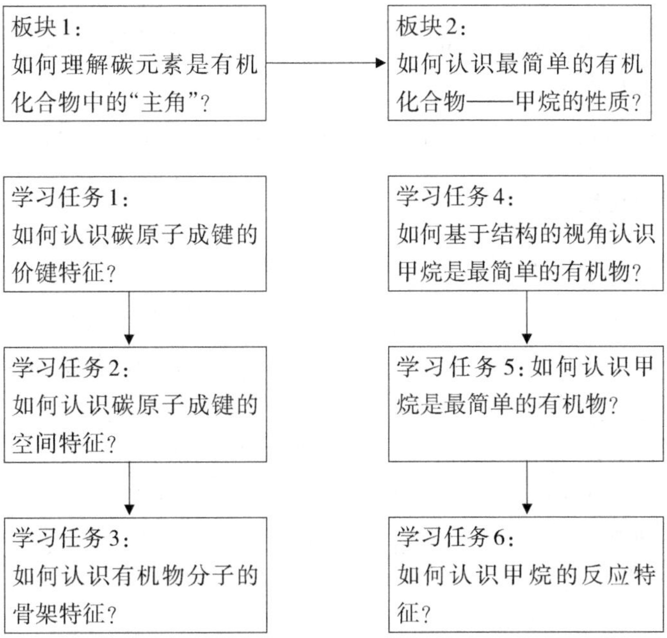

图5-19　教学设计思路

【案例3】“物质转化程度的定量研究”主题大概念教学

一、素养功能的定位

化学平衡主题的大概念是物质转化程度，核心概念是浓度商、平衡常数、勒夏特列原理，基本概念是浓度、温度、压强对化学平衡的影响。素养功能引导学生建构浓度商和平衡常数的视角，定量认识可逆反应的物质的转化程度（图5-20）。

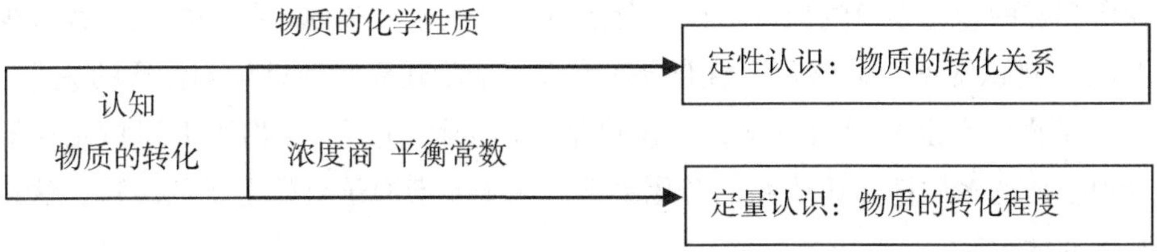

图5-20　素养功能的定位

二、教学目标设计

①通过对多组分体系间存在的相互作用认识，探究可逆反应存在限度的原因。

②通过对可逆反应转化程度的分析，认识浓度商、平衡常数及二者之间的关系。

③通过分析改变浓度商、平衡常数对物质转化程度的影响，形成改变物质转化程度的认知视角和一般思路。

④能基于浓度商判断可逆反应平衡移动的方向，定量计算物质转化的程度。

三、教学设计思路

教学设计思路见图5-21。

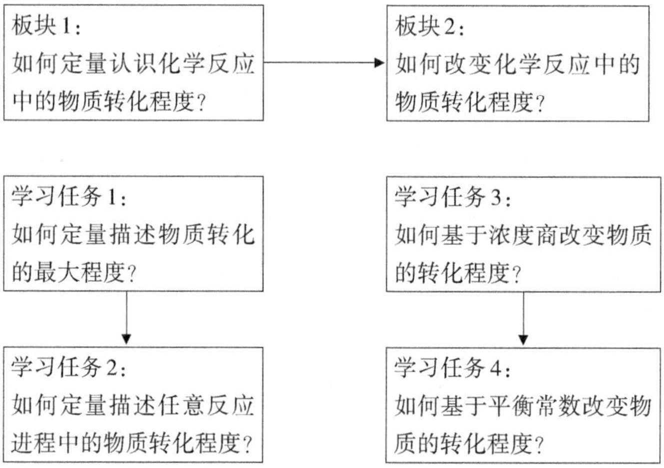

图5-21 教学设计思路

【案例4】“铁及其化合物”教学设计思路

一、素养化教学功能

①基于物质类别认识常见物质的性质。通过对个别物质性质的实验观察，初步形成化学物质多样的和化学及物质间可以转化的认识。基于元素原子最外层电子数（少于或多于4个），辨识常见的金属元素与非金属元素，初步建立物质结构与性质的关联。

②基于物质类别和元素价态，认识典型物质的性质。基于物质类别和元素价态系统，认识物质的多样性和物质间的转化关系。基于元素原子核外电子的转移，认识物质结构与性质的关系。

③基于元素周期律，认识元素及其化合物的性质。基于元素的周期性变化，认识物质性质的递变规律，建立位置、结构、性质的关联。

二、教学目标设计

①通过对铁元素不同价态物质之间的转化关系的探究，形成认识物质转化关系的综合视角。

②通过铁三角模型的抽提建构认知多变价元素、不同价态物质之间相互转化的“价三角模型”。

③能基于“价三角模型”解释和预测多变价元素不同价态物质间的转化关系。

三、教学思路设计

教学思路设计见图5-22。

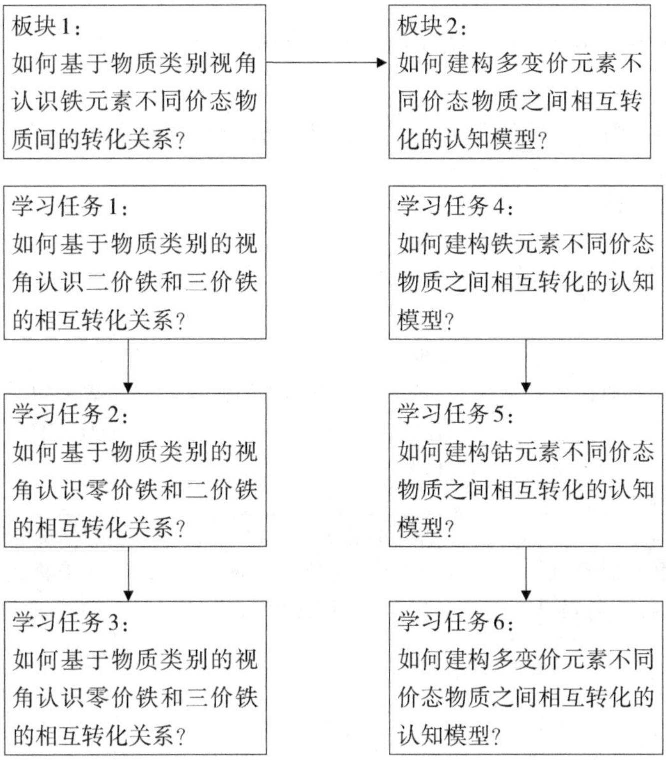

图5-22　教学思路设计

【案例5】“二氧化硫”的教学设计

一、素养化教学功能

通过硫及其化合物转化关系的学习，从非金属元素的视角认知硫元素不同物质之间的转化关系，形成典型无机物性质的一般认知思路（图5-23）。

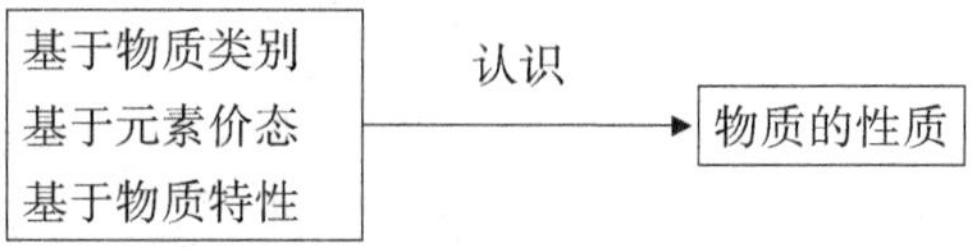

图5-23 典型无机物性质的认知思路

二、教学目标设计

①通过二氧化硫与水、碱、盐的实验探究，形成基于物质类别预测和验证典型物质性质的视角。

②通过二氧化硫氧化性和还原性的实验探究，形成基于元素价态预测和验证典型物质性质的视角。

③通过二氧化硫漂白作用的实验探究，形成基于物质特性认识典型物质性质的视角。

④能概括和运用典型物质的一般认知框架，分析和预测物质可能具有的化学性质。

三、教学设计思路

教学设计思路见图5-24。

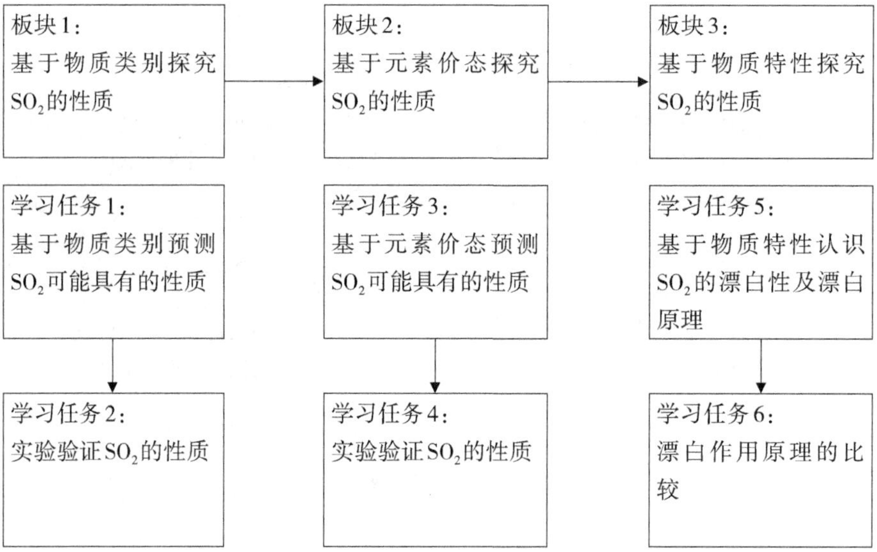

图5-24 教学设计思路

【案例6】基于深度学习的教学设计——“氮及其化合物”复习课

一、教学分析

1.课程标准解读

“氮及其化合物”属于高中必修第二册化学的核心内容之一。教学目标是：能依据物质类别和元素价态列举氮元素的典型代表物质，能从物质类别、元素价态的角度，掌握氮及其化合物的化学性质和变化，说明氮及其化合物的转化路径；能说明氮及其化合物的应用对社会发展的价值和对环境的影响，树立绿色化学的教学理念。

2.教学内容分析

作为复习课，“氮及其化合物”教学内容丰富，与生活、生产实践联系密切，应突出“化工生产中的重要非金属元素”这个主题。同时，需体现出复习课不同于新授课的教学内容与教学目标，关注学生学科核心素养培育和新课程教学理念的实施，以“单元主题教学”或“微项目教学”形成体系化认知结构。

3.学情分析

对于“氮及其化合物”的学习，学生已经陆续学习了N_2、NH_3、NO、NO_2、HNO_3等的性质及重要反应，可能多为碎片化认知，对于自然界的氮循环也只是形成了初步认识。对于化工生产中的重要非金属元素，学生需要通过复习课的强化与构建，形成更为完整、深入和全面的认识，进一步熟悉化学反应之间的转化关系，知道其应用和社会价值、对于人类社会发展的重要推动作用。同时，对于哈伯、化学和化学物质能够进一步辩证分析，形成正确的人生观和价值观，发展科学态度与社会责任等学科核心素养。

二、教学目标

①以自然界氮循环为主线，通过对合成氨、汽车尾气治理等学习内容的回顾与深入认识，培育与发展变化观念、科学态度与社会责任等学科核心素养。

②通过“价类二维图”的描绘及分析，形成对氮及其化合物的体系化认识，进一步体会高中化学学习的思路与方法。

③通过对相关历史和化学物质全面辩证的认识与思考，形成正确的人生观与价值观，强化环保意识，进一步认识“人与自然和谐相处”的重要意义。

三、教学重点

通过学习合成氨反应与汽车尾气治理，以化学的视角认识自然与社会发展，关注化学原理与知识的应用。

四、教学难点

氮及其化合物体系化认识的形成。

五、教学策略与方法

以“微项目教学”对学习内容进行结构化重组与构建，引导学生对自然界氮循环中人类的“印迹”从正反两面加以分析与思考；以“翻转课堂”引导学生小组合作、自主学习，提供“先行组织者”；以问题驱动，以学定教，充分体现学生的主体地位，恰当实现教师的引导作用。

六、教学流程

教学流程见图5-25。

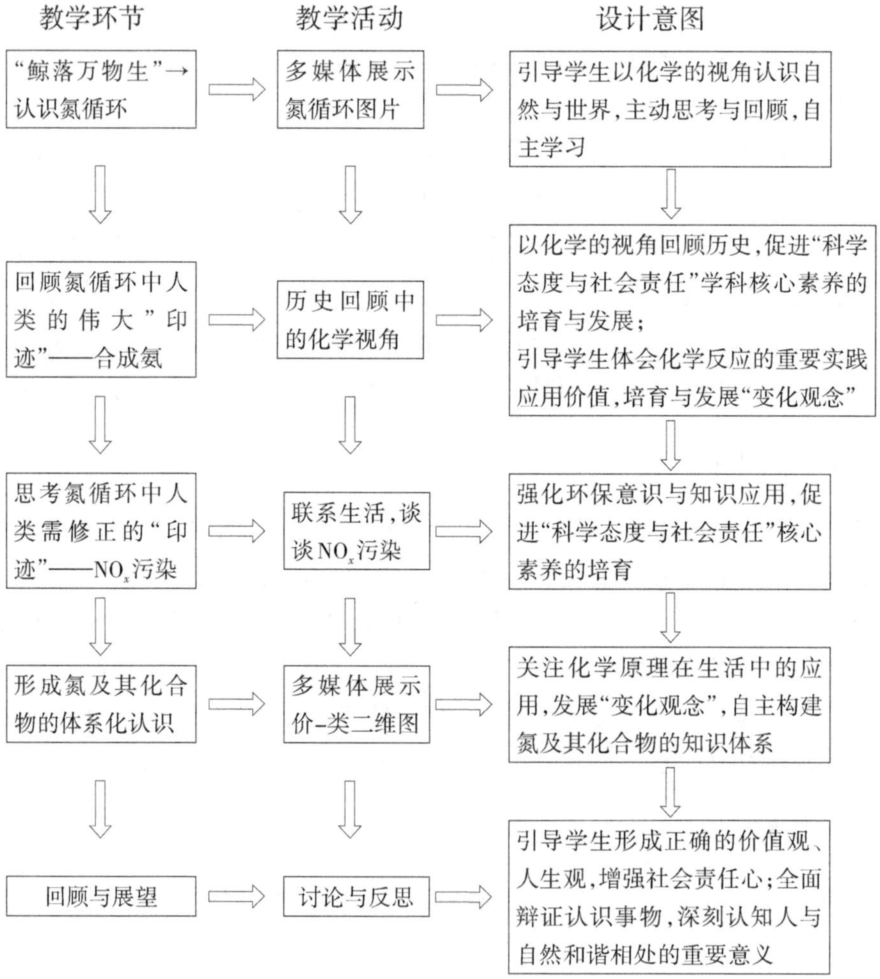

图5-25 教学流程

七、教学过程

教学过程见表5-2。

表5-2　教学过程

教学环节	教师活动	学生活动	设计意图
认识氮循环	教学引入与情境创设： “鲸落万物生”→认识氮循环。 多媒体展示氮循环图片，提出问题： 1.氮循环的起点、途径及终点是怎样的？ 2.自然界氮循环的意义是什么？ 3.氮循环中“氮的固定”分为几类？	观察思考，得出结论，认识氮循环的过程和意义	引发学生以化学的视角认识自然与世界，主动思考与回顾，自主学习
回顾氮循环中人类的伟大“印迹”——合成氨	历史回顾中的化学视角： 1911年巴登公司在德国奥堡建成世界第一座日产30吨合成氨的工厂。 1914年第一次世界大战爆发时，哈伯设计的多家合成氨工厂已在德国建成；当时唯有德国掌握垄断了合成氨技术，这也促成了德皇威廉二世的开战决心。 外国首脑和军事专家也曾预测：第一次世界大战将在一年之内结束。不料德国合成氨的成功使其含氮化合物自给有余，从而延长了第一次世界大战的时间。 提出问题： 1.为什么合成氨技术的垄断，能够给予德皇威廉二世开战的底气和决心？ 2.哈伯与博施的成功，是农业的福音，是工业生产和军工原料的保证，请书写其中包含的重要化学反应方程式	阅读历史资料 思考交流 相关化学反应方程式的书写	以化学的视角回顾历史，促进“科学态度与社会责任”学科核心素养的培育与发展； 引导学生体会化学反应的重要实践应用价值，培育发展“变化观念”
思考氮循环中人类需修正的“印迹”——NO_x污染	提出问题： 1.NO_x污染的主要来源和后果是什么？ 2.NO_x污染治理的思路与方法有哪些？	交流讨论	强化环保意识与知识应用，促进“科学态度与社会责任”核心素养的培育
形成氮及其化合物的体系化认识	多媒体展示价-类二维图。 提出问题： 含氮物质的重要应用有哪些？	学习与体会价-类二维图	关注化学原理在生活中的应用，发展“变化观念”，自主构建氮及其化合物的知识体系

续表5-2

教学环节	教师活动	学生活动	设计意图
回顾与展望	提出问题： 1.对于哈伯，对于化学物质的“功”与“过”，我们应有怎样的反思？ 2.从自然固氮、人工固氮到未来固氮，人类努力的方向是怎样的？	师生交流互动，学生讨论、分享自己的观点	引导学生形成正确的价值观、人生观，增强社会责任心；全面辩证认识事物，深刻认知人与自然和谐相处的重要意义
课堂练习	教材23页第3题、第9题		基础巩固
板书设计	第五章　化工生产中的重要非金属元素（氮及其化合物复习课） 合成氨 NO_x污染　氮循环　氮转化		
课后作业	查阅资料，了解更多NO的用途		发散思维，自主学习与探究

（案例设计：兰州二中　吕晓燕）

第六章　核心素养视域下化学作业的设计逻辑与实施路径

高质量的作业设计与实施是学生巩固知识与技能、提升能力、发展素养的重要途径，是转变学生学习方式的着力点，是提升教育质量和效益的着力点，也是提升教师专业发展能力的重要途径。在“双减”的背景下，如何优化作业的设计与实施，强化多元化作业的实践，突出作业的整合性、系统性、多样性、简约性、高效性，发挥作业的素养化功能，实现“减负增效”的愿景，值得研究与思考。

第一节　传统作业观的反思与核心素养视域下作业观的重构

一、传统作业观的反思

传统的作业观认为作业是强化课堂教学效果的一种途径和工具，强调对课堂教学知识与技能的再现和巩固。作业的设计被游离于“课程标准”和“教学实际”之外，沦为教学的“附庸品”，沦为知识与技能的机械操练，作业的形式更倾向于书面的、巩固性的、知识性的、机械性的。其主要问题表现在以下几个方面：

1.作业目标意识不强，设置随意化

传统作业的设计目标更多关注知识与技能巩固、机械性操练，应用实践性的内容较少，缺乏让学生拥有真实的情感体验、高度参与、高阶思维的发展，对教学目标、作业设计目标、作业评价目标素养化功能的关注与整合不够，作业题的指向性不够明确，水平性层次模糊，难易度把控不好，忽视了作业在育人价值观的培育、关键能力的提升、学科核心素养方面的发展功能。

2.作业内容、形式单一

作业以知识的识记、理解为主，以实验技能的训练为主，作业内容更多的是课堂教学内容的巩固、延伸、拓展。设计的形式以课后习题、书面作业、教辅习题的机械训练为主。作业的针对性、应用性、探究性、实践性、趣味性、开放性不足，影响作业实施过程中学生完成的主动性、探究性、发展性、高效性。

3.作业“量”与“时”的控制贪多

教师在作业设计中缺乏对作业量的调研，对学生学情缺乏有效的研究，作业的布置过分依赖课本习题、教辅资料、习题集、试卷，缺乏对作业完成时间的科学统筹。长期以来教师形成的“知识解读+习题训练”的教学方式，走进了“以练代教”“以练代学”提高考试成绩的误区。“刷题”现象严重，让学生陷入了“题海战术”的泥潭，造成学生课业负担沉重，学习被动，效率低下。教师布置作业时对完成时间把控不准，耗时过多，造成学生精力内耗，学习兴趣消耗殆尽。教师的观点是“作业越多越有助于学习”，把作业作为争夺学生业余时间的主战场。

4. 作业缺乏层次性和个性化

传统教学中教师设置的作业作业量统一，作业题目统一，作业要求统一，作业结果统一，作业评价统一，形成作业“一刀切”，缺乏弹性化。作业不能满足不同层次学生的学习需求，不能满足学生个性化发展的需要，不能真正做到因材施教、个性化差异性发展。

5. 作业评价方式单调

传统教学中“教师课上布置作业（习题）—学生课后完成作业—学生提交作业—教师批改作业（打“√”或“×”）—学生自修课或下节课订正作业”的布置评价作业方式，教师对作业的评价更多的是关注“错”与“对”、完成程度的多与少、知识的达成度和技能的熟练度，缺乏对能力形成、素养发展的功能评价，缺乏有效评价指标的引领。作业反馈的针对性不足，作业的反馈往往是碎片化的“错题讲评”“就题讲题”，而对解题思路、方法模型的提炼不够。学生对作业的反馈的“自主性、反思性”不足，存在“教学—作业—评价”的割裂化，难以体现“教、学、评”的一致性。

二、核心素养视域下作业观的重构

美国著名教育家杜威认为：作业不仅仅是获得知识的本身，否则就会沦为技术性作业，应该让学生在解决实际问题的过程中去锻炼“思维”，发展“智慧”，培养学生的情感和道德。2021年7月中共中央办公厅、国务院办公厅印发了《关于进一步减轻义务教育阶段学生作业负担和校外培训负担的意见》，该意见指出：要发挥作业诊断、巩固、学情分析等功能，将作业设计纳入教研体系，系统设计符合年龄特点和学习规律、体现素养教育导向的基础性作业。鼓励布置分层、弹性和个性化作业，坚决克服机械、无效作业，杜绝重复性、惩罚性作业，对教师作业观的重构及作业的设计、实施、评价提出了理论依据和政策指南。核心素养视域下的作业观应具备：

①作业功能是帮助学生理解、复习、掌握并练习应用所学化学知识、技能和方法的重要环节，也是教师收集教学反馈信息、检查教学效果的最常用工具。作业不仅仅是知识与技能的检测与巩固，还应体现知识、能力、素养的协同发展。作业的过程应更加关注知识结构化的自主构建、高阶思维能力的发展、学科认知思维模型的形成、素养化目标的达成。作业的输出应关注成果、产品的形成，作业的评价应关注发展性、育人性、增值性。

②作业的设计突出作业目标的全面性、规划的整体性、实施过程的系统性，强调“以学生为中心，以素养发展为核心”，强化作业的“趣味性”与“实践性”，发展学生的兴趣、能力、方法。

③作业形式应多样化。作业不是单调的课后习题、试卷、教辅资料，应是基础性作业和拓展性作业的结合，书面作业与实践性作业的结合，书面习题作业与实验探究、项目设计、重大议题讨论及论文写作作业的结合，作业应呈现多样化、差异化、个性化。

④作业实施过程的路径应多样化，不一定非要求学生必须独立完成，而是要更多地关注学生合作、教师指导完成相关的项目和任务。

⑤关注作业过程，要突出真实问题的解决过程。应遵循以真实情境为载体，以实际问题为任务，让学生通过运用化学知识、化学经验解决实际问题，实现学习知识的结构化，发展学科能力和学科素养，实现“知识、能力、素养”的融合发展。具体关系如图6-1所示。

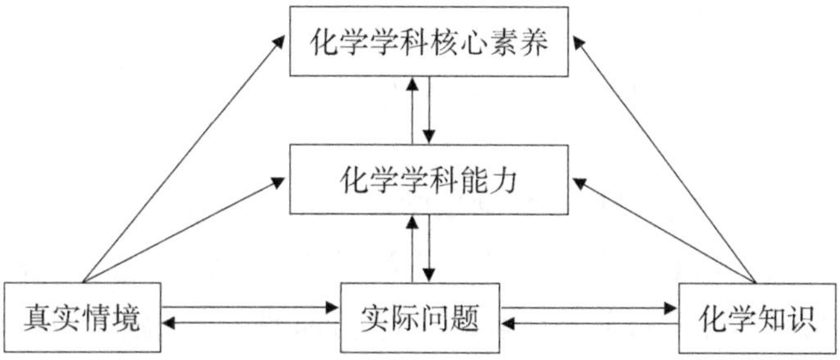

图6-1　“知识、能力、素养”融合发展关系图

第二节　核心素养视域下作业设计的主要原则

核心素养视域下的作业设计首要关注“作业与教学、评价”的一体化设计，化学作业的设计要为学生“量体裁衣”，体现“层次性、适配性、选择性、针对性、趣味性、探究性、人文性”；要宏观整体地规划单元作业、课时作业、基础作业、提升作业、实践性作业等；要关注作业所承载的知识、能力、素养的发展的价值，体现“教、学、评”的一致性。作业设计的主要原则如图6-2所示。

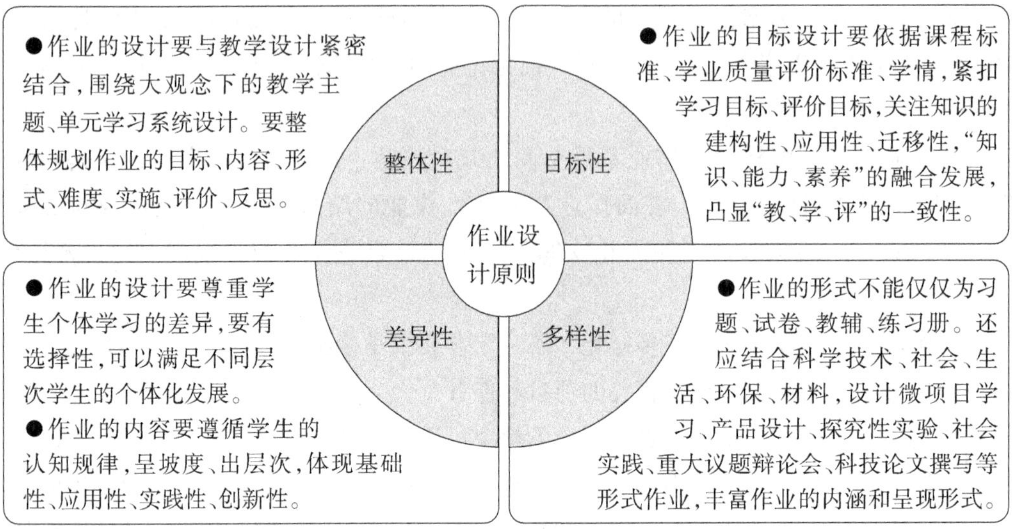

图6-2　核心素养视域下作业的设计原则

第三节　核心素养视域下作业设计的逻辑

核心素养视域下的作业设计是教师以学习主题内容（某个大概念、专题、关键能力、真实问题、综合性项目任务）为单元，依据学习目标，通过选择重组、改编完善、自主开发等形式形成作业的过程。作业设计应以课程标准为依据，符合学业质量评价标准，突出学科知识的功能和价值，采用"真实情境、学科知识、学科思维、素养进阶"四线并行、相互融合的视角进行设计，要重视"任务、过程、成果（产品）、交流、展示"的一体化设计。其设计流程可分为前设计阶段、具体设计阶段、评价再设计阶段，具体流程如图6-3所示。

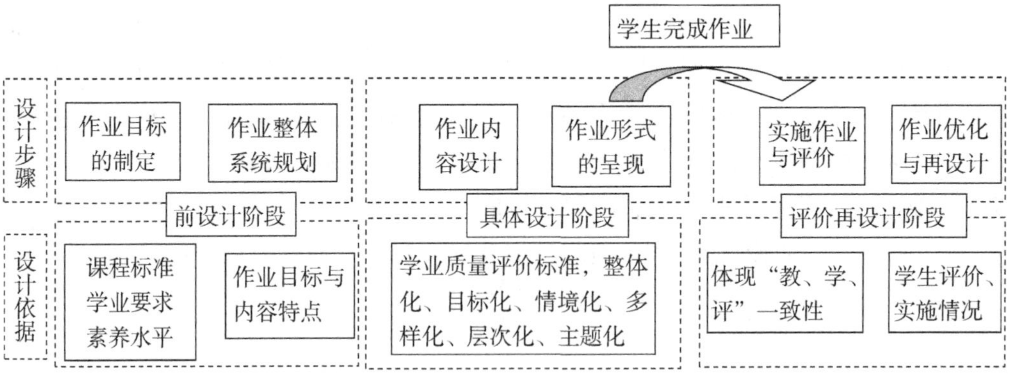

图6-3　核心素养视域下作业设计的逻辑路径

一、作业前设计阶段

1.作业目标的确定

作业目标的设计要依据《普通高中化学课程标准》、学业质量评价标准、化学学科素养发展水平，在充分考虑学生学情的基础上，紧扣教学目标、学习内容、学习任务，对学习过程中应达成的学科知识、学科能力、素养水平进行系统、全面、规范的描述，形成作业目标。作业目标的设计要关注作业目标的一致性、传递性、递进性、诊断性、可测性、全面性、重点性。作业目标要内含“作业任务+能力发展+素养水平”三要素。作业目标的表述尽量减少用“识记、理解、掌握、创新、应用”等模糊的行为动词，尽可能使用输出性行为动词，如“能辨识、能说明、能解释、能设计、能预测……”，表征中具体化学学业质量水平的要求，让作业的内容评价有标可依、有据可循。作业目标的设计思路如图6-4所示。

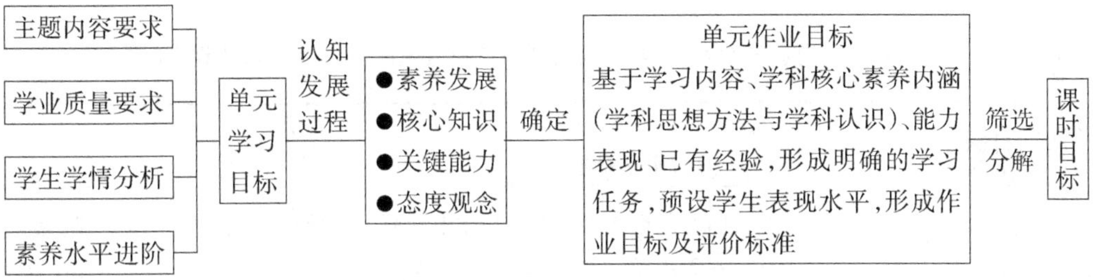

图6-4　核心素养视域下作业目标的设计思路

【案例设计】“离子反应”单元学习目标与作业目标的一体化设计示例

“离子反应”学习目标、作业目标的一体化设计思路见表6-1。

表6-1　“离子反应”学习目标、作业目标的一体化设计思路

单元学习目标	作业目标	素养发展
●认识酸、碱、盐等电解质在水溶液中或熔融状态下能发生电离 ●通过实验事实认识离子反应及其发生的条件，了解常见离子的检验方法	①能描述电离、离子反应的内涵，并能用电离方程式、离子方程式表征；②能围绕电离、离子反应建立概念之间的关联	核心概念与知识结构
	③能描述电解质进入溶液后的变化与微观存在；④能描述溶液中反应的微观过程；⑤能结合实验证据论证电离、离子反应的微观变化	微观视角与宏观关联
	⑥能合理选择除杂试剂，并能设计、优化粗盐精制的实验方案；⑦能从食品健康、生产效率与成本等多角度评价食盐精制方案	实验探究与证据推理
	⑧能体会食盐精制在历史上的重要性，体会化学对社会发展的重要意义	科学态度与社会责任

2.作业内容的整体规划

核心素养视域下作业的设计以某个学习主题内容（某一个观念、专题、关键能力、真实问题、综合性项目）为单元进行系统规划，具有“系统性、关联性、综合性、对立性”，不是简单的课时作业的累加、自然章节单元的组合练习。作业内容的设计要依据学习目标、作业目标系统规划过程，突出体现“课时作业、跨课时作业、弹性作业、单元作业、跨学科作业”的多种组合应用，要从作业的任务、学习水平进阶、与教学内容的协同性、题型题量、作业形式、难度控制、时间把控等方面作出合理的规划设计，然后再依据单元作业目标、作业评价目标、具体作业内容的属性统计分析，确保作业目标的覆盖面、重点难点、学障点的合理分布，避免作业重复性、机械性，突出作业的开放性、实践性，提升的简约性和高效性。在作业设计过程中，通过设计“多维度作业属性分析表”来实现教师“无目标随意设计作业”向“有目标科学设计作业”的转变。例如，“离子反应”教学主题的课时作业设计规划与属性分析如表6-2所示。

表6-2 “离子反应”教学主题的课时作业（电离）设计规划（节选）

课时目标	作业目标	作业规划 （水平+题量）	作业示例
1.知道酸、碱、盐在水溶液中能发生电离；能从电离的视角认识物质在水溶液中的存在形态。 2.能正确表述强酸、强碱、盐的电离过程。	1.建立物质类别（酸、碱、盐）与物质是否属于电解质、是否发生电离之间的关联。（识记水平） 2.从电离的角度对熟悉的溶液进行微观说明，并用电离方程式进行表述。（理解水平）	1.识记水平。(2) 2.理解水平。(关联水平、论证水平)(2) 3.应用知识、思路解决简单问题。(分析解释、推理预测)(4)	1.在中学所学的单质、氧化物、酸、碱、盐中，一定能发生电离的是________，这类物质被称为________。(识记) 2.下列电解物质中属于电解质的是________。(理解、关联) A.$NaSO_4$　B.HNO_3　C.NaOH　D.AgCl E.$BaSO_4$　F.酒精　G.蔗糖 3.粗盐中含有碳酸钠、硫酸镁、氯化钙等杂质，请说出粗盐中主要存在的离子，并用电离方程式表示。(理解解释、推理预测) 4.从微观角度举例说明NaOH和$Ca(OH)_2$组成和性质方面的相同点和不同点。(分析解释、推论预测) …………

3.作业内容的设计

作业内容的设计是作业设计的核心，如何利用好课本后的作业习题、教辅资料的试题，开展高质量作业的自主创新设计，实现作业功能的最大化，与教师的作业设计理念、习题的命制技术、选编重组能力有着极其重要的关系。教师作业内容的选择、设计中应突出“情境、立意、设问”等三要素，可以通过“自主原创、旧题翻新、选编重组”等形式进行优化设计和整合。

（1）突出“情境”育人功能

以真实的作业情境为背景可以激发学生的学习热情，促进学生的认知发展，让学生思维的发展和知识的理解协调同步。作业内容的情境设计选择真实存在的、内含学科问题、融入真实情感、传递学科正能量的情境素材；要紧扣生活、生产、技术、社会、环境的热点问题，聚焦与化学学科相关、有效建立情境与知识联系的情境资源。情境资源的挖掘可以源于生活的情境、社会的情境、实验的情境、学术的情境、化学史的情境等。情境的表述应简洁、生动，突出体现情境的“趣味性、问题性、育人性”功能。

（2）突出“能力素养”立意

作业内容的立意应突出体现“以知识为载体、以能力素养发展为本”的理念，实现“从关注学生已有什么到能做什么事、从知识回忆到思维发展过程、从答题取向到作品取向、从答题结果到心智历练”的转变，凸显学生运用知识解决问题的过程，凸显学科思维、认知方法、学科观念的形成和发展。以“能力素养立意”为评价导向的作业设计应把握好以下四点：筑牢双基，突出基础知识的宽度与广度，重视对核心知识的牢固掌握；强化应用，重视化学知识与生活、生产的联系，培养分析解决问题的能力；融会贯通，强调知识之间、学科之间的相互关联，强化知识的综合性；实践创新，通过设计题目的呈现方式、设问方式，增加作业的探究性、开放性，发展学生的创新精神和实践能力。

（3）突出“层次化”设问

作业的设问角度和层次要依据课程标准内容主题的学业要求、素养水平、课堂教学内容、学生学习水平等因素综合确定。问题的设计通过学生进行过程性作答，展现学生运用化学知识解决问题的过程，初步评价学业质量水平，体现学生的科学价值取向，培养学生的化学学科思维和学科观念。要做到易、中、难比例恰当，体现作业的分层性和差异性，满足不同层次学生的发展水平。在问题设计、难易度的调控上，可根据SOLO分类评价理论，通过“单点结构、多点结构、关联结构、抽象与拓展结构”来调控作业题的考查层次（表6-3）。问题的设计应从学习理解的层面，逐步上升到实践应用的层面，最后达到迁移创新的高度，力求体现作业的层次性、差异性。

表6-3　SOLO分类理论对作业试题设计的分析

SOLO理论	模型表征	考查要求	水平层次	作业范例
单点结构		学生能找到一个解决问题的思路，仅凭单一论据就能解决问题	基础性	[例]配制一定物质的量浓度的溶液，下列不需要的仪器有　（　） A.电子天平　B.分液漏斗　C.冷凝管 D.烧杯　E.玻璃棒　E.容量瓶 【说明】题目考查物质的量浓度的溶液配制，学生只需要知道配制过程及所需仪器就可以解答，属于单点考查，考查基础性知识

续表6–3

SOLO理论	模型表征	考查要求	水平层次	作业范例
多点结构	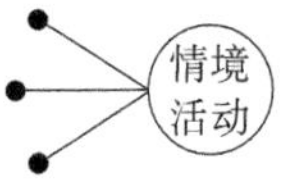	在正确思想观念引领下能运用多种知识、技能解决问题	综合性	[例]一种实现二氧化碳固定及再利用的反应如图所示，下列叙述正确的是　（　） 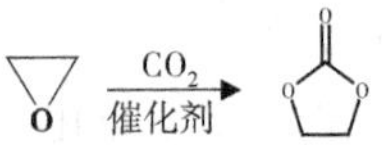 化合物1　化合物2 A. 化合物1分子中的所有原子共平面 B. 化合物1与乙醇互为同系物 B. 化合物2分子中含有羟基和酯基 D. 化合物2可以发生开环聚合反应 【说明】题目考查有机物结构分析、同系物判断、官能团识别、有机物性质，学生需要理解和掌握多个知识。但知识点相互独立，属于多点考查
关联结构		在正确思想观念引领下能综合运用多种知识、技能解决生活实践中的应用性问题	应用性	[例]举例解释碳酸钠与碳酸氢钠在日常生活、食品工业中的用途，根据二者性质进行解释，并与同学交流讨论。 【说明】题目考查碳酸钠与碳酸氢钠的用途，要求建立用途与性质间的联系，并能从化学的视角作出合理解释，属于多点考查，考查知识的应用性
抽象与拓展结构	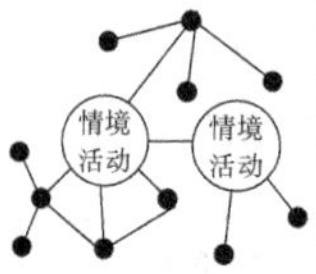	在正确思想观念引领下，在开放的情境中，创造性地解决问题，形成创造性的结论或成果	创新性	[例]20世纪70年代，人们认识到继续过分依赖化石燃料作为主要能源，有可能出现严重的能源危机，因此必须在节约使用的同时寻找新能源。请回答： (1)以石油为例，请你分析和归纳一种较好的能源应该具有的特点。(2)如果使用氢能、生物质能、核能、风能等代替石油作为主要能源，这样做可能带来什么问题？你认为应该怎么做？(3)煤、石油和天然气等化石燃料应作为能源使用，还是应作为原料加工医药化工产品。对于这样有争议的问题，你的看法是什么？请查阅有关资料说明你的观点。 【说明】题目属于综合实践性作业，开放性强，不仅考查优质能源具有的特点，还涉及新能源的开发、能源的合理利用，具有思辨性、创新性，属于抽象拓展性考查，旨在发展学生的实践能力和创新精神

4.探索“长作业”设计

化学长作业是围绕某个大观念、主题、核心概念、核心问题，贯穿某个学习单元的综合性作业，是需要学生围绕某个综合性问题采用多角度、多方位、多思维、多途径解决问题，强化知识、思维模型结构化的作业，反映的是学生某个学习不同课时学习结果的检测，需要学生通过多个课时的学习才能完成。例如，在必修第一册“离子反应”的主题教学中可以设计如下作业，贯穿整个主题学习过程。

【示例分析】食盐是人们生活的必需调味品，也是化工生产纯碱、氯碱工业的重要原料，从海水到粗盐，再从粗盐中提纯精盐经过了一系列的生产程序。请根据所学知识完成下列问题：

（1）从海水中获取粗盐主要采用海水晒盐，其分离的方法是________________，分析说明获得粗盐不采用降温结晶的原因：____。

（2）粗盐中含有碳酸钠、硫酸镁、氯化钙等杂质，请说出粗盐中主要存在的离子，并用电离方程式表示。

（3）选择试剂去除粗盐中的杂质离子，并用离子反应方程式表达除杂原理。

（4）设计由粗盐制取精盐的实验方案。（要求：①把杂质除干净，操作简便，成本较低；②写出方案流程以及必要的实验操作，包括每步溶液中的离子及生成的沉淀，每步反应的离子方程式。）

【设计意图】作业题设计情境素材源于生活、生产，体现化学学科的社会价值。立意考查学生对电离过程的认知、表征，对离子反应条件的理解和表述；重视对学生运用知识分析解决问题能力的提升。第（1）问基于学生已有知识经验的回顾，属于简单层次；第（2）问考查电离过程及表征方法，属于理解关联水平，第1课时完成；第（3）问考查离子反应的条件、常见离子反应的鉴别、离子方程式的书写，属于理解运用水平，第2课时完成；第（4）问考查运用知识分析解决具体问题的能力、通过实验设计探究评价的能力，属于迁移运用层次，第3课时完成。作业题设计难易层次分明，融知识、能力、素养考查为一体，贯穿整个学习主题。

5.突出作业形式的多样化，丰富作业的内涵

核心素养视域下作业的设计形式不能仅仅停留在具体知识的巩固上，停留在单一的书面作业、练习题、试卷的完成上，更需要关注作业形式的多样性、作业功能的多重化、成果呈现的多元化。作业设计中主要的作业形式有：

（1）微项目化作业

项目式学习作为落实学科核心素养、发展学生综合分析解决复杂问题能力的有效途径被广泛应用。现行的高中化学教材也增设了“研究与实践”“微项目”等项目化学习栏目，在教学过程中教师可以根据学习内容、“研究与实践”栏目设计项目式学习主题的作业，让学生通过小组合作的形式，运用学科知识、跨学科知识去完成项目化学习任务，发展知识、能力、素养。例如，在“典型金属元素钠及其化合物”的学习过程中可

以设计项目化作业“百年世纪回眸——侯氏制碱法的贡献”，让学生查阅资料了解路布兰制碱法、索尔维制碱法、侯氏制碱法等制碱原理的区别，提炼侯氏制碱法的重要贡献，并制作PPT与同学交流分享。通过这样作业的实施，促使学生通过“文献检索、信息整合、合作交流、成果展示”等过程，发展信息获取、整合、应用的能力，激发学生爱国情怀、民族自豪感，树立学习自信心和成就感，落实“科学态度与社会责任感”的学科核心素养。

（2）实验设计类作业

实验是化学研究的重要手段和途径，在作业设计时可根据教学内容设计实验探究类的作业，让学生自主设计，小组协作规划实验方案，教师审核优化，然后开放实验室，让学生自主探究，获取实验信息，分析形成结论，体验科学探究的基本过程。训练学生提出假设、方案设计、现象预测、数据处理、解释与推论、模型建构、信息处理和评价反思的科学探究能力。例如，在学习了“铁及其化合物性质”后可以设计作业“设计测定菠菜中铁元素含量的实验方案”，并与同学交流优化，然后开放实验室，让学生进行实验探究，并完成实验报告。通过这类作业的设计，让学生体验“确定实验目的—设计实验方案—实施实验方案—交流实验成果”的科学探究过程，发展学生“实验探究与创新意识”的素养。又例如，依据选择性必修教材中的“简单电镀实验”和“糖类的性质实验”设计“树叶镀铜实验”，让学生首先运用“银镜反应”知识解决树叶的导电性问题，再运用电解原理、电镀知识解决树叶镀铜的问题，学生在设计实验、制作精美树叶的过程中发展了解决问题的角度和思路，实现了核心知识的有意义再建构，发展了“科学探究与实验创新”的素养。

（3）产品设计、制作类作业

学生学习的成果不要仅仅局限于书面作业、纸笔测试，在作业设计时可以根据学习内容的主题设计一些设计类、制作类的课外作业，让学生运用学科知识、跨学科知识解决问题。例如，学习完“元素周期表、元素周期律”的内容后可以设计作业：查阅资料，设计制作元素周期表的立体模型。让学生查阅文献、动手设计制作元素周期表的立体模型，学生自主、合作制作“建筑式、路标式、跑道式、钟表式、笔筒式、蜗牛式”模型，并在课堂上展示交流，深化了学生对元素周期表结构、编排原则及元素周期律的理解，培养了学生动手实践能力和创新思维能力。又如，学习完“油脂的结构与性质”后可设计“肥皂制备”的课外作业，让学生查阅肥皂制作的相关资料，了解皂化反应的原理，亲自动手制作肥皂。作业要求：①请写出相应的实验步骤；②展示制作的肥皂；③交流体验过程。通过这样的作业设计，让学生理解皂化反应的原理、肥皂制备过程，理论联系实际，发展学生“收集资料、整理资料、分析资料”等信息整合应用能力，让学生亲自感受化学与生活的密切联系，凸显化学学科的应用价值。

（4）概括、整合促进知识结构化作业

《普通高中化学课程标准》（2017年版）指出：化学教学要重视基于知识关联的结

构化、基于认知思维的结构化、基于核心观念的教学实践。教师在每学习完一个单元主题学习后，设计一些能促进“知识结构化、认知思维结构化、学科观念结构化”的作业，如绘制知识思维导图、梳理树状分类图、提炼认知路径图、分类归纳概括、列表比较、绘制转化关系等类型的作业，促进学生知识体系的自主构建，深化学生对知识的理解、巩固、储存、应用、迁移。例如，学习完“硫及其化合物、氮及其化合物”知识之后，可以指导学生设计课后作业：从“价-类”二维的视角绘制“元素及其化合物”转化关系的思维导图，并书写相互转化的化学（离子）方程式，描述核心反应的实验现象，然后选择完成优秀的作品进行墙报展览交流。通过这样的作业设计，完成元素化合物性质及转化关系的深化理解、迁移运用。学完“化学能与电能”后，让学生提炼“原电池的认知思维模型”，培育学生知识、思维的迁移、应用、创新能力，发展了学生“变化观念、认知模型”的核心素养。

（5）社会综合实践类作业

社会实践型作业的实施有利于理论联系实际、学以致用，凸显化学学科知识的应用价值、学科价值、社会价值，促进学生分析和解决实际问题的能力，增强学生的科学精神与社会责任，发展学生的创新能力和综合实践能力。作业的设计不要仅仅局限于课本知识，应走出课本、走进生活、走向社会，引导学生从化学的视角关注生活、关注社会，拓宽学生的知识视野，增进学生的学习体验。教师可以根据教学内容设计社会调查、社会实践类的课题作业，让学生运用所学知识分析解决生活、生产、社会中的热点问题，提升学生社会实践能力和应用化学知识解决具体问题的能力。例如，在学习完“乙烯与有机高分子材料”的主题内容后可设计作业：开展“‘限塑令’实施状况与白色污染治理现状”的社会问题调查课题，让学生体验“制订调查计划—设计调查问卷—实施调查访谈—整理调查资料—撰写调查报告—成果汇报交流”的过程，发展学生自主合作学习、乐于实践、勇于探索、解决生产生活中实际问题的能力，培育学生的责任与担当意识，发展学生“科学态度与社会责任”的核心素养。

（6）重大社会议题的辩论

化学发展给人类发展带来了巨大贡献，同时也为人类生存带来了一定危害，弘扬化学学科的正能量、宣扬化学学科的主流价值是化学人的责任与担当。在作业设计时可以根据教学内容设计有关重大社会议题的辩论会，让学生学会辩证地思考化学问题、辩证地看待化学发展的“功”与“过”。例如，在学习了“氮及其化合物”之后可以设计作业：围绕“哈伯发现合成氨”的“功”与“过”组织召开化学辩论会，让学生通过查阅资料、整理观点，进行辩论交流，表述自己的观点，产生思维碰撞，厘清化学发展的“是”与“非”，为学生树立学科主流价值、绿色持续发展观念、健康化学的核心价值观念，实现“赋能化学、赋能未来”的教学愿景。例如，在“化学反应与能量”的教学主题学习过程中可以设计作业：调查家庭所用燃料的种类、性能、价格、资源蕴藏情况及燃烧对环境的影响；形成对家用能源选择、合理使用及对新能源开发使用的战略意义等的理解，让学生通过“小组合作学习、查阅资料、实地调查、成果展示、交流评价”的学习实践过程，发展学科实践能力，树立正确的能源观念、资源观念、环境观念。

二、作业的评价与再设计

1.作业的实施与评价

（1）作业完成形式的途径多样化

核心素养视域下强调作业的实施过程是学生知识的自我构建过程、自主学习的过程、心智历练的过程、学生核心素养的发展过程。作业实施过程要重视作业完成的方式和作业成果的呈现形式。可根据作业内容的不同采用“线下与线上的结合，课内与课外的结合，学校与家庭、社会的结合”，打破传统作业完成的时间和空间限制，拓宽知识的视野，拓宽作业的完成途径；作业的呈现形式不仅仅局限于课内书面习题，还可以是口头表达输出、产品设计、活动实践研究报告、实验探究报告、文献综述、科普产品、科技论文等。

（2）作业批改形式的转变

核心素养视域下作业的批改不仅仅是教师检查作业的完成程度、判断完成的正确与错误，不是简单的单向线性关系，而是强调“作业目标—作业内容—作业实施—作业反馈”的自我循环完善过程。作业的评价要突出“教师主评、学生自评、小组互评、家长参评”等形式多样化；要关注作业批改的频次、结果表述、错误率的统计、典型问题的解决、目标达成度的统计分析与反馈，为作业的反馈积累丰富素材。

（3）作业评价思路的转变

《普通高中化学课程标准》（2017年版）提出：实施“素养为本”的教学，重视“教、学、评”一致性。有效的作业评价不仅可以及时反馈教学目标的达成度，而且有助于教师调整教学重难点、学习侧重点，落实“教学、评价、考试”的一体化。在作业评价过程中，要改变传统教学中讲评作业（修正错误）的简单做法，要关注作业的“增值评价”，重视展示性作业评价，在作业（成果）的实际应用中评价作业。在作业评价过程中，教师事先要设计不同类型作业的评价量表（定性、定量）；依据作业内容的目标设计具体的评价指标及素养发展水平的评价标准（见表6-4），体现作业评价的发展性、层次化、动态化。

同时，教师要通过作业批改统计作业完成情况、错误率、典型问题、达标程度，制定评价反馈内容。通过教师主评、学生互评、定性与定量结合的方式进行作业反馈评价，积极落实“过程性评价、表现性评价、增值性评价、激励性评价、发展性评价、反思性评价”策略；评价时不仅要关注知识技能的达成度，而且还要关注能力素养发展水平的进阶；指导学生实现自我评价、自我反思能力的提升，引导学生用作业评价结果反哺课堂教学，实现学习改进。评价结果反馈的设计思路如图6-5所示。

表6-4　“离子反应”作业评价标准设计（节选）

评价指标及水平	作业示例	作业评价标准
1.知道酸、碱、盐属于电解质，在水溶液中可以发生电离。（识记） 2.建立物质类别（酸、碱、盐）与物质是否属于电解质、是否可以发生电离的关联。（理解、关联） 3.从电离的角度对熟悉的溶液进行微观说明，并用电离方程式进行表述。 …………	1.在中学所学的单质、氧化物、酸、碱、盐中，一定能发生电离的是____________，这类物质被称为__________。（识记） 2.下列电解物质属于电解质的是________。（理解、关联） A.$NaSO_4$　B.HNO_3 C.NaOH　D.AgCl E.$BaSO_4$　F.酒精 G.蔗糖 3.粗盐中含有碳酸钠、硫酸镁、氯化钙等杂质，请说出粗盐中主要存在的离子，并用电离方程式表示。（理解解释、推理预测） …………	1.答案：酸、碱、盐 电解质。 评价：酸、碱、盐1分，其余0分；电解质1分，其余0分。 2.答案：ABCDE 评价：(1)ABCDE，知道酸、碱、盐属于电解质，电解质与溶质溶解性无关(2分)； (2)ABC(知道酸、碱、盐属于电解质，但认为难溶物由于溶解度小而在水中无法电离，忽略熔融是电解质电离的另外一种途径。(1分，其他0分) 3.答案：（略） 评价：依据学生对问题回答的完整性、科学性给出具体评价，体现学生学习的差异性。 …………

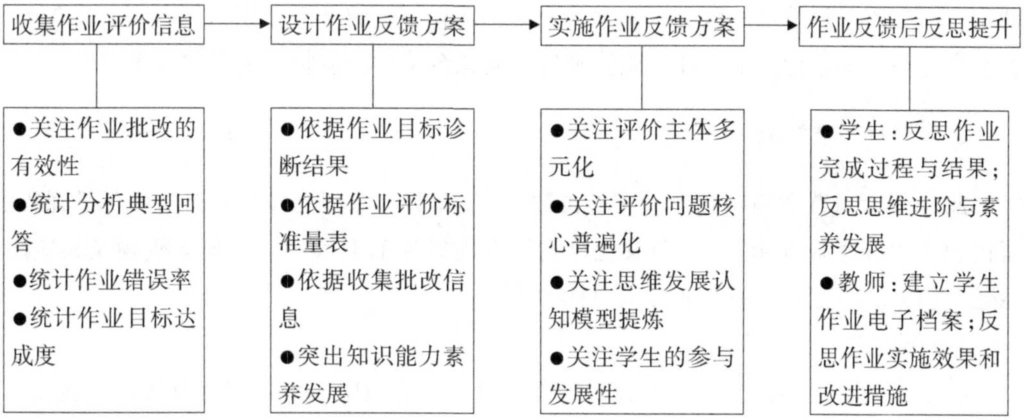

图6-5　作业评价设计的逻辑

2.作业设计实施后的反思与再设计

作业的设计是教师依据课程标准、教学目标、学情状况作出的预设。作业设计不是固化的、文本的、静态的，是和作业实施互动的、灵动的、实践的、动态的，是“设计—实施—反思—再设计”循环往复、不断完善的过程。教师在实施作业的过程中借助“云平台+学习终端”信息技术赋能获取作业数据信息，作为评价分析的依据，精准把握学情、实施结果及存在的问题，对作业情境设计、立意、设问角度、难易程度、可操作性、可评价性进行反思，通过对比“作业目标设计属性表”“作业内容设计属性表”“作业实施后属性分析表”，从作业的“育人性、目标性、科学性、多样性、难易度、选择性、结构合理性、时间的适度性”等方面对设计的作业进行“反思评价”，扬长避短，系统化二次优化设计，完善提升，落实“教学—作业—评价”的协同性、一致性，使作业设计与评价能更好地符合学生的认知水平和理解能力，更具有适切性和可评价性。教师也可以逐步建立有实用价值、有借鉴意义、高质量的“化学校本作业资源库”，便于日后教学再次使用和与同行交流分享，减轻作业设计负担，提高作业设计质量。

总之，作业设计与实践研究是落实课程核心素养的重要途径，对于作业整体的规划、可视化的设计策略仍然处于探索阶段，需要教育同仁深入研究探讨，不断提升作业设计质量，实现“减量、提质、增效”的教学愿景。

第四节　“探秘含氯消毒剂”单元作业设计范例

一、内容分析

“氯及其化合物”位于人教版（2019年版）高中化学必修第一册第二章第二节，是重要的元素化合物知识。氯是典型的非金属元素，氯气及含氯化合物在工农业生产和生活中应用广泛。新教材的编写以氯气为主线，选择氯气的性质、用途等内容，将含氯化合物穿插在其中进行介绍，让学生构建出不同化合价的含氯物质之间的转化关系。

二、课程标准解读

2017年版《普通高中化学课程标准》（本节简称“课程标准”）对高中化学课程作了内容要求和学业要求，“氯及其化合物”在内容标准上属于“常见无机物及其应用”主题，相关的内容要求和学业要求对标如下：

1.内容要求

在学习“氯及其化合物”内容时，要结合真实情境中的应用实例或通过实验探究，了解氯及其重要化合物的主要性质，认识这些物质在生产中的应用。

2.学业要求

能从物质类别、元素价态的角度，依据复分解反应和氧化还原反应原理，预测氯及其化合物的化学性质和变化，设计实验进行初步验证，并能分析、解释有关实验现象；能根据氯及其化合物的性质分析实验室、生产、生活及环境中的常见问题，说明妥善保存、合理使用化学用品的常见方法。

三、基于化学学科核心素养设计单元作业目标

课程标准倡导创设真实的问题情境。在“课程内容”部分，设置每个模块的“情境素材建议”；在“实施建议”部分，提出“创设真实问题情境，促进学习方式转变”的教学建议和“以真实情境为测试载体”的命题原则，高中化学新教材也呈现了丰富的情境化习题。因此，本节课以真实情境为载体，将“氯及其化合物”作为知识工具，围绕“Cl_2作为消毒剂—NaClO作为消毒剂—ClO_2作为消毒剂”进行单元主题教学，充分发展学生对物质转化思路的认识，提高学生解决实际问题的能力，从而培育学生的化学学科核心素养。“探秘含氯消毒剂”单元教学目标和作业目标设计见表6–5）。

表6–5 “探秘含氯消毒剂”单元教学目标和作业目标设计

单元教学目标	作业目标序号	单元作业目标	素养目标	内容要点
1.能通过氯原子的结构认识氯气的化学性质和用途，体会“结构决定性质、性质决定用途”的化学学科观念。 2.能用氧化还原反应、离子反应的观点预测并解释氯气的化学性质，并能用方程式进行表征。 3.通过对自来水中氯离子的检验，掌握检验氯离子的一般方法。 4.以认识含氯消毒剂为线索，了解含氯化合物的性质，建立含氯物质之间的转化关系。 5.通过探秘含氯消毒剂，感受疫情期间84消毒液的重要意义，体会物质性质与用途的关联，增强学生的学科认同感和社会责任感	1	认识氯原子的结构，Cl_2的物理性质、化学性质，书写有关化学方程式	宏观辨识与微观探析 证据推理与模型认知	Cl_2的性质
	2	知道HClO的性质，解释Cl_2用作自来水消毒剂的原因	宏观辨识与微观探析	HClO的性质及应用
	3	学会检验Cl^-的方法	科学探究	Cl^-的检验
	4	设计NaClO的制备过程，知道含氯物质之间的转化关系，了解研究物质的思路和方法	变化观念 模型认知	含氯物质之间的转化
	5	知道NaClO的性质和用途，对消毒剂的合理使用作出说明	科学探究 科学态度与社会责任	NaClO的性质及应用
	6	认识新型含氯消毒剂	创新意识 科学态度与社会责任	含氯物质的性质

四、基于思维进阶设计单元课时作业

单元课时作业是指在单元整体规划下分解、安排在每个课时适当环节来完成的学习任务群。教师应立足学情，结合单元教学内容，把上述单元作业目标进行分解并安排到

不同的课时作业中，从作业内容、学习水平、作业类型等维度进行课时作业设计，同时兼顾作业内容的丰富性、形式的多样性、水平的层次性等特点，关照学生思维能力的发展。“探秘含氯消毒剂”单元课时作业设计如表6-6所示。

表6-6 “探秘含氯消毒剂”单元课时作业设计

学习内容	作业目标序号	作业内容	学习水平	作业类型和呈现形式
课时1：Cl_2用作消毒剂：自来水中的Cl^-	1、2、3	结合氯原子的结构特点，分析Cl_2具有强氧化性的原因，预测Cl_2与金属、非金属单质的反应（书写方程式）	识记、理解	小组讨论 课堂展示
		通过对比实验（将干燥的有色纸条和湿润的有色纸条放入盛有Cl_2的集气瓶中）体会Cl_2与水的反应，认识HClO的性质，解释使用Cl_2对自来水消毒的原因	理解、应用、分析	分组实验 课堂展示
		设计实验检验自来水中的Cl^-	理解、分析、应用	小组探究 分组实验
课时2：NaClO用作消毒剂：疫情中的84消毒液	4、5	从物质类别和元素化合价的角度设计制备NaClO的路线（流程图/思维导图）	分析、综合	小组探究 项目作品呈现（流程图）
		制备简易版84消毒液，预测并验证NaClO的化学性质	分析、综合、创造	小组实验 课堂展示
		根据NaClO的化学性质，理解消毒剂的使用要求，制作84消毒液的使用说明书	评价、创造	小组讨论 项目作品呈现（海报）
课时3：ClO_2用作消毒剂：寻找新的消毒剂	2、6	分析Cl_2用作自来水消毒剂的缺点，提出寻找新型消毒剂的设想，并从物质类别、元素价态角度认识含氯物质ClO_2	分析、评价	小组调查 课堂展示

如表6-6所述，“探秘含氯消毒剂”单元课时作业以“Cl_2用作消毒剂—NaClO用作消毒剂—ClO_2用作消毒剂”为情境主线，知识逻辑顺序为“Cl_2的性质—HClO的性质及用途—NaClO的性质及用途—ClO_2的简单认识”，从学生设计NaClO的制备路线到实验制备消毒剂，再到制作消毒剂使用说明书，前后关联、层层递进，作业设计既有“识记、理解”的基础性水平考查，也有“应用、分析”的进阶性水平考查，更有“综合、评价”的高阶性水平考查。

1.学生作业展示之“制备NaClO的路线”

学生作业展示见图6-6。

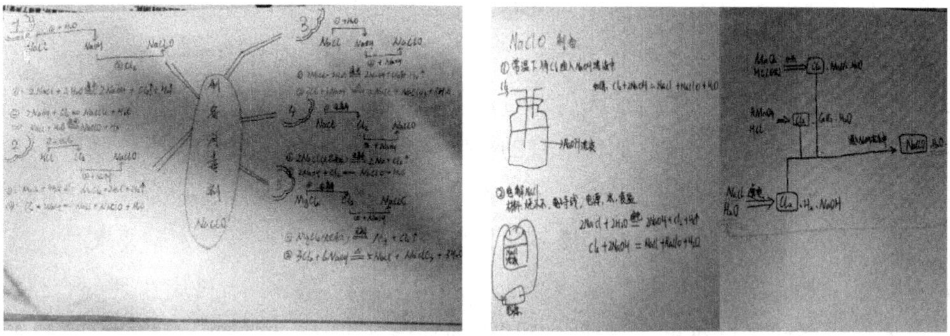

图6-6　学生作业展示——“制备NaClO的路线”

2.学生作业展示之“制作84消毒液使用说明书”

学生作业展示见图6-7。

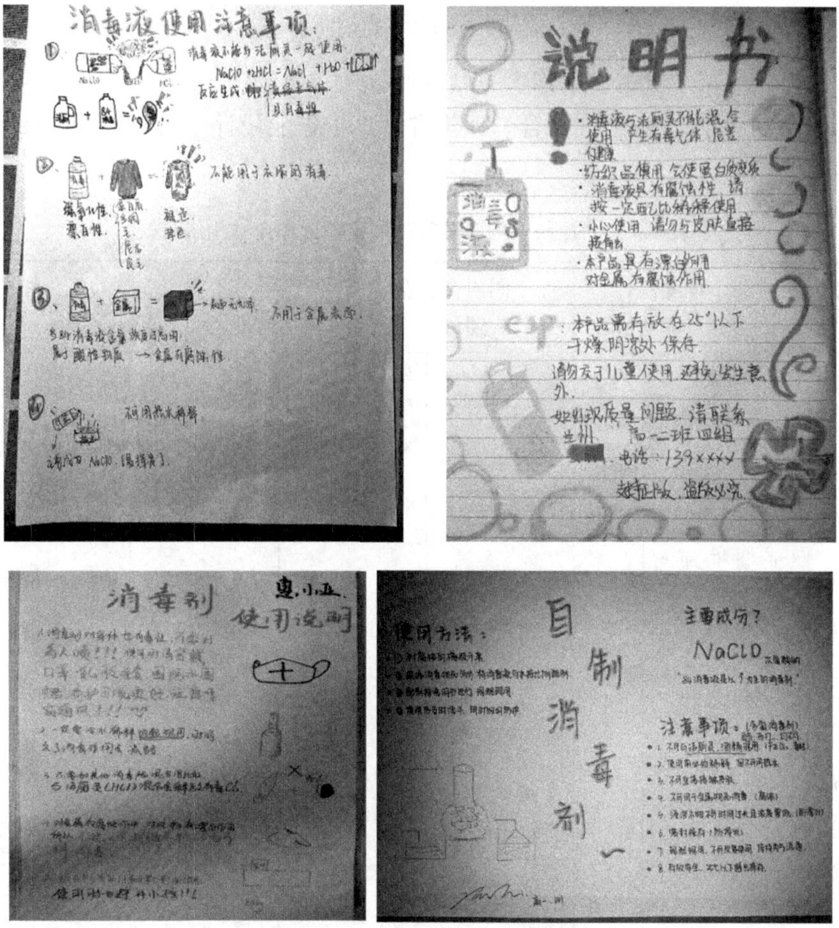

图6-7　学生作业展示——“制作84消毒液使用说明书”

五、基于高阶思维设计单元整合作业

单元整合作业类似于传统的单元试卷，是在学生单元学习结束后布置的作业，是带有明确指向的单元学习阶段性任务群。单元整合作业是课时作业的进一步拓展和延伸，不仅可以诊断学生的单元学习情况，还可以帮助学生将知识系统化。单元整合作业的设计可以通过编制双向细目表、选编适宜的习题来完成。双向细目表包括题型、考查知识点、能力水平要求、学科核心素养、预估难度系数、试题来源等，能为单元作业的精准设计提供有效依据。其中，预估难度系数依据课程标准中学业质量水平要求，从低到高划分为4级，水平2对标学业质量水平2，是高中毕业生在本学科应达到的合格要求，即学业水平合格性考试难度；水平4对标学业质量水平4，是学业水平等级性考试应达到的要求，即高考难度水平。

在设计“探秘含氯消毒剂”单元整合作业时，经过分析、筛选，最终形成12道题，包括8道选择题、4道综合题（含填空题、推断题）。从表6-7可以看出，12道题基本覆盖了单元作业目标和主要内容，所设计的作业立足基础、渗透素养，注重情境的挖掘，突出教学重点，难度中等，整体难度系数介于学业水平合格性考试与高考之间。从表6-8可以看出，识记、理解的巩固类习题占比较低，而应用、分析、综合类的习题占比较高，考查的学习水平逐渐向综合、评价进阶。本作业设计中第8题为原创题，第10、11题为改编题。

表6-7　“探秘含氯消毒剂”单元整合作业结构统计表

<table>
<tr><td colspan="2">作业题型及题量</td><td colspan="2">各个维度核心素养目标题量</td><td colspan="2">不同内容要点题量</td><td colspan="2">不同学习水平题量</td><td colspan="2">不同难度题量</td><td colspan="2">不同类型题量</td></tr>
<tr><td>题型</td><td>题量/个</td><td>学科核心素养目标</td><td>题量/个</td><td>内容要点</td><td>题量/个</td><td>学习水平</td><td>题量/个</td><td>难度等级</td><td>题量/个</td><td>类型</td><td>题量/个</td></tr>
<tr><td>选择题</td><td>8</td><td>宏观辨识与微观探析</td><td>2</td><td>Cl_2的性质</td><td>4</td><td>识记</td><td>1</td><td>1</td><td>1</td><td>基础题</td><td>6</td></tr>
<tr><td>综合题</td><td>4</td><td>证据推理与模型认知</td><td>6</td><td>HClO的性质</td><td>2</td><td>理解</td><td>3</td><td>2</td><td>4</td><td>素养题</td><td>6</td></tr>
<tr><td rowspan="4">合计</td><td rowspan="4">12</td><td>变化观念</td><td>1</td><td>Cl^-的检验</td><td>1</td><td>应用</td><td>1</td><td>3</td><td>5</td><td rowspan="2">合计</td><td rowspan="2">12</td></tr>
<tr><td>科学探究与创新意识</td><td>2</td><td>NaClO的性质</td><td>2</td><td>分析</td><td>2</td><td>4</td><td>2</td></tr>
<tr><td rowspan="2">科学态度与社会责任</td><td rowspan="2">1</td><td>含氯物质之间的转化</td><td>2</td><td>综合</td><td>4</td><td colspan="4" rowspan="2">单元目标覆盖度:100%
主要内容关联度:100%
预估完成时间:40分钟</td></tr>
<tr><td>含氯物质的性质</td><td>1</td><td>评价</td><td>1</td></tr>
</table>

表6-8　“探秘含氯消毒剂”单元整合作业双向细目表

题号	核心素养目标	内容要点	学习水平	难度水平	类型	作业目标序号
1	宏观辨识与微观探析	氯原子结构、Cl_2化学性质	识记	1	选择题/基础题	1
2	证据推理	HClO 的性质、Cl_2的物理性质、Cl^-的检验	理解	2	选择题/基础题	2
3	模型认知	HClO的性质、Cl_2的化学性质、Cl^-的检验	分析	3	选择题/基础题	2
4	宏观辨识与微观探析	Cl_2的化学性质、HClO 的性质	分析	2	选择题/基础题	1
5	证据推理	Cl_2的化学性质、HClO 的性质	理解	4	选择题/素养题	1
6	科学探究	Cl_2的化学性质	综合	3	选择题/素养题	1
7	证据推理	Cl^-的检验	理解	2	选择题/基础题	3
8（原创题）	科学态度与社会责任	NaClO 的性质	综合	3	选择题/素养题	5
9	变化观念	含氯化合物的性质	应用	2	综合题/素养题	5
10（改编题）	证据推理	含氯物质的转化、含氯物质的性质	综合	3	综合题/基础题	4
11（改编题）	模型认知	含氯物质的转化、含氯物质的性质	评价	3	综合题/素养题	4
12	科学探究与创新意识	含氯物质的性质	综合	4	综合题/素养题	6

附录：单元整合作业

1.下列说法不正确的是　（　　）

A.氯原子的最外层电子数为7，易得电子，表现为氧化性

B.Cl_2在化学反应中只能做氧化剂

C.Cl_2与Fe、H_2反应时均表现氧化性

D.Cl_2与H_2O反应生成两种酸

2.在氯水中存在多种分子和离子，它们在不同的反应中表现各自的性质。下列实验现象和结论一致且正确的是　（　　）

A.向氯水中加入有色布条，一会儿有色布条褪色，说明溶液中有Cl_2存在

B.溶液呈浅黄绿色，且有强烈刺激性气味，说明有Cl_2分子存在

C.先加入盐酸酸化，再加入$AgNO_3$溶液会产生白色沉淀，说明溶液中有Cl^-存在

D.加入NaOH溶液，氯水浅黄绿色消失，说明有HClO分子存在

3.下列关于氯水分别与图6-8所示四种物质发生的反应的表述，正确的是（　　）

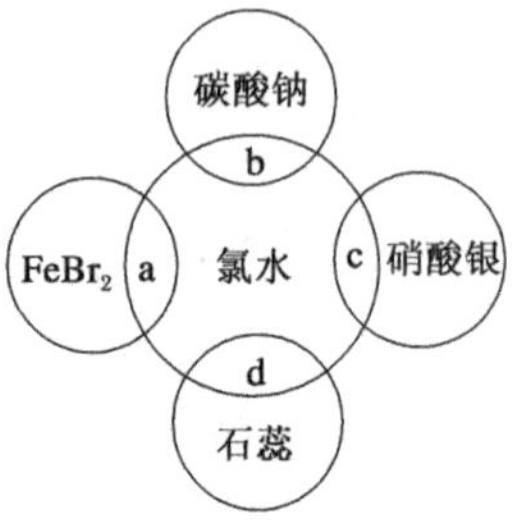

图6-8

A.a反应的离子方程式可能是$2Fe^{2+}+4Br^-+3Cl_2 \Longrightarrow 2Fe^{3+}+2Br_2+6Cl^-$

B.b反应中产生无色无味气体，说明HClO的酸性强于H_2CO_3

C.由c反应的现象可知可以直接利用硝酸银溶液检验Cl^-

D.d反应的最终现象是紫色石蕊溶液褪色，因为Cl_2具有漂白性

4.将紫色石蕊试液滴入NaOH溶液中，溶液变蓝色，再通入氯气，溶液先由蓝色变成红色，最后颜色慢慢褪去，其原因是（　　）

①氯气有漂白性；②氯气与NaOH溶液发生了反应；③氯气的水溶液呈酸性；④次氯酸有漂白性；⑤氯化钠有漂白性

A.①④　　B.②③④　　C.①②③　　D.④⑤

5.如图6-9所示，若关闭Ⅰ阀，打开Ⅱ阀，让一种含氯气的气体经过甲瓶后，通入乙瓶，则布条不褪色；若关闭Ⅱ阀，打开Ⅰ阀，再通入这种气体，则布条褪色。甲瓶中所盛的试剂可能是（　　）

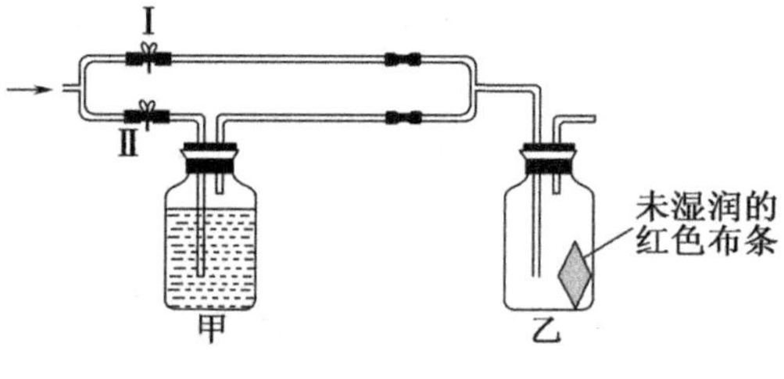

图6-9

①浓H_2SO_4；②NaOH溶液；③KI溶液；④饱和NaCl溶液

A.②　　B.②③　　C.①②③　　D.①②④

6.某化学教师为氯气与金属钠的反应设计了如图6-10所示的装置与操作，以替代相关的实验。实验操作如下：钠与氯气反应的装置如图所示，将一根玻璃管与氯气发生器相连，玻璃管内放一块黄豆粒大的金属钠（已吸净煤油），玻璃管尾部塞一团浸有

NaOH溶液的棉花球。先给钠预热，到钠熔融成圆球时撤火，通入氯气，即可见钠着火燃烧，生成大量白烟。以下叙述错误的是　　　　（　　）

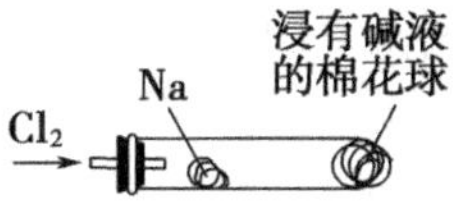

图6-10

A.反应生成的大量白烟是氯化钠晶体

B.玻璃管尾部塞一团浸有NaOH溶液的棉球是为了吸收过量的氯气，以免其污染空气

C.钠着火燃烧产生苍白色火焰

D.若在棉球外沿滴一滴淀粉碘化钾溶液，则据其颜色变化可判断氯气是否被碱液完全吸收

7.下列对于某些离子的检验及结论，正确的是　　　　（　　）

A.某溶液中加入氯化钡溶液后有白色沉淀产生，再加盐酸，沉淀不消失，该溶液中一定含有SO_4^{2-}

B.某溶液中加入硝酸银溶液后产生白色沉淀，不能说明该溶液中一定含有Cl^-

C.某溶液中加入稀盐酸后产生无色气体，将气体通入澄清石灰水中，溶液变浑浊，该溶液中一定含有CO_3^{2-}

D.某溶液中加入碳酸钠溶液后产生白色沉淀，再加盐酸，白色沉淀消失，该溶液中一定有Ba^{2+}

8.兰州市某中学化学兴趣小组同学利用家中现有材料自制了含氯消毒剂，其有效成分与84消毒液的相同。下列说法错误的是　　　　（　　）

A. 84消毒液的主要成分是NaClO，使用84消毒液杀菌消毒是利用了其氧化性

B. 84消毒液作用于有色布条，能使有色布条褪色

C. 84消毒液应放在阴凉处密封保存

D. 84消毒液能使淀粉-KI试纸变蓝，说明其溶液显碱性

9.某化工厂生产的漂白粉的产品说明书如图6-11所示，请回答下列问题：

漂白粉使用说明书

主要成分：次氯酸钙、氯化钙。

用法用量：每次取漂白粉2 g，加水1000 mL，配成0.2%～0.3%的浊液。

将病人用具浸泡其中5～10分钟，如需要，浓度可提高，时间可延长。

注意事项：……

图6-11

（1）请你为漂白粉写一份保存、使用的注意事项（不超过35字）：____。

（2）用化学方程式表示：①漂白粉的生产原理________________。②一般情况下，漂白粉失效的主要原因________________。

10.（改编题）现有中学化学常见的A、B、C、D、E、F、G、H、M九种物质，其中A为淡黄色粉末，B为日常生活中最常见的无色无味液体，E为无色气体单质。F的水溶液与石灰水混合可得D的溶液，G为黄绿色气体单质，H是84消毒液的有效成分，它们之间的相互转化关系如图6-12所示，其他与题无关的生成物均已略去。

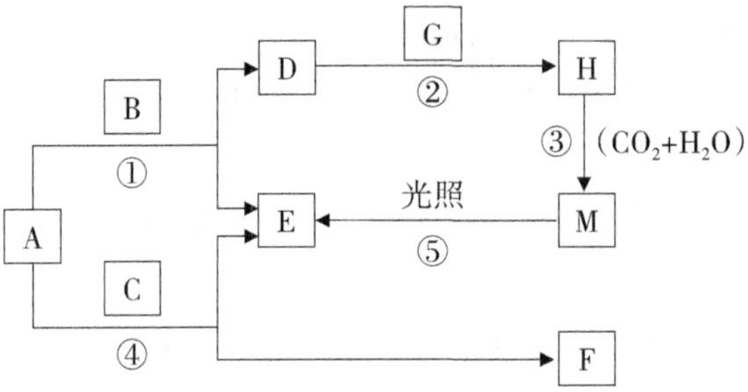

图6-12

请回答下列问题：

（1）写出A的化学式________，写出E的化学式________。

（2）化合物A中非金属元素的化合价是________，物质H的名称是________________。

（3）含氯物质在生产生活中有重要作用。1774年，舍勒在研究软锰矿（主要成分是MnO_2）的过程中，将它与浓盐酸混合加热，发现产生了一种黄绿色气体G。

①将新鲜的有色花瓣放入干燥的G中，可观察到的现象是____________，原因是________________（用化学方程式表示）。

②某氯水久置后不能使品红溶液褪色，可推测氯水中________已分解。检验此久置氯水中Cl^-存在的操作和现象是________________。

11.（改编题）从元素化合价和物质类别两个角度学习、研究物质的性质，是一种行之有效的方法。图6-13是氯元素形成物质的二维图的部分信息。请回答下列问题：

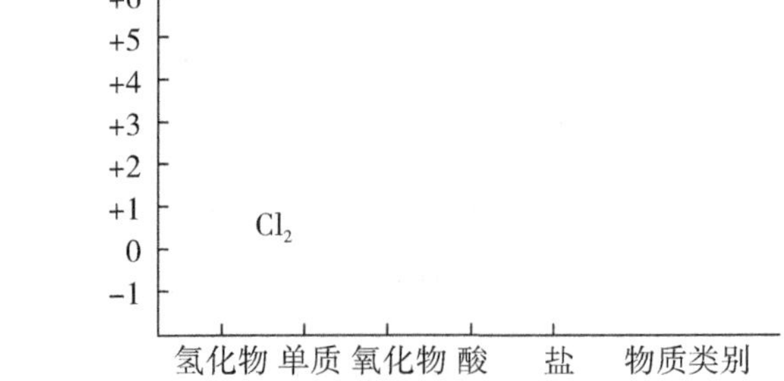

图6-13

（1）根据图中信息，写出任意两种氯的氧化物的化学式____________________。

（2）写出高氯酸（$HClO_4$）与NaOH反应的化学方程式____________________。

（3）HCl既具有氧化性，又具有还原性。请任意写出一个体现HCl氧化性的离子方程式____________________。

（4）Cl_2既具有氧化性，又具有还原性，请结合二维图说明原因______________。

（5）ClO_2作为新一代饮用水的消毒剂，正逐渐代替Cl_2来进行自来水的消毒，请简单说明其可作为消毒剂的原因____。

12.化学工业为疫情防控提供了强有力的物质支撑。氯的许多化合物既是重要化工原料，又是高效、广谱的灭菌消毒剂。回答下列问题：

（1）家庭中常用84消毒液（主要成分NaClO）与洁厕灵（主要成分盐酸）清洁卫生。某品牌消毒液包装上说明如图6-14所示。

注意事项： 本品对棉织品有漂白脱色作用，对金属制品有腐蚀作用。 密封保存，请勿与洁厕灵同时使用。 保持期为一年。

图6-14

①消毒液与洁厕灵不能同时使用，原因是______________（用离子方程式表示）。

②84消毒液的制取和漂白粉的制取原理相同，都是用氯气和碱反应来制取，84消毒液所用的碱是氢氧化钠溶液，写出该反应的离子方程式____________________。

（2）NaClO可以用于去除废水中的铵态氮，配平下列离子方程式：

$$\_\_\_\_ NH_4^+ + \_\_\_\_ ClO^- = \_\_\_\_ N_2 + \_\_\_\_ Cl^- + \_\_\_\_ H_2O + \_\_\_\_$$

（3）工业上将氯气通入到30%的NaOH溶液中来制备NaClO溶液，若反应后的NaClO溶液中NaOH的质量分数为1%，则生产1000 kg该溶液需消耗氯气的质量为________kg（保留整数）。

（4）Cl_2和ClO_2都是强氧化剂，能杀死水中的病菌。等质量的ClO_2的氧化能力是Cl_2的_______倍。

（案例设计：兰州四中　范梦怡）

高考研究篇

基于“一核、四层、四翼”视角下 2022年全国高考乙卷化学试题评析及教学思考

2022年全国高考理综乙卷化学试题命制紧扣国家考试命题“方向是核心、平稳是关键，发挥教育评价育人功能和导向作用，服务‘双减’工作落实落地”的命题指导思想，以高考评价体系“一核、四层、四翼”为指南，命题立意从“知识立意、能力立意”向“价值引领、素养立意”转变。试题命制紧扣《普通高中化学课程标准》(2020年修改版)(以下简称“新课标”)的课程目标、学业质量评价标准和化学学科素养发展水平，试题考查重视化学学科主干核心知识、必备知识、关键能力。试题考查内容突出基础性知识和学科关键能力、学科思想观念，题型与往年相比较稳定，考查视角“传承与创新”并存，难易度梯度合理。试题充分发挥了高考试题“立德树人、服务选拔、导向教学”的功能价值。

一、试题特征评析

1.创设真实的问题情境，关注“立德树人”的价值引领，凸显化学课程育人的价值导向

《中国高考评价体系》指出：高考要落实立德树人根本任务，要关注社会主义核心价值观和中华优秀传统文化的考查，促使立德树人在基础教育中的落实，不断强化高考育人功能、导向作用。2022年全国高考乙卷化学试题在试题情境设计上围绕“材料、生命、环境、能源与信息”等领域，紧密联系生产生活实际问题，关注化学前沿科技成果应用和化学知识在社会生活中的应用，让学生体验化学研究成果在改善人们生活、促进国家发展上的突出价值，激发学生学习化学的热情和兴趣，增强学生的社会责任感和成就感，帮助学生树立正确的化学学科价值观，在弘扬化学学科正能量、主流价值方面，起到了很好的导向作用。情境设计素材与价值功能分析如表1所示。

表1 2022年全国高考乙卷化学试题情境设计素材及价值功能分析

情境	题号	情境素材	价值引领
生活情境	7	以"生活中处处有化学"为情境素材	凸显化学学科的应用价值、社会价值，增强学生学习化学的成就感，落实学习"有用化学"的课程理念
	34	以"卤素单质及其化合物在科研和工农业生产中有着广泛的应用"为情境素材	凸显化学学科的应用价值、社会价值，引导学生从化学的视角关注生活、关注社会，解决真实问题
生产环保情境	8	以"实现二氧化碳的固定及利用"为情境素材	向学生传递我国实施"碳中和"、落实"碳达峰"的目标，彰显中国的责任担当和大国风范。倡导低碳生活、绿色、可持续发展的绿色化学理念
	26	以"回收废旧铅蓄电池铅膏中的铅，保护环境，充分利用铅资源"为情境素材	凸显化学在处理废旧资源、实现废旧资源的再利用、环境保护方面的社会应用价值，增强学生绿色化学、健康化学、可持续发展的化学理念和社会责任感
	28	以"油气开采、石油化工、煤化工等行业废气中普遍含有硫化氢，需要回收处理并加以利用"为情境素材	呈现工业上硫化氢的不同处理方法，凸显化学在处理废气、环境保护方面的社会应用价值，树立正确的环境观、发展观，强化化学理论在解决化学实际问题中的价值功能
学术探索情境	11	以"化合物($NH_4B_5O_8\cdot 4H_2O$)可用于电讯器材、高级玻璃的制造"为情境素材	凸显化学材料在社会、生活、生产中的应用价值，彰显化学学科发展对人类社会文明发展的贡献，弘扬化学学科的主流价值
	12	以"光照充电 $Li\text{-}O_2$ 电池在汽车、航潜领域具有的良好应用价值前景"为情境素材	凸显化学电池在生活生产领域的应用前景，展现我国科学家在解决能源应用、化解能源危机中的实践探索，弘扬科学家的科学精神和创新意识，厚植爱国情怀
	35	以"治疗成人重度抑郁症的药物左旋米那普的合成路径"为情境素材	凸显化学在合成药物、保障生命健康方面的社会价值和应用价值
实验探究情境	27	以"二草酸合铜(Ⅱ)酸钾可用于无机合成、功能材料制备"为情境素材	凸显化学实验在研发新材料中的作用，强化化学在材料研究方面的探究实践功能，彰显实验探究的学科价值

试题情境设计充分体现了《中国高考评价体系》中提出的"以真实情境为素材，以实际问题的解决为测试，考查学生运用化学知识分析解决实际问题的学科能力和素养发展水平"命题思想，通过真实的情境渗透绿色生态文明和低碳环保的科学理念，引导学生关注化学在推动科技发展和人类社会进步方面的重要作用，彰显化学的社会贡献。

2.考查必备知识，突出主干、核心知识，设问层次的布局合理

必备知识指的是学生面对与学科相关的生活实践或学习探索问题情境时，高质量地认识问题、分析问题、解决问题所必须具备的知识。化学学科必备知识包括化学语言与概念、物质结构与性质、反应变化与规律、物质转化与应用、实验原理与方法等内容，必备知识的考查层次如图1所示。

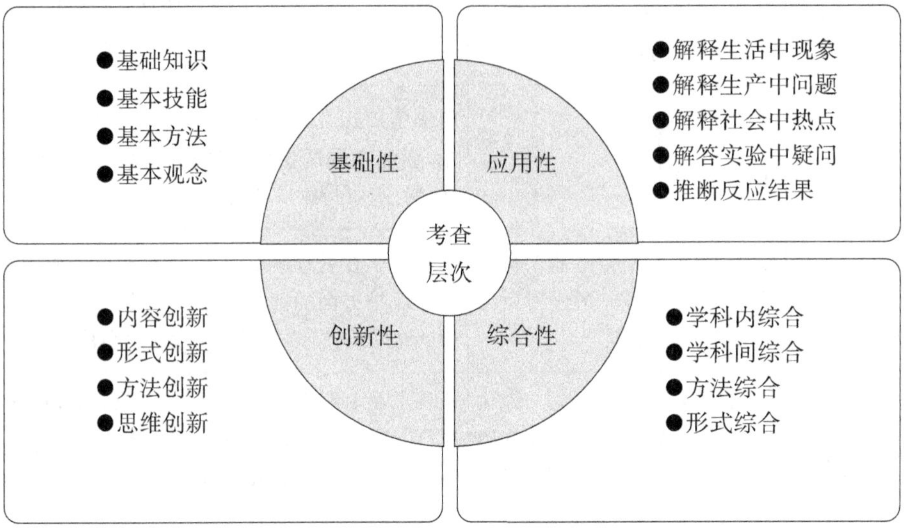

图1　必备知识的考查层次示意图

2022年全国高考乙卷化学试题必备知识考查统计分析如表2所示：

表2　2022年全国高考乙卷化学试题必备知识考查统计分析

必备知识	题号	考点分布	考查层次	分值/分	所占比例
化学语言与概念	26（1） （3ii）	陌生情境下离子方程式书写 陌生情境下化学方程式书写	应用性 应用性	2 2	11.3%
	28（4）	草酸与碳酸钾反应方程式书写	应用性	2	
	36（1）（5） （7）	有机物系统命名、有机反应类型判断 同分异构体的判断与限定条件下有机物结构的书写	基础性 创新性	4 3	
物质结构与性质	8	有机物的共面问题、官能团的羟基酯基识别、有机物的缩聚反应	基础性	6	25.2%
	11	元素位置、结构、性质推断及元素周期律性质，物质分解过程的热重曲线定量计算推断	应用性	6	

续表

必备知识	题号	考点分布	考查层次	分值/分	所占比例
	35（1）①② （2）①② （3）①② （4）	基态原子电子排布式、能量高低比较 原子轨道杂化、σ键π键形成过程判断 键长比较及影响成键的因素 晶体性质推断及熔沸点的高低比较 晶胞结构的识别及晶体摩尔体积计算	基础性 基础性 应用性 综合性 创新性	3 2 2 4 4	
	36（4）	有机物官能团的识别	基础性	2	
物质转化与应用	7	石墨、碳酸氢钠的用途，青铜与黄铜组成金属焰色反应的识别	基础性	6	20.8%
	9	Na_2SO_3、Na_2SO_4、$Na_2S_2O_3$的性质，阴离子的检验	基础性	6	
	26（3i） (4)(5)	Fe^{2+}、H_2O_2的性质，常见无机物$PbSO_4$、PbO_2、PbO和Pb，Ba、Fe、Al的性质及转化关系推断	综合性	6	
	36（2）（3） （4）	依据流程推断有机物结构简式 书写有机方程式	综合性	6	
反应变化与规律	11	元素位置、结构、性质推断及元素周期律性质，物质分解过程的热重曲线定量计算推断	应用性	6	26.2%
	12	新型电池充电、放电时工作原理及电极反应式书写	综合性	6	
	13	弱电解质溶液电离度计算、离子浓度大小比较、电离常数应用	创新性	6	
	26（1）（2）	K_{sp}在难溶电解质溶解平衡转化中的应用	应用性	4	
	28（1）（2） （3） （4）	盖斯定律计算反应焓变的应用、反应方案优化评价 化学平衡转化率、平衡常数计算 化学平衡移动原理的应用及反应速率的计算	基础性 综合性 应用性	4 3 7	
实验的原理与方法	10	卤素单质氧化性的比较、蔗糖水解产物的验证、石蜡油裂化产物的验证、聚乙烯分解产物的性质验证及实验方案的设计与评价	基础性	6	16.5%
	28（1）（2） （3）（5）（6） （7）	一定浓度的溶液配制、化学仪器的识别 胆矾的风化、黑色沉淀的推断 反应条件的选择与控制、晶体的获得方法	基础性 应用性 应用性	2 4 7	

试题考查知识点涉及化学核心概念原理、主干知识，包含化学与生活、化学实验方案设计与评价、物质的性质与转化、电化学基础、物质结构、元素周期律、水溶液中的离子平衡、常见无机物的性质及应用、常见有机物的结构与性质、化学反应与能量、化学速率与化学平衡、物质制备与实验探究、化学反应的定量计算、物质的分离与提纯等核心主干知识，各部分分布比例恰当，全面系统地考查了化学学科必备知识（表3）。

表3　2022年全国年高考乙卷化学试题必备知识考查层次统计分析

统计分析	基础性	应用性	综合性	创新性
分　值/分	41	31	26	17
所占比例	35.6%	26.9%	22.7%	14.8%

通过对试题考查知识、设问的层次分析可以看出：考查基础性内容的试题所占比例较高，占35.6%，充分体现了高考试题重视对知识的基础性考查，从而引导中学教学遵循教育规律、严格按照高中化学课程标准进行教学。同时，考查应用性、综合性、创新性知识的试题所占比例合理，也满足了高考试题对不同层次学生考查和人才选拔的需求功能，从而保证了试题良好的区分度和信度，具备良好的选拔功能。

3.强调关键能力的考查，体现能力素养立意的考查主旨

关键能力是学生面对与学科相关的生活实践或学习探索问题情境时，高质量地认识问题、分析问题、解决问题所必须具备的能力。高考化学对学生关键能力的要求如图2所示。

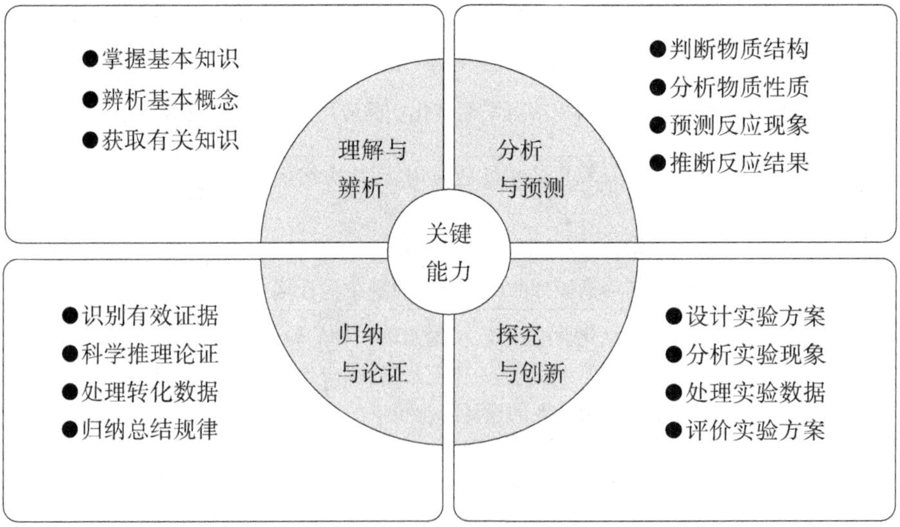

图2　关键能力考查内涵示意图

2022年全国高考乙卷化学试题信息主要以语言文字、化学符号、数据图表、工艺流程图、实验装置图、结构模型等形式呈现，形式多样，内涵丰富，有效考查了学生获取信息、整合信息、应用信息解决问题的能力。例如：第10题，利用表格形式呈现实验操作、现象、结论，考查学生基础实验设计、评价能力，增大了试题考查容量。第12题Li-O_2电池的构造模型，第13题不同环境下一元酸HA的电离过程，考查学生读图、析图获取信息，运用学科知识、学科思维分析解决问题的能力。第26题废旧铅蓄电池的铅回收的流程图、难溶电解质的K_{sp}、金属氢氧化物沉淀pH的表格呈现，要求学生基于数据综合分析整个工艺流程，根据物质性质分析不同元素的最终存在形式，引导学生思考不同物质的转化条件，有效考查学生自主学习能力和学科思维能力。第11题热重曲线分析、第28题第（4）问热分解反应H_2S转化率随时间变化曲线，考查学生获取图像数据信息、定量分析推理、归纳论证形成结论的学科能力。第27题将配制一定浓度溶液的实验过程、仪器选择与化学仪器识别结合，富有新意。从学科关键能力的视角对2022年理综化学试题能力的考查所作的统计分析如表4所示。

表4　2022年全国高考乙卷化学试题关键能力考查统计分析

能力内涵	乙卷题号	分值/分	所占比例
理解与辨析能力	7、26（3i iii）、35（1）（2①）、36（1）（5）	18	15.6%
归纳与论证能力	9、11（C、D）、12、13、28（1）（3）（4）、35（2②）（4）、36（7）	38	33.0%
分析与推理能力	8、11（A、B）、26（1）（2）（3ii）（4）（5）、27（2）（4）、28（2）、35（3）、36（2）（3）（4）（6）	40	35.8%
探究与创新能力	10、27（1）（2）（5）（6）（7）	19	16.5%

统计分析可以看出：2022年乙卷化学试题重点考查学生归纳与论证、分析与推理能力，重点考查学生基于数据信息处理、转化、分析、归纳能力，突出了试题的综合性。整套试题对考生的能力要求较高，分析与推理、归纳与论证能力属于高水平思维能力，该套试题具有良好的选拔功能，充分体现了高考试题能力素养立意的设计思想，有利于引导教学过程重视学生分析解决实际问题能力的培育，实现从“解题”到“解决问题”的转变。

4.重视“核心素养”的考查，强化知识、能力、素养融合

学科素养是学生在学习实践、探索问题过程中，在正确思想价值观念指导下，合理运用学科知识、学科思维、学科能力认识问题、分析问题、解决问题所表现出的综合品质。新课标将化学学科核心素养分为宏观辨识与微观探析、变化观念与平衡思想、证据推理与模型认知、科学探究与创新意识、科学态度与社会责任，并明确指出试题命制必须坚持以化学学科核心素养为测试宗旨，以真实情境为测试载体，以实际问题为测试任

务，以化学知识为解决问题的工具。2022年高考乙卷化学试题对学科核心素养的考察主要体现在：第28题第（1）问化学反应与能量变化、两种不同途径处理方案的考查，第（3）问、第（4）问通过平衡转化率的计算、平衡常数K_{sp}的计算、$n(H_2S):n(Ar)$的比值对H_2S平衡转化率的影响等考查学生变化观念与平衡思想、科学态度与社会责任的核心素养。第27题通过制备二草酸合铜（Ⅱ）酸钾、反应条件选择与控制、物质分离与提纯方法等考查学生科学探究与创新意识的核心素养。2022年全国高考乙卷化学试题对核心素养的考查统计分析如表5所示。

表5　2022年全国高考乙卷化学试题学科素养考查统计分析

化学核心素养	题号分布	分值/分	所占比例
宏观辨识与微观探析	7、9、35（1）（2）（3）	16	13.9%
变化观念与平衡思想	13、26（1）（2）（3）（4）（5）（6）、28（1）（3）（4）、36（1）（2）（3）（4）（6）	44	38.3%
证据推理与模型认知	11、12、35（4）、36（1）（5）（7）	25	21.7%
实验探究与创新意识	10、27（1）（2）（3）（4）（5）（6）（7）	20	17.3%
科学态度与社会责任	8、28（2）	10	8.7%

统计分析看出：试题关注对学生核心素养的全面考查，特别关注变化观念与平衡思想、证据推理与模型认知的学科思维与化学观念的考查，关注实验探究与创新意识的学科探索方法的考查，对科学态度与社会责任等能用纸笔测试形式考查的核心素养主要通过情境素材予以价值引领。试题创新信息呈现方式，设问角度独特，考查学生多角度、多层次、多维度地认识化学基本规律的能力，在分析和解决化学问题中的学科关键能力及核心素养水平进阶。

二、教学思考

2022年高考化学试题以新课标为命题的主要依据，以陌生的情境考查学生熟悉的知识内容，引导学生从不同角度认识化学反应规律，更加关注基础性必备知识的考查，加强教考衔接，有利于引导中学教师依据课程标准、遵循教学规律、强化基础性、掌握原理、内化方法、培育思维品质，促进学生主动探究和深层次学习，减少“机械”刷题，助推“双减”工作落地。试题的这些特点给中学化学课堂教学提供了有益的借鉴和启示。

1.转变课堂教学理念，促进教学过程“教、学、考”的一致性

新课标强调课堂教学要以知识为载体，通过教学活动实现能力、素养、观念的协同发展，而2022年高考化学试题通过落实“价值引领、素养导向、能力为重、知识为基”的高考评价理念，强化了高考对课堂教学的引导作用，有效促进了高中新课程改革的培

养目标和评价目标的落实，理顺了教考关系，实现了“以考促教、以考促学”的目的，有利于促进学生的全面发展和可持续发展。在课堂教学中，要充分把握高考评价新理念，课堂教学活动要引导学生重视教材，夯实学生学习基础，在通过基础知识习得的过程中培育学生的关键能力，进而落实对学生科学素养的发展，最终要让学生感受到所学内容的价值和作用。例如，对元素化合物的教学设计要以物质类别和价态之间的关系构建元素化合物的认知视角和认知思路，如学习铁及其化合物的性质时，不仅要引导学生通过“铁三角”认识Fe、Fe^{2+}、Fe^{3+}之间的相互转化，还要提炼不同价态物质的转化关系的认知模型，这样有助于学生将这种转化的实质迁移到对其他元素化合物之间转化的理解上，实现用“已知”解决“未知”，促使学生构建系统全面的学科知识体系。例如，2020年高考乙卷第26题Fe^{2+}、Pb、PbO_2与H_2O_2反应中H_2O_2的作用分析及陌生方程式的书写等问题的解决正是不同价态物质转化认知模型的迁移运用，对从“题海训练”到“真实问题的解决”的转变起到了良好导向作用。

2.依据新课标，突出必备知识，有效把握教学的深广度

2022年高考化学试题全面系统地考查了化学学科必备知识，试题中考查的基础性内容的占比较高（比例为35.6%）。因此，课堂教学要以新课标内容标准为教学目标的依据，以教材为教学活动的载体，以学习自主合作探究活动为核心，以高考评价体系为教学评价的标准，准确把握课程标准中每个知识在必修、选择性必修和选修模块中不同教学阶段的功能定位，梳理清楚每个知识点的教学要求以及蕴含的能力发展点、素养培育点的价值功能，在课堂教学活动中严格按照新课标主题内容、学业要求、学业质量评价标准设计教学目标、教学过程、教学评价，实现课堂教学对学生素养发展的针对性和连续性。例如，在原电池知识的学习中，必修阶段要求学生能从氧化还原反应的角度初步认识原电池的工作原理，能举出化学能转化为电能的实例，能辨识简单原电池的构成要素，能分析简单原电池的工作原理；而在选择性必修阶段则要求学生能分析、解释原电池的工作原理，能设计简单的原电池，能列举常见的化学电源，并能利用相关信息分析化学电源的工作原理；在选修阶段则要求学生能通过模拟实验完成对燃料电池、干电池、浓差电池工作原理的探究过程，同时对电化学教学中不同阶段学生的活动也有不同的要求，如在必修阶段要求学生开展概括关联、比较说明、推论预测、设计论证等简单的学习活动；在选择性必修阶段要求学生开展分析解释、推论预测、设计评价等较高层次的学习活动，进而发展学生对原电池工作原理的认识，让学生全面认识电化学的基本要素，建立对电化学过程的系统分析思路，提高对电化学本质的认识；而在选修阶段要求学生能通过开展实验活动，收集实验现象、数据等相关证据，根据证据进行分析推理，以及得出结论等更高层次的学习活动，掌握科学探究的一般过程与方法，建立解决某类化学实验问题的特定思路与方法，发展学生的动手能力和高级思维能力，即从必修到选修，对原电池的认知从简单到复杂、从表象到本质、从具体到抽象逐层递增，对学生的活动要求也从简单到较高层次，再到更高层次，实现了从知识到思维再到素养的不

断深化。所以，课堂教学中要准确把握不同阶段的教学要求，确保课堂教学内容的科学性和连续性，这样才能避免教学内容“超纲”或能力及素养要求“缺失”，进而才能夯实基础知识，确保学生对基础知识和技能的有效掌握。

3.重视问题情境的创设，强调问题解决过程，培育学生信息提取、整合、应用能力

新课标强调真实、具体的问题情境是学生化学学科核心素养形成和发展的重要平台，为学生化学学科核心素养提供了真实的表现机会。2022年高考试题通过围绕“材料、生命、环境、能源与信息”等领域创设问题情境，凸显了情境的价值和作用，由于基于情境的创设已经成为教育教学及考试领域落实核心素养和测评学科能力的重要手段和实现形式，而且高考试题中的问题情境是围绕某一特定主题事实，以文字、数据、图表等方式，为设计问题任务、达成测评目标而呈现试题信息的载体，所以课堂教学活动中不仅要重视对日常生活、生产环保、学术研究、实验探究等问题情境的创设，同时要提供文字、数据、图表等不同的信息载体，强化对学生在解决问题情境过程中信息提取与问题解决能力的培养。例如，在学习N_2与O_2的反应时，可以给学生呈现科研文献资料中的图表信息和文字信息等素材，让学生在阅读文献信息的过程中获知N_2与O_2能够在一定条件下反应生成NO而不是NO_2，而且通过文献信息可以获知NO与O_2能够直接反应生成NO_2，这样不仅可以避免给学生直接“告知”知识结论，还可以让学生自己通过分析证据素材得出结论（对结论进行证实或者证伪），不断强化从科技文献素材中提取图表信息的能力，进而提高学生分析问题与解决问题的能力。需要注意的是，在设计与情境素材相关的实际问题时，可以增加问题的开放程度，鼓励学生运用创造性、发散性思维多角度分析和解决问题，改变解决问题的单向思维、追求结论的唯一性等固化的学习方式。

4.重视实验教学资源的开发与应用，促进学生科学探究与创新意识的发展

新课标强调化学实验是研究和学习物质变化的基本方法，是科学探究的一种重要途径，并且将学生分组实验单独呈现出来，凸显化学实验的重要性。而高考试题中的实验内容都是基于教材中实验内容的再现与创新，考查学生的实验探究能力以及推测反应现象或物质性质的创新思维品质，所以要充分认识到化学实验在教学活动中的价值与作用。首先要关注实验，在教学活动中不仅要重视演示实验，还要重视学生分组实验，让学生通过实验过程研究和学习物质变化，感知化学知识，特别是对一些操作的细节如气密性的检查、尾气处理等，只有在实际操作中才能感受和理解操作要求，进而体会这些基本操作在实验过程中的价值和作用，同时还能训练学生对实验现象的观察与分析能力。其次要重视对教材实验的创新，教材中的很多实验方法只是研究和学习物质变化的众多手段之一，在教学活动中可以结合教学要求，通过实验仪器的替换与重组、实验药品的种类与用量、实验操作的先与后、反应原理及实验方案的更新与优选等途径引导学生对教材实验进行创新和探索，不仅可以使教材中的化学实验更加科学完美、简约实用、直观鲜明，同时也能培养学生的创新思维能力。最后要关注实验内容所蕴含的素养

价值，如在学习金属钠的性质的过程中，先要引导学生从“物质组成和氧化还原反应的角度”预测“钠与水反应的产物为氢氧化钠和氢气”，然后再通过实验过程得出实验事实，对预测的结论进行证实，不仅体现了“物质组成和氧化还原反应的角度”在学习元素化合物性质中的价值和作用，构建了学习元素化合物性质的认知视角和认知思路，发展了学生的高阶思维能力，同时体现了“提出问题、猜想与假设、进行实验、收集证据、解释与结论”的探究过程，发展了学生“科学探究与创新意识”的素养水平。

2022年高考化学试题已给我们广大一线教师优化课堂教学、实现“知识课堂”到“素养课堂”的转化，进而实现“立德树人”的教育目标提供了最佳的例证，广大教师要充分把握试题特点和新课标教学要求，发挥化学课堂教学的育人功能，不断促进学生的全面发展。

注重数理分析推理　建构原理综合题认知思维模型

——以2022年全国高考乙卷理综化学第27题为例

原理综合题以工业生产中实际问题的解决为测试任务，重点考查化学反应能量-进程变化曲线的分析、焓变的计算、盖斯定理的理解与运用、热方程式的书写表征；考查运用化学反应速率理论、平衡理论解决化工生产中实际问题的能力，同时兼顾电化学知识、水溶液离子平衡知识的相关考查。试题情境复杂新颖，多以连续反应、平行反应为载体，信息多以表格、图表、模型等形式呈现，问题设计多为填空、选择、计算、说理的形式。解答时需要具备定性分析与定量分析的认知视角、图表分析与数学建模能力、分析推理与归纳能力、认知化学理论思维模型等能力，具有知识迁移应用能力要求高、素养发展水平考查高等特征。2022年甘肃省原理综合题平均成绩仅为4.16，难度系数0.277，区分度0.2179，已成考生高考考试失分重点题型。本文通过对2022年全国高考乙卷第28题命题意图、解题思路分析，形成对原理综合题复习的难点突破，建构出解决原理综合题的思维认知模型。

一、原题呈现

【例】（2022年全国乙卷第28题）油气开采、石油化工、煤化工等行业废气中普遍含有硫化氢，需要回收处理并加以利用。回答下列问题：

已知下列反应的热化学方程式：

①$2H_2S(g)+3O_2(g)═══2SO_2(g)+2H_2O(g)$　$\Delta H_1=-1036\ kJ\cdot mol^{-1}$

②$4H_2S(g)+2SO_2(g)═══3S_2(g)+4H_2O(g)$　$\Delta H_2=+94\ kJ\cdot mol^{-1}$

③$2H_2(g)+O_2(g)═══2H_2O(g)$　$\Delta H_3=-484\ kJ\cdot mol^{-1}$

（1）H_2S热分解反应④$2H_2S(g)═══S_2(g)+2H_2(g)$的$\Delta H_4$=______$kJ\cdot mol^{-1}$。

（2）较普遍采用的H_2S处理方法是克劳斯工艺，即利用反应①和②生成单质硫。另一种方法是利用反应④高温热分解H_2S。相比克劳斯工艺，高温热分解方法的优点是____________________，缺点是____________________。

（3）在1470 K、100 kPa反应条件下，将$n(H_2S):n(Ar)=1:4$的混合气进行热分解反应。平衡时混合气中H_2S与H_2的分压相等，H_2S的平衡转化率为________，平衡常数K_p=________kPa。

（4）在1373 K、100 kPa反应条件下，对于$n(H_2S):n(Ar)$分别为4∶1、1∶1、1∶4、1∶9、1∶19的H_2S-Ar混合气，热分解反应过程中H_2S的转化率随时间的变化如图1所示。

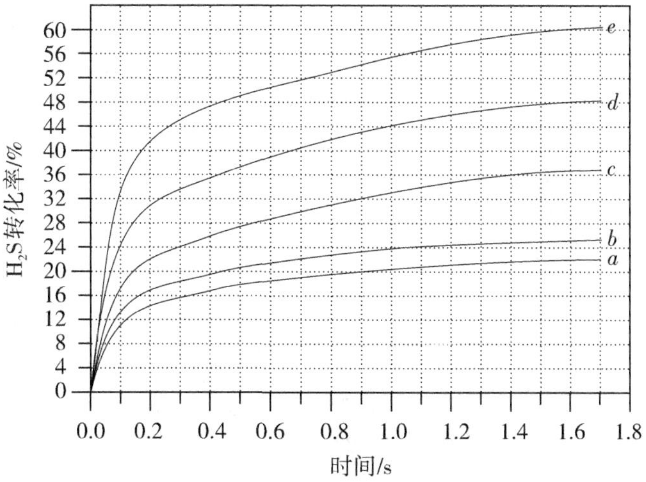

图1

①$n(H_2S)$: $n(Ar)$越小，H_2S平衡转化率________，理由是________________________。

②$n(H_2S)$: $n(Ar)$对应图中曲线________，其在0~0.1 s之间时，H_2S分压的平均变化率为_________ $kPa \cdot s^{-1}$。

二、命题意图分析

基于高考评价体系"一核、四层、四翼"视角下的试题特征分析如表1所示。

表1 基于高考评价体系"一核、四层、四翼"视角下的试题特征分析

情境功能	题目序号	考查内容	考查层次	关键能力	核心素养	素养水平划分
以"油气开采、石油化工、煤化工等行业废气中普遍含有硫化氢，需要回收处理并加以利用"为情境素材，突出化学学科在解决生产污染物处理中的应用价值，落实科学态度与社会责任的核心素养	26（1）	盖斯定律的应用（反应热的计算）	综合性	理解与辨析	证据推理与模型认知	素养水平2:能定量分析化学反应的热效应
	26（2）	盖斯定律的运用和化学反应原理的绿色化理念分析评价	应用性	归纳与论证	证据推理与模型认知 社会责任	素养水平2:能定量分析化学反应的热效应 素养水平4:能基于绿色化设计理念对物质制备方案评价和优化
	26（3）	化学反应平衡的定量表征:平衡转化率、K_p的计算	综合性	归纳与论证	变化观念与平衡思想 证据推理与模型认知	素养水平2:能定量表征化学平衡转化程度和限度

续表1

情境功能	题目序号	考查内容	考查层次	关键能力	核心素养	素养水平划分
	26（4）①	依据图表分析投料比变化对化学平衡转化率的影响	综合性	归纳与论证 分析与推理	变化观念与平衡思想 证据推理与模型认知	素养水平4：能从控制反应速率、提高转化率的视角分析反应条件，提出有效控制反应条件的措施 素养水平2：能定量表征化学反应速率 素养水平3：能利用图表、数据分析推理，得出结论
	26（4）②	依据图表分析投料比变化对反应平衡转化率的影响，依据图表计算反应速率	应用性	归纳与论证		

从试题的情境设计来看：突出体现了化学学科在解决废弃资源、保护环境中的重要价值，弘扬了学科应用价值和主流价值，具有良好的育人价值，落实了科学态度与社会责任的学科核心素养。从考查知识来看：考查了盖斯定律的应用，绿色化学理念，化学平衡转化率和K_p、反应速率的定量计算，反应条件调控对化学平衡、速率的影响等核心主干知识。从试题的立意来看：突出体现能力、素养立意，考查了运用化学反应原理知识分析解决化工生产中实际问题的能力，考查了从图表中获取信息、数理分析、应用数学建模等分析推理、归纳论证的能力，从而测试证据推理与模型认知、化学变化与平衡思想、科学态度与社会责任等化学学科素养的发展水平。

三、解题思路分析

（1）根据盖斯定律可知：化学反应不管是一步完成还是多步完成，反应热都相同。解题的关键是找出反应④与反应①②③之间的关系，通过反应叠加，消去中间产物，即可得出：（①+②）$\times\frac{1}{3}$ − ③即得到反应④，所以

$$\Delta H_4 = (-1036+94)\,kJ\cdot mol^{-1}\times 1/3 + 484\ kJ\cdot mol^{-1} = +170\ kJ\cdot mol^{-1}$$

（2）首先根据盖斯定律推导出克劳斯工艺的总反应：（①+②）×1/3可得

$$2H_2S(g)+O_2(g) = S_2(g)+2H_2O(g)$$

$$\Delta H = (-1036+94)\,kJ\cdot mol^{-1}\times 1/3 = -314\ kJ\cdot mol^{-1}$$

然后再从反应产物的价值分析和反应条件的绿色化设计理念分析得出：高温热分解方法的优点是可以获得氢气作为燃料；但由于高温分解H_2S会消耗大量能量，所以其缺点是耗能高。

（3）首先联系建立有关化学平衡转化率、分压平衡常数的计算关系，应建立“起始—变化—平衡”三段式计算模型，结合题意找出气体压强与气体物质的量之间的关

系，再寻找反应过程中存在的等量关系，建立计算关系式，计算解答。

解答过程：假设在该条件下，硫化氢和氩的起始投料的物质的量分别为1 mol和4 mol，根据三段式可知：

	$2H_2S(g)$	$\rightleftharpoons$ $S_2(g)$	+ $2H_2(g)$
始/mol	1	0	0
变/mol	x	$0.5x$	x
平/mol	$1-x$	$0.5x$	x

平衡时H_2S和H_2的分压相等，则二者的物质的量相等，即$1-x=x$，解得$x=0.5$，H_2S的平衡转化率为$\frac{0.5}{1}\times 100\%=50\%$，平衡常数

$$K_p=\frac{P(S_2)\times P^2(H_2)}{P^2(H_2S)}=\frac{\frac{0.25}{5.25}\times 100\ \text{kPa}\times(\frac{0.5}{5.25}\times 100\ \text{kPa})^2}{(\frac{0.5}{5.25}\times 100\ \text{kPa})^2}\approx 4.76\ \text{kPa}$$

（4）审题的关键是要审出：①在1373 K、100 kPa反应条件下，反应过程总压强不变；②该反应正向为气体体积增大的反应。然后再分析：$n(H_2S):n(Ar)$越小，H_2S的分压越小。再依据化学平衡移动原理判断平衡移动方向对H_2S转化率的影响。分析推理得出：由于正反应是体积增大的可逆反应，$n(H_2S):n(Ar)$越小，H_2S的分压越小，平衡向正反应方向移动，H_2S平衡转化率越高；$n(H_2S):n(Ar)$越小，H_2S平衡转化率越高，所以$n(H_2S):n(Ar)=1:9$,依据图表曲线信息找出对应的曲线d；根据图像信息分析可知：$n(H_2S):n(Ar)=1:9$的反应进行到0.1 s时，H_2S转化率为0.24。假设在该条件下，硫化氢和氩的起始投料的物质的量分别为1 mol和9 mol，则根据三段式可知

	$2H_2S(g)$	$\rightleftharpoons$ $S_2(g)$	+ $2H_2(g)$
始/mol	1	0	0
变/mol	0.24	0.12	0.24
平/mol	0.76	0.12	0.24

此时H_2S的压强为$\frac{0.76}{0.76+0.12+0.24+9}\times 100\ \text{kPa}\approx 7.51\ \text{kPa}$，$H_2S$的起始压强为10 kPa，所以$H_2S$分压的平均变化率为$\frac{10\ \text{kPa}-7.51\ \text{kPa}}{0.1\ \text{s}}=24.9\ \text{kPa}\cdot\text{s}^{-1}$。

【参考答案】（1）+170　（2）①副产物氢气可作为燃料　②耗能高　（3）①50%　②4.76　（4）①越高　②$n(H_2S):n(Ar)$越小，H_2S的分压越小，平衡向正反应方向进行，H_2S平衡转化率越高　③d　④24.9

四、常见易错点及错因分析

答题易错点统计与错因分析见表2。

表2 答题易错点统计与错因分析

问题序号	错误呈现	错因分析
(1)	①170;②-170;③170 kJ·mol^{-1};④510;⑤计算结果错误	①找不到已知反应与未知反应的关系,不会利用盖斯定律计算反应焓变;②表述不够规范,忽视"+";③多写了单位,与原题单位重复;④计算能力差导致计算结果错误
(2)①	①步骤简单;②不产生有害气体;③原料利用率高;④生成杂质少;⑤不污染环境	忽视了对克劳斯总反应的推导,缺少比较对象;与④比较,缺乏"绿色化"思想,自由发挥,远离设问要求
(2)②	①不污染环境;②反应放热,耗能高;③产生副产物少;④温度高,成本大等	①忽视了对克劳斯总反应的推导,缺少比较对象;②没有抓住反应④吸热这个核心要点,远离设问要求
(3)	①50%;②40%;③20%等	①不会利用"三段式"计算平衡转化率;②不知道K_p的计算表达式,不会计算各物质的分压;③定量计算能力差,不能算出正确结果
(4)①	①降低;②减小;③$n(H_2S)$:$n(Ar)$越小,H_2S的浓度越小,平衡逆向移动,转化率低;④H_2S越小,平衡正向移动程度越小,转化率越高……	①解题没有抓住题中给定的条件"在1470 K、100 kPa反应条件下,$n(H_2S)$:$n(Ar)$比值越小,H_2S气体分压越小"的前提条件,不会从压强的视角判断平衡移动方向;②不会准确用化学语言做出清晰的描述"由于正反应是体积增大的可逆反应,$n(H_2S)$:$n(Ar)$越小,H_2S的分压越小,相当于降低压强,平衡向正反应方向移动,因此H_2S平衡转化率越高";③逻辑思维混乱,不能准确表达
(4)②	①b;②b d;③e;④a ⑤16;⑥32等	①判断错误,主要受①问错误判断为"*b*";②分析图表数据错误,造成选择错误或多选其他曲线;③在图像中不能正确取点,造成计算错误;③不能算出分压,计算能力差,造成计算结果错误
主要失分点	(1)ΔH_4计算与表达;(3)转化率、K_p的计算;(4)$n(H_2S)$:$n(Ar)$越小、H_2S的分压越小的原因解释;H_2S分压的平均变化率计算。	

五、复习备考导向

1.研究课程标准和高考真题，找准所考查的核心知识和高考命题思路

“知己知彼百战不殆”。高考命题以课程标准为依据，以测试核心素养为主旨，以问题解决为任务，考查学生知识储备、能力、素养发展水平。因此在高考复习时要重视对课程标准的研究，明确复习在学习主题内容、学业要求、学业质量分析方面的具体要求和内涵，明确考查的核心主干必备知识和能力要求，找准方向才能减少弯路。要重视对高考真题的研究结构，分析考题情境设计、知识考点、能力素养考查水平，明确“怎么考”，寻求“怎么应对”的复习策略。纵观历年原理综合题，试题情境设计主要以实际化工生产中复杂情境为测试任务，试题信息呈现以多反应复杂体系为主，图表信息呈现形式主要为表格、图像曲线等，重点考查的核心主干知识为：①化学反应能量中反应热的计算，热化学方程式的书写，盖斯定律的应用，反应机理与历程的定性定量分析，核心概念焓变、燃烧热、中和热；②化学反应速率、速率方程的计算及变化原因分析，活化能理论的应用，化学反应限度的判断，转化率和平衡常数K、K_p、Q_c、K_{sp}的计算与应用，定性定量分析化学平衡移动的方向及结果，化学反应条件（温度、浓度、压强、催化剂等）对化学反应速率、化学平衡的调控，以及分析解释实际生产条件的选择；③分析化学反应的可能性和方向等必备的核心知识，考查理解与辨析、分析与推测、归纳与论证、探究与创新能力等关键能力，测试学生宏观辨识与微观探析、证据推理与模型认知、变化观念与平衡思想等核心素养发展水平。复习过程中要强化对以上核心知识的深度理解和结构化建构，促进对化学原理知识的深度理解和问题解决的应用。明确考题思路与考查方向后，才能让我们的复习更具针对性和方向性，更加高效。

2.构建知识内容结构化，建立分析解决问题的认知模型

高考复习的核心目的是深化对知识的理解，建构核心知识体系，运用知识解决真实问题，提炼解决问题的思维认知模型。化学反应与热能的考查主要是建立从能量-进程曲线、化学键断裂与形成、运用盖斯定律的视角进行反应热的计算和构建热化学方程式表征的认知模型，并应用模型分析解决问题。例如，对于运用盖斯定律计算反应热，需要建立“明确关系—调整方向—变同系数—相互叠加—规范表征”的思路，2022年28题第（1）问、第（2）问就是在这种思维模型下实现问题解决的；又如，对于有关化学平衡的定量表征，主要是建立化学反应速率计算、转化率计算、平衡常数计算等数学模型，建立有关化学平衡“起始—变化—平衡”三段式定量分析模型，并能从定性、定量的视角分析速率调控、平衡调控对化学平衡的影响，解决化工生产中实际问题。例如，化学反应速率、平衡相关定量分析的计算思维模型为：建（建立计算对象的数学模型）—找（列三段式分析模型，找存在的等量关系）—转（据三段式计算结果向模型中相关量转化）—算（带入相关量计算求解）。利用这种认知思维模型解决第28题第（3）问平衡分压常数、转化率及第（4）问平均变化率，问题就会迎刃而解。因此，复习过

程要强化对化学原理知识的内涵、功能、关联的复习，关注知识的结构化、认知思维、认知思路的模型结构化建构，切忌日复一日重复记忆、机械刷题，避免低效学习。

3.关注图表数理分析，提升证据推理、归纳论证能力

高考原理综合题在信息呈现上主要以表格数据、图像曲线的形式呈现，旨在考查通过“读图、析图、用图”进行数理分析、构建数学模型与化学原理知识关联解决问题的能力，考查学生分析与推理、归纳与论证的能力。在高考复习时要关注原理综合题，要强化对表格中数据的定性定量分析推理、归纳论证能力，强化对图像中“变化量、起点、终点、拐点、线型、变化趋势”等信息获取、整合、分析、应用能力的训练，提升信息素养能力，提炼图表分析的认知思维。例如，有关化学速率平衡的图像信息分析思维模型如图2所示，先建构上述认知思维模型，再去解决第28题第（4）问的曲线类型判断及原因分析就会水到渠成。

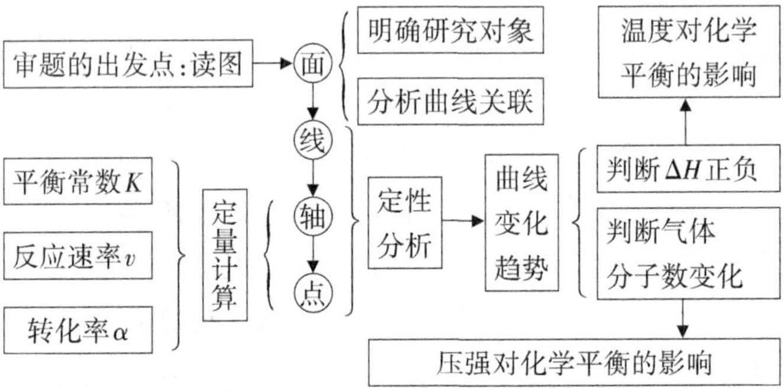

图2　化学反应速率、图像信息分析思维模型

4.强化定量计算训练，提升数据处理、定量分析能力

化学定量计算、数理分析内容在历年高考试题中占有较大比重，高考命题在考查上突出了“算理不算数”的转变，但仍是学生失分的重灾区。究其原因，主要是学生依据反应原理不能有效建立计算表征模型，不能正确选取计算数据，数据运算能力差，因缺乏有效答题时间而选择放弃。因此，学生在复习备考时要强化定量计算的数学模型建构、数学运算能力，提升获取图表数据、建立模型、准确运算的能力，减少考试失分。

梳理高考命题思路　厘清备考复习方向

——以2022年全国高考乙卷理综化学第26题工艺流程题为例

工艺流程题是通过考查运用元素化合物知识、化学反应原理分析解决化工生产实际问题，进而考查必备知识、关键能力、核心素养的必考热点题型，所以备受高考青睐。本文通过对2022年高考乙卷理综化学试题中工艺流程题命题意图的分析、解题思路的整理以及答题过程中常见错误的错因剖析，准确把握工艺流程题的命题趋势，感悟高考试题的考查要求，实现高考复习的针对性和科学性。

一、高考真题呈现

【例】（2022年全国乙卷理综化学第26题）废旧铅蓄电池的铅膏中主要含有$PbSO_4$、PbO_2、PbO和Pb，还有少量Ba、Fe、Al的盐或氧化物等。为了保护环境、充分利用铅资源，可通过图1所示流程实现铅的回收。

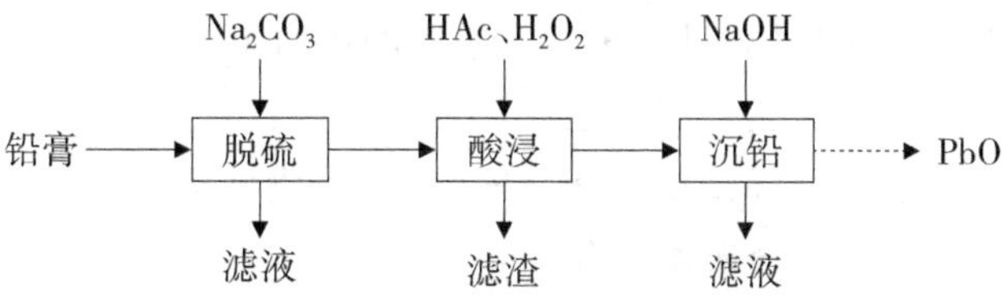

图1　铅的回收流程

一些难溶电解质的溶度积常数如表1所示：

表1　一些难溶电解质的溶度积常数

难溶电解质	$PbSO_4$	$PbCO_3$	$BaSO_4$	$BaCO_3$
K_{sp}	2.5×10^{-8}	7.4×10^{-14}	1.1×10^{-10}	2.6×10^{-9}

一定条件下，一些金属氢氧化物沉淀时的pH值如表2所示：

表2 一些金属氢氧化物沉淀时的pH值

pH值	$Fe(OH)_3$	$Fe(OH)_2$	$Al(OH)_3$	$Pb(OH)_2$
开始沉淀时的pH值	2.3	6.8	3.5	7.2
完全沉淀时的pH值	3.2	8.3	4.6	9.1

回答下列问题：

（1）在“脱硫”中$PbSO_4$转化反应的离子方程式为________________，用沉淀溶解平衡原理解释选择Na_2CO_3的原因________________________________。

（2）在“脱硫”中，加入$NaCO_3$不能使铅膏中$BaSO_4$完全转化，原因是________________________。

（3）在“酸浸”中，除加入醋酸（HAc）外，还要加入H_2O_2。

（i）能被H_2O_2氧化的离子是________；

（ii）H_2O_2促进了金属Pb在醋酸中转化为$Pb(Ac)_2$和H_2O，其化学方程式为____________________；

（iii）H_2O_2也能使PbO_2转化为$Pb(AC)_2$，H_2O_2的作用是______________________________。

（4）“酸浸”后溶液的pH值约为4.9，滤渣的主要成分是________________。

（5）“沉铅”的滤液中，金属离子有________________。

二、命题意图分析

基于高考评价体系“一核、四层、四翼”视角下的试题特征分析见表3。

从试题的情境设计来看：突出体现化学学科在解决生产实际问题、资源重新利用、保护环境中的重要价值，弘扬了学科主流价值，具有良好的育人价值。从考查的知识来看：考查了Pd、Fe、Al、Ba单质及化合物的性质与转化关系，HAc和H_2O_2的性质，难溶物质的转化及溶解平衡移动原理的应用等必备知识。从试题的立意来看：突出体现能力、素养立意，考查运用已有化学知识获取流程信息、数据信息分析解决问题的能力，从而达到测试化学学科素养水平进阶的目标。

表3 基于高考评价体系“一核、四层、四翼”视角下的试题特征分析

<table>
<tr><th>情境功能</th><th>题目序号</th><th>考查内容</th><th>考查层次</th><th>关键能力</th><th>核心素养</th><th>素养水平划分</th></tr>
<tr><td rowspan="7">以“废旧铅蓄电池的铅膏中 Pb 的回收利用”生产情境为素材，彰显化学在解决废弃物处理、资源再利用、环境保护等方面的社会应用价值</td><td>26（1）</td><td>沉淀转化、陌生离子方程式书写、溶解平衡移动原理</td><td>应用性</td><td>归纳与论证</td><td rowspan="2">变化观念与平衡思想
证据推理与模型认知</td><td rowspan="2">素养水平3：能运用化学原理定量分析、解释生产中与化学相关的实际问题</td></tr>
<tr><td>26（2）</td><td>难溶电解质的溶解平衡</td><td>应用性</td><td>归纳与论证</td></tr>
<tr><td>26（3）i</td><td>H_2O_2 对 Fe^{2+} 的氧化作用</td><td>理解性</td><td>分析与推理</td><td rowspan="2">宏观辨识与微观探析</td><td rowspan="2">素养水平4：能根据反应原理预测产物
素养水平4：能在物质及其变化中，从不同角度对物质及其转化进行分析和推断</td></tr>
<tr><td>26（3）ii</td><td>陌生化学方程式书写</td><td>综合性</td><td>分析与推理</td></tr>
<tr><td>26（3）iii</td><td>H_2O_2 对 PbO_2 的还原作用</td><td>理解性</td><td>分析与推理</td><td>宏观辨识与微观探析</td><td>素养水平3：能用符号对物质变化进行综合表述</td></tr>
<tr><td>26（4）</td><td>反应条件的控制与物质分离</td><td>综合性</td><td>归纳与论证</td><td>变化观念与平衡思想
证据推理与模型认知</td><td>素养水平3：能从宏观、微观角度分析物质转化的本质和规律</td></tr>
<tr><td>26（5）</td><td>滤渣、滤液成分的分析</td><td>综合性</td><td>分析与推理</td><td>宏观辨识与微观探析</td><td>素养水平4：能从不同角度对物质及其转化进行分析和推断</td></tr>
</table>

三、解题思路分析

1.阅读题干信息，知道原料铅膏中成分为 $PbSO_4$、PbO_2、PbO 和 Pb，还有少量 Ba、Fe、Al 的盐或氧化物，最终目标产物为 PbO。

2.结合题中信息和物质转化关系，分析出每步转化过程中滤液、滤渣的成分。向铅膏中加入碳酸钠溶液进行“脱硫”，根据 K_{sp} 的数据分析得出 $PbSO_4$ 转化为 $PbCO_3$，PbO_2、PbO 和 Pb 不变，Ba 的盐及氧化物转化为 $BaCO_3$、$BaSO_4$，Fe、Al 的盐转化为氢氧化物或仍为氧化物。向所得固体中加入醋酸、过氧化氢进行“酸浸”，$PbCO_3$、PbO_2、PbO 和 Pb 会溶解转化为 $Pb(AC)_2$，$BaCO_3$ 会溶解，$BaSO_4$ 不会溶解。依据“酸浸”后溶液的 pH 值约为 4.9 可以沉淀出 Al^{3+}、Fe^{3+}，依据 $Fe(OH)_2$、$Pb(OH)_2$ 沉淀的 pH 值沉淀范围的交叉关系，得出需要将 Fe^{2+} 氧化为 Fe^{3+} 后再沉淀，因此“酸浸”后的滤渣为 $Fe(OH)_3$、$Al(OH)_3$、$BaSO_4$。

3. 依据设问解答。

（1）依据$PbCO_3$、$PbSO_4$的K_{sp}大小关系，得出：

$$PbSO_4(s)+CO_3^{2-}(aq) = PbCO_3(s)+SO_4^{2-}(aq)$$

利用数据计算：

$$K=\frac{c(SO_4^{2-})}{c(CO_3^{2-})}=\frac{c(Pb^{2+})\cdot c(SO_4^{2-})}{c(Pb^{2+})\cdot c(CO_3^{2-})}=\frac{K_{sp}(PbSO_4)}{K_{sp}(PbCO_3)}=\frac{2.5\times10^{-8}}{7.4\times10^{-14}}\approx3.4\times10^5>10^5$$

推理得出转化得比较彻底，且转化后生成的碳酸铅可由酸浸进入溶液中，减少铅的损失。

（2）反应$BaSO_4(s)+CO_3^{2-}(aq) = BaCO_3(s)+SO_4^{2-}(aq)$的平衡常数为：

$$K=\frac{c(SO_4^{2-})}{c(CO_3^{2-})}=\frac{c(Ba^{2+})\cdot c(SO_4^{2-})}{c(Ba^{2+})\cdot c(CO_3^{2-})}=\frac{K_{sp}(BaSO_4)}{K_{sp}(BaCO_3)}=\frac{1.1\times10^{-10}}{2.6\times10^{-9}}\approx0.04<<10^5$$

说明该反应正向进行的程度有限，因此加入碳酸钠不能使“铅膏”中的$BaSO_4$完全转化。

（3）（i）Fe^{2+}有还原性，过氧化氢有氧化性，Fe^{2+}会被氧化为Fe^{3+}。

（ii）过氧化氢促进金属Pb在醋酸溶液中转化为$Pb(Ac)_2$，过氧化氢与Pb、HAc发生氧化还原反应生成$Pb(Ac)_2$和H_2O，依据信息推断反应的化学方程式为：

$$Pb+H_2O_2+2HAc = Pb(Ac)_2+2H_2O$$

（iii）过氧化氢也能使PbO_2转化为$Pb(Ac)_2$，铅元素化合价由+4价降低到了+2价，PbO_2是氧化剂，则过氧化氢是还原剂。

（4）酸浸后溶液的pH值约为4.9，依据金属氢氧化物沉淀时的pH可知，滤渣主要成分为$Al(OH)_3$、$Fe(OH)_3$和$BaSO_4$沉淀。

（5）推理分析可知：铁离子、铝离子转化为了氢氧化铁、氢氧化铝沉淀，铅转化为了氢氧化铅，最终转变为了氧化铅，因此“沉铅”的滤液中，金属离子有Ba^{2+}和加入碳酸钠、氢氧化钠时引入的Na^+。

【参考答案】

（1）①$PbSO_4(s)+CO_3^{2-}(aq) = PbCO_3(s)+SO_4^{2-}(aq)$

②反应$PbSO_4(s)+CO_3^{2-}(aq) = PbCO_3(s)+SO_4^{2-}(aq)$的平衡常数$K=\frac{c(SO_4^{2-})}{c(CO_3^{2-})}=3.4\times10^5>10^5$，$PbSO_4$可以比较彻底地转化为$PbCO_3$。

（2）反应$BaSO_4(s)+CO_3^{2-}(aq) = BaCO_3(s)+SO_4^{2-}(aq)$的平衡常数$K=\frac{c(SO_4^{2-})}{c(CO_3^{2-})}=0.04<<10^5$，反应正向进行的程度有限。

（3）① Fe^{2+}　② $Pb+H_2O_2+2HAc = Pb(Ac)_2+2H_2O$　③做还原剂

（4）$Fe(OH)_3$、$Al(OH)_3$、$BaSO_4$

（5）Ba^{2+}、Na^+

四、常见易错点及错因分析

答题易错点统计与错因分析见表4。

表4 答题易错点统计与错因分析

问题序号	答题错误呈现	错因分析
(1)①	①写不出沉淀转化的化学方程式 ②$Pb+CO_3^{2-} = PbSO_4$ ③$BaSO_4+CO_3^{2-} = BaCO_3+SO_4^{2-}$ ④胡乱编造方程式	①不能利用表格中K_{sp}信息判断$PbSO_4$沉淀转化为$PbCO_3$;②不能准确判断反应物、生成物;③不会书写离子方程式;④离子方程式表达化学式错误等
(1)②	①Na_2CO_3与$PbSO_4$反应,反应更为有效,转化为$PbCO_3$;②$PbSO_4$常数为1.1×10^{-4},是难溶电解质;③$PbSO_4$的K_{sp}比$PbCO_3$的小,CO_3^{2-}能促使化学平衡正向移动;④Na_2CO_3与Pb反应,形成难溶电解质	不能利用表格中K_{sp}数据信息判断沉淀发生转化,不会从化学平衡移动的视角解释沉淀转化的原因;不能用学科专业语言从K_{sp}大小比较、平衡移动视角答题
(2)	①$BaCO_3$的溶度积比$BaSO_4$的大;②$BaCO_3$的溶度积比$BaSO_4$的大,$BaCO_3$先沉淀;③$BaSO_4$的K_{sp}小,电离程度小,不能完全转化;④$BaSO_4$为难溶物,$BaCO_3$为微溶物,不能发生转化等	不能利用表格中K_{sp}数据信息比较出K_{sp}差距不大不能发生沉淀的转化;不能用学科专业语言从K_{sp}大小比较、平衡移动视角答题
(3)i	不能分析H_2O_2氧化的离子,写成Pb^{2+}或SO_4^{2-}或Al^{3+}等,胡乱编写答案	多数能找出加入H_2O_2是为了把Fe^{2+}氧化,便于沉淀分离,部分思维混乱不能做出推理
(3)ii	①$Pb+2HAC = Pb(AC)+H_2$;②忽视双氧水作用,将其写为催化剂;③不能有效地判断反应物、生成物,写出错误物质;③写出的方程式不能配平	学生分析流程、设问信息能力较弱,不能依据H_2O_2氧化性准确书写反应物;书写陌生方程式技能较差
(3)iii	①催化氧化;②氧化剂;③还原Pb^{2+}	①学生知道H_2O_2具有氧化性,但不能从具体情境中分析问题;②答题表述不够准确
(4)	①$Fe(OH)_3$、$Al(OH)_3$;②$Al(OH)_3$;③$Fe(OH)_3$	在对流程的分析过程中忽视了$BaSO_4$,造成沉淀判断遗漏
(5)	能判断出Na^+,却忽视了Ba^{2+}的存在	学生审题能力不强,证据推理能力不足,忽视了(2)设问中$BaSO_4$未完全转化
主要失分点	(1)方程式书写;原因解释;(2)原因解释;(3)ii方程式书写; (4)漏写$BaSO_4$;(5)漏写Ba^{2+}	

五、复习的基本策略

1.明确试题的结构特点，掌握答题的思维方向

高考工艺流程题通常考查对某些工业产品的制备或提纯，通过对产品的制备或提纯过程，考查原材料的预处理、预处理所得产物的核心变化、产品的最后处理等三个阶段中涉及的中学化学基础知识，进而考查对信息的提取和灵活处理能力，所以在复习备考中一定要明确每个阶段中可能涉及的基础知识及相应解题要求，这样才能准确找出解题的思维方向。例如，原材料的预处理阶段通常涉及研磨（或粉碎）、灼烧（或焙烧、煅烧）、浸出（水浸、酸浸、碱浸）、搅拌等能够促进原料尽可能“快或多”地转化为预处理产物的过程要求，预处理所得产物的核心变化通常涉及核心的反应（包括氧化还原反应、化学平衡、盐类水解、电化学等）、控制反应条件（包括加入沉淀剂、调控溶液的pH或范围、控制反应温度、原料配比等）、分离产品（结晶与过滤、洗涤与干燥、脱水等）方法。复习过程中一定要弄清楚每个阶段中的关键知识，通过关键知识找到答题的思维视角和基本要求，如“碱浸”就意味着原材料中的酸性氧化物、铝或硅等能与碱反应的物质发生了相应的反应，进而就可以找出分析变化的视角和物质转化的实质，这对解题非常有帮助。

2.把握试题的考查要求，感悟答题的最终要求

从2022年乙卷试题可以感受到高考试题已从“知识立意”考查转向“能力素养立意”考查，即高考已经不再考查已具备什么知识，而是考查能运用已有的知识解决什么样的问题，试题通过考查利用知识解决真实的问题测试考生的自主学习能力及对信息的灵活处理能力。例如，第26题第（1）问不是考查K_{sp}的含义、表达式、计算等“静态”的知识，而是考查利用K_{sp}解决脱硫中沉淀转化的问题，同时考查通过数据分析沉淀转化的原因，所以要解答本问题，不仅要“知其然”，还要“知其所以然”。所以我们对化学知识的复习不能仅仅使用“机械背诵记忆、机械刷题”的浅表性的复习方式，而是要更多地关注知识背后蕴含的化学原理，例如，不仅要知道可以通过K_{sp}计算离子浓度、判断难溶物的转化，还要对计算结果、难溶物转化的实质进行科学合理的分析，进而去解决真实的化学问题，在真实问题的解决中不断巩固知识、理解知识，并且学会举一反三，这样的复习才能达到考查要求，所以才是有效的复习。

3.重视化学知识的结构化，实现解题思路的模型化

知识的结构化不仅有助于解题思路的结构化，而且有助于对物质转化本质的理解。2022年乙卷第26题通过考查常见无机物转化及应用的检测考查学生对转化本质的理解和应用。复习时要将零散的、碎片化的元素化合物知识通过物质类别、价态变化、物质转化等途径自主构建元素化合物的结构化知识体系，要通过“价类二维、氧化还原反应、离子反应”等核心概念原理完成对元素化合物体系的建构，不断强化元素化合物知识的认知思路和认知观念的结构化水平，增强对知识的系统性的结构化认知，最终提炼

出解决相关问题的结构化的思维模型。例如，第26题第（3）问i、ii、iii问题的解决就是应用氧化还原反应的原理解决物质之间的转化问题，解题过程中先从熟悉的“铁三角”转化关系中抽取认知思路，再通过迁移建构出不同价态物质认知结构化的思维模型，然后再应用结构化的思维模型解决Pb与H_2O_2、HAc反应方程式的书写以及H_2O_2与PbO_2的作用分析等问题（见图2），就会“水到渠成、迎刃而解”。

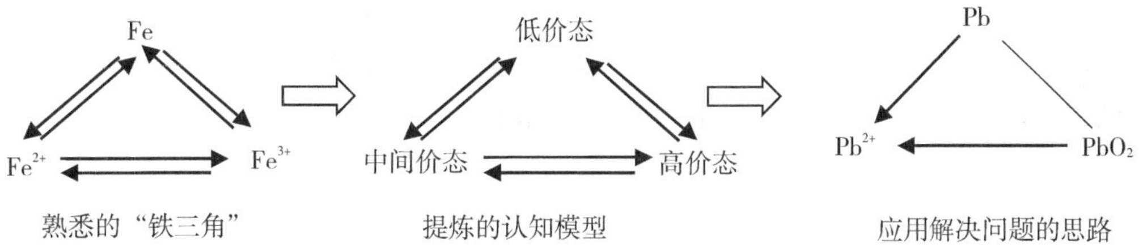

图2　知识结构化、认知思维结构化模型示例

4.关注题中的有效信息，强化对信息的提取与应用

高考试题注重考查获取信息、整合信息、应用信息分析解决问题等能力，特别注重基于获取事实证据、科学推理归纳形成结论的能力考查。高考工艺流程题通常以文字、图表、曲线、数据、转化关系图等形式呈现解题信息，但是有效提取和合理处理题中的有效信息是学生的薄弱环节，如很多学生在解答第26题时存在的最大障碍是读不懂流程，不会利用数据分析解决问题，不会通过严密的逻辑推理形成解决问题的思路。所以在高考复习时要注意强化信息素养的训练，如可以通过读教材、析教材、挖教材等途径，通过对教材中有关数据的分析推理、各种图形认知、表格的解读、曲线的数学分析、模型实物的认知等方式，实现对教材知识的熟悉把握、深刻理解、迁移应用，强化读取有用信息、整合关键信息、应用信息解决问题的能力。在解读教材中的化学知识和信息时要重视对真实问题的解决过程，在解决真实问题的过程中强化思维的深刻性与灵活性。在对教辅习题的使用过程中要进行合理取舍，有选择地、个性化地使用，要对题中信息进行有效提取与灵活应用，同时学会对题中信息呈现的逻辑关系进行梳理，逐步构建提取有效信息、加工和合理使用有效信息解决问题的解题步骤和思维模型，进而学会触类旁通、举一反三，这样才能提高解题的有效性。

5.注重试题解答的规范性，减少意外失误造成的失分

高考试题力图改变“机械的、重复的、大量刷题”的应考方式，所以高考复习过程中要针对不同的核心知识、核心概念原理选择具有针对性、典型性、创新性的高考真题、模拟题形成题组，进行针对性的解题练习，解题练习的重点不仅要放在知识的深化理解、迁移应用上，还要关注试题信息的获取、整合、应用，关注解题思路的形成，关注解题后的反思与模型提炼，更要关注答题的规范性，要尽可能减少意外失误造成的不

必要失分。例如，化学用语中方程式或者离子方程式的书写，一定要明确答题要求，同时不能忘记检查方程式中的“标识”（配平、沉淀符号、气体符号等）；又如，对溶液中离子的检验，要用“三段式”，即操作过程（取样、加检测试剂）、实验现象（产生了什么反应现象）、结论［得出了有（或者没有）什么离子的结论］；再如，对某些问题的解释，如果有化学反应发生，一定要用反应方程式进行论述，这样的解释不仅逻辑性强，而且言简意赅、层次清晰。另外也可以把常见的易错点分类整理，建立“错题集”，进而强化对易错点的认识，减少类似的失误。总之，要把每次解题都看作正式解答高考试题一样，这样就可以不断强化答题的规范意识，提高答题的准确性，减少因意外失误造成的不必要的失分，真正实现复习的针对性和高效性。

参考文献

［1］郑长龙. 化学课程教学论［M］. 长春：东北师范大学出版社，2005.

［2］刘翠. 高中化学教师专业能力必修教学实践研究［M］. 济南：山东科学技术出版社，2020.

［3］任宝华. 新版课程标准解析与教学指导初中化学［M］. 北京：北京师范大学出版社，2012.

［4］中华人民共和国教育部. 义务教育化学课程标准（2022版）［S］. 北京：北京师范大学出版社，2022.

［5］中华人民共和国教育部. 普通高中化学课程标准（2017年版）［S］. 北京：人民教育出版社，2018.

［6］刘知新. 化学教学论［M］. 北京：高等教育出版社，2004.

［7］江家发. 化学教学论［M］. 安徽：安徽人民出版社，2005.

［8］苏永平. 高效课堂教学设计策略与模式建构［M］. 兰州：兰州大学出版社，2016.

［9］郭成. 课堂教学设计［M］. 重庆：西南大学出版社，2009.

［10］冯忠良. 学习心理学［M］. 北京：教育科学出版社，1981.

［11］王逢贤. 学与教的原理［M］. 北京：高等教育出版社，2000.

［12］施良方. 学习论［M］. 北京：人民教育出版社，1994.

［13］莫雷. 教育心理学［M］. 广州：广东高等教育出版社，2002.

［14］皮连生. 学习的条件和教学论［M］. 上海：华东师范大学出版社，1999.

［15］周志平. 论程序性知识及其教学［J］. 教育理论与实践，2001，21（4）：50-53.

［16］胡谊，郝宁. 教育心理学理论与实践的整合观［M］. 上海：华东师范大学出版社，2009.

［17］余艳. 最佳课堂教学案例——六种模式的总结与应用［M］. 北京：中国轻工业出版社，2004.

［18］王祖浩. 高中化学新教材教学情境设计［M］. 南京：江苏教育出版社，2006.

［19］刘奇志，谢军. 布鲁纳教育心理学思想及其启示［J］. 教学研究，2004（5）：377-379.

［20］刘知新. 中学化学［M］. 济南：山东教育出版社，1999.

［21］孙立仁.学习原理、教学原理和教学设计［J］.中国电化教育，2001（7）：18-20.

［22］乌美娜.教学设计［M］.北京：高等教育出版社，1994.

［23］张大均.教与学的策略［M］.北京：人民教育出版社，2003.

［24］张庆林.当代认知心理学在教学中的应用［M］.重庆：西南师范大学出版社，1995.

［25］刘电芝.学习策略研究［M］.北京：人民教育出版社，1999.

［26］钟启泉.《基础教育课程改革纲要（试行）》解读［M］.上海：华东师范大学出版社，2001.

［27］王磊.科学学习与教学心理学基础［M］.西安：陕西师范大学出版社，2002.

［28］王春.新课程理念下高中化学有效教学策略的研究［J］.化学教学，2005（Z2）：33-36.

［29］戴珊玲.创设问题情境　优化课堂教学［J］.化学教育，2002（3）：16-18.

［30］周明星，张柏清.创新教育模式全书［M］.北京：北京教育出版社，1999.

［31］朱培君.研究体验式创新教学法的学习与实践［J］.教育探索，2006（4）：87-88.

［32］于海强.基于建构主义的化学新课导入创意设计［J］.化学教学，2006（12）：21-23.

［33］刘义.利用新闻中的化学信息丰富化学教学［J］.化学教育，2005（4）:33-34.

［34］赵玉泉.从社会生活实际走进化学——新课程理念下氯气一节的课堂教学设计［J］.化学教学，2006（4）：39-40.

［35］郑永信.对探究性学习中学习情境创设的认识［J］.化学教育，2006（1）：28-29.

［36］黄剑芳.三维虚拟技术在物质结构教学中的应用初探［J］.化学教学，2006（10）：30-32.

［37］苏永平.化学高效课堂的构建与实践［J］.课程•教材•教法，2016（4）：30-37.

［38］李纪连.新课程教学设计［M］.沈阳：辽宁师范大学出版社，2002.

［39］王军翔.中学化学教学设计与案例［M］.陕西：陕西师范大学出版社，2010.

［40］郑集平，郭满栋.在中学化学教学中培养学生提问能力的实践研究［J］.化学教育，2005（12）：31-34.

［41］乔敏，张毅强.元素化合物教学设计的行动研究［J］.化学教育，2006（1）：30-34.

［42］郑益哈.在教学过程中开发化学课程资源［J］.化学教学，2006（12）：17-20.

［43］郭成.课堂教学评价［M］.北京：人民教育出版社，2006.

［44］路晓成．高中化学课程标准教师读本［M］．武汉：华中师范大学出版社，2003.

［45］谢建富．新课程理念下化学备课的策略与形式［J］．中学化学教学参考，2007（12）：14-17.

［46］苏永平．新课程背景下的化学教学设计策略［J］．中学化学教学参考，2010（5）：15-17.

［47］崔允漷．有效教学［M］．上海：华东师大出版社，2009.

［48］杨军峰，苏永平．新课程理念下高中化学有效教学设计策略［J］．中学化学教学参考，2011（6）：19-21.

［49］沈芹等．化学教材的二次开发：特点与途径［J］．化学教学，2013（1）：9-12.

［50］第斯多惠．德国教师培训指南［M］．北京：人民教育出版社，2001.

［51］张立昌．基于核心知识导图的课堂教学创建［J］．课程•教材•教法，2014（8）：12-17.

［52］苏永平，杨军峰．核心素养视域下化学教学设计新视角［J］．中小学教材教学，2022（10）：66-71.

［53］王鉴等．课堂教学的构建及其策略［J］．教育研究，2015（3）：112-118.

［54］陈佑清．建构学习中心课堂［J］．教育研究，2014（3）：97-105.

［55］刘畅．学生自主学习辨析［J］．教育研究，2014（7）：131-135.

［56］岳伟．走向生态课堂［J］．教育研究，2014（8）：99-106.

［57］韩程明．浅析化学教学中预设性资源与生成性资源之有效整合［J］．中学化学教学参考，2011（10）：22-23.

［58］中华人民共和国教育部．基础教育课程改革实施纲要（试行）［N］．中国教育报，2001.

［59］苏永平．元素化合物教学中过程与方法目标的落实策略［J］．甘肃教育，2014（8）：68-69.

［60］苏永平．研究教材编写意图 培育化学核心素养［N］．未来导报，2021.

［61］余文森．有效教学十讲［M］．上海：华东师范大学出版社，2013.

［62］苏永平．化学实验教学中实施研究性学习的教学策略［J］．甘肃教育，2006（21）：56.

［63］余文森．核心素养导向下课堂教学［M］．上海：华东师范大学出版社，2013.

［64］江合佩．基于真实情境的项目式化学教学［M］．济南：山东科学技术出版社，2019.

［65］BOSS S. PBL for 21st Century Success［M］. Novato：Buck Institute for Education，2013.

［66］王洁．体验“做数学”——“测量学校绿地面积”的项目学习［J］．人民教育，

2003（C3）：17-21.

［67］柯清超．超越与变革：翻转课堂与项目学习［M］．北京：高等教育出版社，2016.

［68］泰勒．课程与教学的基本原理［M］．罗康，张阅，译．北京：中国轻工业出版社，2014.

［69］巴克教育研究所．项目学习教师指南［M］．任伟，译．北京：教育科学出版社，2008.

［70］苏永平．新课程背景下化学实验教学的反思［J］．实验教学与仪器，2013（12）.

［71］胡久华，侯肖，葛明月，等．"酸雨"项目教学的实践与思考［J］．基础教育课程，2015（13）：39-45.

［72］周业虹．浅谈学科核心素养视角下的高中化学教学策略［J］．中国考试，2017（2）：47-51.

［73］张鹏，郭恩泽．指向"深度学习"的教学策略研究［J］．教育科学研究，2017（9）：54-58.

［74］郑长龙．2017年版普通高中化学课程标准的重大变化及解析［J］．化学教育，2018，39（9）：41-47.

［75］郑长龙．化学新课程教学法•初中化学［M］．长春：东北师范大学出版社，2004.

［76］赵敏．基于化学学科核心素养的高中化学教学设计与实践［D］．重庆：重庆师范大学，2018.

［77］苏永平．素养为本的教学中课程资源的开发和利用［J］．甘肃教育，2021（7）：43-47.

［78］郑长龙．核心素养导向的化学教学设计［M］．北京：人民教育出版社，2021.

［79］田慧生．深度学习：走向核心素养［M］．北京：科学教育出版社，2019.

［80］侯肖，胡久华．在常规课堂教学中实施项目式学习［J］．教育学报，2016，12（4）：40-45.

［81］国务院办公厅．关于新时代推进普通高中育人方式改革的指导意见［EB/OL］．（2019-06-19）［2022-12-09］．http://www.gov.cn/xinwen/2019-06/19/content_5401610.htm.

［82］陈懿，陈静．高中化学项目化学习设计的实践和探索［J］．化学教学，2022（1）：27-31.

［83］符爱琴，周晓燕．初中化学微项目化学习课程的构建研究——以项目"皮蛋的制作"为例［J］．化学教学，2022（1）：32-37.

［84］宁燕丹，王磊，陈颖，等．素养导向的高中化学项目教学中教师有效行为研究——以"探秘神奇的医用胶"项目教学为例［J］．化学教育，2018，39（19）：15-22.

［85］王磊，陈光巨.普通高中化学教师用书　选择性必修1　化学反应原理［M］.济南：山东科学技术出版社，2019.

［86］刘翠.高中化学项目式教学的实践研究［M］.济南：山东科学技术出版社，2020.

［87］徐定芳，王月芬，张新宇.上海市义务教育阶段作业设计与实施现状概述［J］.基础教育课程，2014，（15）：9-13，17.

［88］何翔.新课程背景下高中化学合作实践型作业的布置与评价研究［J］.化学教学，2015（2）：67-69.

［89］国务院办公厅.关于进一步减轻义务教育阶段学生作业负担和校外培训负担的意见［EB/OL］.（2021-07-24）［2022-12-10］. http://www.gov.cn/zhengce/2021-07/24/content_5627132.htm.

［90］张跃飞.国内中学化学作业研究综述［J］.化学教育，2018，39（5）：58-60.

［91］吕天恩，占小红，林美凤，等.高中化学情境化作业设计研究——以“烃的衍生物”单元作业为例［J］.化学教育，2022，43（5）：62-67.

［92］吕崧，吴亚男.初中化学“初识酸和碱”单元作业的设计［J］.化学教学，2020（6）：87-93.

［93］毋丹丹，黄爱华.“双减”背景下义务教育学段学科作业设计的五个关键［J］.课程·教材·教法，2022（6）：98-103.

［94］刘美俊.农村学校高中化学科技生活知识教学实施的研究［D］.呼和浩特：内蒙古师范大学，2011.

［95］王月芬.高质量学校作业体系建构的价值与策略［J］.中小学管理，2021（10）：9-13.

［96］缪徐.“二氧化碳制取的研究”教学设计及点评［J］.中学化学教学参考，2009（3）：18-21.

［97］杨梓生，吴菊华，林红梁.初中化学教材与教学微研究（上册）［M］.上海：上海教育出版社，2017.